El Diamante
negro de Atlantis

ISHA

El Diamante negro de Atlantis

Traducción
KAREM BARRATT

alamah

El Diamante negro de Atlantis
Copyright © 2008, Isha

alamah

De esta edición:
D. R. © Santillana Ediciones Generales, S.A. de C.V., 2008.
Av. Universidad 767, Col. del Valle.
México, 03100, D.F. Teléfono (55 52) 54 20 75 30
www.alamah.com.mx

Argentina
Av. Leandro N. Alem, 720
C1001AAP Buenos Aires
Tel. (54 114) 119 50 00
Fax (54 114) 912 74 40

Bolivia
Avda. Arce, 2333
La Paz
Tel. (591 2) 44 11 22
Fax (591 2) 44 22 08

Colombia
Calle 80, n°10-23
Bogotá
Tel. (57 1) 635 12 00
Fax (57 1) 236 93 82

Costa Rica
La Uruca
Del Edificio de Aviación Civil 200 m
al Oeste
San José de Costa Rica
Tel. (506) 220 42 42 y 220 47 70
Fax (506) 220 13 20

Chile
Dr. Aníbal Ariztía, 1444
Providencia
Santiago de Chile
Telf (56 2) 384 30 00
Fax (56 2) 384 30 60

Ecuador
Avda. Eloy Alfaro, N33-347 y Avda. 6
de Diciembre
Quito
Tel. (593 2) 244 66 56 y 244 21 54
Fax (593 2) 244 87 91

El Salvador
Siemens, 51
Zona Industrial Santa Elena
Antiguo Cuscatlan - La Libertad
Tel. (503) 2 505 89 y 2 289 89 20
Fax (503) 2 278 60 66

España
Torrelaguna, 60
28043 Madrid
Tel. (34 91) 744 90 60
Fax (34 91) 744 92 24

Estados Unidos
2105 NW 86th Avenue
Doral, FL 33122
Tel. (1 305) 591 95 22 y 591 22 32
Fax (1 305) 591 91 45

Guatemala
7ª avenida, 11-11
Zona n° 9
Guatemala CA
Tel. (502) 24 29 43 00
Fax (502) 24 29 43 43

Honduras
Colonia Tepeyac Contigua a Banco
Cuscatlan
Boulevard Juan Pablo, frente al Templo
Adventista 7º Día, Casa 1626
Tegucigalpa
Tel. (504) 239 98 84

México
Avda. Universidad, 767
Colonia del Valle
03100 México DF
Tel. (52 5) 554 20 75 30
Fax (52 5) 556 01 10 67

Panamá
Avda Juan Pablo II, nº 15. Apartado
Postal 863199, zona 7
Urbanización Industrial La Locería -
Ciudad de Panamá
Tel. (507) 260 09 45

Paraguay
Avda. Venezuela, 276
Entre Mariscal López y España
Asunción
Tel. y fax (595 21) 213 294 y 214 983

Perú
Avda. San Felipe, 731
Jesús María
Lima
Tel. (51 1) 218 10 14
Fax. (51 1) 463 39 86

Puerto Rico
Avenida Rooselvelt, 1506
Guaynabo 00968
Puerto Rico
Tel. (1 787) 781 98 00
Fax (1 787) 782 61 49

República Dominicana
Juan Sánchez Ramírez, n° 9
Gazcue
Santo Domingo RD
Tel. (1809) 682 13 82 y 221 08 70
Fax (1809) 689 10 22

Uruguay
Constitución, 1889
11800 Montevideo
Uruguay
Tel. (598 2) 402 73 42 y 402 72 71
Fax (598 2) 401 51 86

Venezuela
Avda. Rómulo Gallegos
Edificio Zuiia, 1°. Sector Monte Cristo.
Boleita Norte
Caracas
Tel. (58 212) 235 30 33
Fax (58 212) 239 10 51

Primera edición: septiembre de 2008
ISBN: 978-607-11-0027-6
Traducción: Karem Barratt
D.R. © Adaptación de cubierta y diseño de interiores: Fernando Ruiz Zaragoza

Impreso en México

AGRADECIMIENTOS

Cuando una estrella brilla intensamente, provoca un chispazo de luz en el corazón de la humanidad. Pero cuando un millón de estrellas brillan, es suficiente para iluminar la oscuridad y despertar a la creación completa.

Me considero muy afortunada, pues estoy rodeada de una infinidad de estrellas que constantemente irradian su brillo, y quiero agradecerles por colaborar con tanto amor en la creación de este libro.

A Karem Barratt, a Sánkara, que asistió atando los cabos sueltos, a Kali, mi sharpei, quien meneando su rabo nos bendijo con su amor incondicional. Y lo mas importante, mi amor y agradecimiento eterno a mis extraordinarios maestros y a mis maravillosos estudiantes, quienes se están responsabilizando por la elevación de la conciencia de la humanidad mediante su propia sanación interior.

PRÓLOGO

De bosquejos incompletos, la galería de mi vida está llena
Lo dulce con lo amargo, de alguna manera en colores se mezcla
El huir de las sombras ha dado paso al sol
Y para ti he de pintar un retrato de mi amor

Miro lo que ha sido mi vida y me asombro de todo lo que ha pasado, como si fuera alguien que ha sobrevivido a la tormenta, a cuyo centro, en su momento, me lancé ciegamente. Ahora entiendo que en ese entonces lo que fui y las elecciones que hice no tenían otro fin que mi autodestrucción. Hoy me sobrecoge esa obvia falta de amor propio. Veo a esa muchacha, a esa mujer, a través de ojos empañados por lágrimas de incredulidad, como si presenciara la historia trágica de otra persona. Entonces me pierdo en el amor que se refleja desde mi espejo, tan completo dentro de la libertad que brinda la iluminación que, de preguntarme alguien "¿Quién es la persona que más amas en este mundo?", mi respuesta sería sencilla: "Soy yo."

UNO

Cuando la realidad era tan nueva que sus múltiples niveles aún estaban por desarrollarse, sobre el desierto se erigía una poderosa ciudad, como un espejismo entre las arenas aparentemente infinitas que la abrazaban. Altas murallas se ceñían a su alrededor y, detrás de ellas, miles de torres se alzaban curiosas sobre el mundo ocre que se extendía afuera. En una de esas torres meditaba el Rey. Sus ojos vagaban sobre las intrincadas calles que se extendían abajo, donde habitaban no sólo sus súbditos, sino también miles de refugiados venidos de los reinos vecinos que llegaban, día tras día, en busca de la protección de Tandra.

—¿Estás segura de que no hay forma de evitar esto? —preguntó.

La Bruja, haciendo morisquetas al bebé en la cuna dorada, se encogió de hombros.

—¿Acaso se puede evitar que las estrellas crucen el firmamento? —replicó.

Un estremecimiento frío recorrió el cuerpo del Rey. El rojo sol del ocaso brillaba sobre las cúpulas de la ciudad, y la muchedumbre comenzaba a reunirse en los alrededores del palacio. La anciana posó suavemente su mano sobre el monarca.

—Todo lo que podemos hacer, Majestad, es prepararnos, y eso es exactamente lo que haremos. El Crendin no nos arrebatará nuestro tesoro. Ahora, ¡sonría! Éste es un día de júbilo —continuó la mujer, señalando la cuna—. Tandra tiene un príncipe.

La celebración en honor al nacimiento del primogénito del Rey y la Reina comenzó ese mismo día, con un opulento banquete en el Salón Real. Las grandes verjas de hierro forjado se abrieron a la colorida comitiva formada por dignatarios venidos de todos los rincones del reino, mientras el resto de la población se unía al regocijo triunfal en los diferentes bulevares y calles empedradas, creando una explosión de música, colores y aromas. En el mercado central, la comida enviada por la Reina a su gente colmaba grandes mesas, despertando el apetito de jóvenes y viejos. Al llegar la noche, cuando se abrieron las puertas de la recámara real, los vítores de la multitud llegaron a su cúspide. El Rey y la Reina salieron orgullosos al balcón, con el bebé en brazos. Era lo que todos habían estado esperando: el momento en que se daría a conocer el nombre del Príncipe. El Rey alzó a la criatura sobre su cabeza y un profundo silencio aplacó el ruidoso bullicio.

—¡Iko! —exclamó el Rey

La concurrencia gritó alborozada. La Reina dio un paso al frente y se dirigió a su pueblo.

—Su nombre se debe al relámpago, que habrá de iluminar nuestro reino y destruir la oscuridad. Su voz será como el rugir del trueno, despertando el corazón de la humanidad, y el fluir de sus lágrimas será como ríos que habrán de regar las semillas de la compasión.

Hubo aplausos y, una vez más, vivas. La Bruja se abrió paso entre la feliz aglomeración de tandrianos, sintiéndose como un barco que surca los mares. Se detuvo en seco y miró a su alrededor.

—Un barco —murmuró para sí—, un barco en el desierto. ¿No sería gracioso? —y se rió entre dientes, continuando su marcha—. Sí… quizás sería buena idea. *Tilopa*: es un buen nombre. *Tilopa*…

Iko pasó sus primeros años explorando las maravillas del palacio. Los grandes parques ofrecían horas de entretenimiento a la curiosa naturaleza del niño. Flamencos rosados recorrían orgullosos los senderos de los jardines, cual amos del reino, desdeñando, petulantes, la presencia de los blancos pavos reales, que agitaban graciosamente sus hermosas plumas entre los nenúfares. Perros minúsculos, de piel arrugada, ladraban sin parar, persiguiendo a los patos hasta el estanque más cercano, donde elegantes cisnes, blancos y negros, nadaban imperturbables en delicados círculos.

Cuando Iko cumplió ocho años, sus padres decidieron invitar a vivir al palacio a siete pequeños huérfanos, provenientes de las colonias de refugiados. Era un gesto que buscaba expresar la solidaridad de los reyes para con las naciones destruidas por el Crendin y que brindaba a Iko la oportunidad de hacer nuevos amigos; amigos que, como el destino demostraría, habrían de marcar su vida para siempre.

Kía era la mayor del grupo. Bondadosa y pragmática, tenía algo de mono y se la pasaba trepada en los árboles. Sus ojos color miel brillaban como soles sobre la adorable redondez de sus mejillas, contrastando vivamente con H-ra, el de los ojos plata, quien se convertiría en el mejor amigo de Iko. Excéntrico y de gran imaginación, el muchacho tejía junto al joven Príncipe aventuras fantásticas y gestas ilusorias que todo el grupo llevaba a cabo. Con todo y su gran don para inventar historias, la mejor característica de H-ra era una fiera lealtad, suavizada por un espíritu festivo. Por su parte, Sat era distante y soñadora. Su semblante tenía una apacible tristeza y aunque todos la querían, había en ella algo extraño, algo que Iko intentaría descifrar más de una vez.

Luego estaba Sha. Aunque a primera vista daba la impresión de ser incapaz de matar a una mosca, una segunda mirada pronto revelaba su carácter indómito, que se reflejaba en su cabellera salvaje y en sus centelleantes ojos celestes. Debajo de las maneras bruscas de Sha había sabiduría innata. No obstante, la niña tenía una profunda necesidad de tener siempre la razón, un rasgo que solía traerle problemas. El centro de todas las bromas del grupo solía ser la alegre Ryu, gracias a su extravagante manía de colocar las manos sobre cualquier criatura que ella considerara que tenía necesidad de amparo, lo que hacia reír a los otros niños y decir que Ryu olía con las palmas. Tok y Ari eran los más pequeños; el último, un payasito bullicioso que saltaba alegremente entre sus compañeros, jugando a la lucha con Tok y correteándolo sin parar, hasta que ambos caían, exhaustos, mientras sus risas espantaban a los loros de sus nidos.

La vida con Iko y los Siete resultaba de todo menos aburrida. Aunque no era raro que los niños pelearan, era menor el tiempo que pasaban discutiendo que contentándose, y pronto retomaban sus retozos y gritos de alegría, a medida que corrían con sus perros por el césped en búsqueda de escondites entre la espesa vegetación de los parques. Los juegos continuaban incluso durante las horas de estudio, algo que hacía perder la paciencia a todos sus tutores, excepto al Maestro Místico, quien ejercía un fascinante poder sobre ellos. Una vez acabadas las clases, los niños se escurrían juntos bajo las sombras de la noche, a través de los jardines del palacio, para reunirse con el Rey y la Reina en el Gran Salón Real. Allí, al amor del fuego del hogar y envueltos en la esencia de canela y miel que ondulaba sobre dulces panecillos, los niños se sentaban a escuchar, asombrados, los increíbles cuentos del querido bufón real; las caprichosas historias de su fértil imaginación transportaban a los pequeños a un mundo de sueños y andanzas, ignorantes de que, algún día, ellos habrían de vivir la más extraordinaria aventura del mundo.

DOS

—Siempre supe que después de ti, nunca más tendría una niña. Y tuve razón. Ninguno de mis otros hijos son niñas, sólo varones…y ahora ¡mírate!

—Sí —replicó Shannon, mírame.

Los eventos relacionados con el nacimiento de Shannon siempre estuvieron rodeados por un velo de misterio. Después de dos horas de charla con Colleen, su madre biológica, Shannon no estaba segura de que el velo se hubiera levantado del todo. Colleen era irlandesa y muy católica. La mayor de una familia de trece hijos, había escapado de su casa a los diecisiete años y, tiempo después, conoció al padre de Shannon, el típico moreno, alto y apuesto. Éste, un músico con fuerte acento extranjero, había despertado de manera apasionada el costado romántico de Colleen. La muchacha sucumbió al encanto exótico del seductor y su ingenuidad la llevó al común desenlace que tiene este tipo de historias. Colleen quedó embarazada y Christian-Paul le exigió que se hiciera un aborto. Sin embargo, la religión de Colleen estaba demasiado imbuida en su ser para que ella considerara tal opción, y el recuerdo de la muerte de su tía Mary (la ramera oficial de la familia), en una clínica de abortos, servía de ejemplo disuasivo. Afortunadamente para Shannon, el temor a Dios y a la muerte que Colleen sentía fue más fuerte que su temor a perder a Christian-Paul y la joven huyó de su lado para dar a luz en secreto.

Shannon nació en Melbourne, Australia, cuando, cargadas de rocío, caían las anaranjadas hojas de los arces. El aroma de los eucaliptos perfumaba el fresco aire matinal (Colleen lo recordaba perfectamente bien), a medida que las aves se preparaban para su largo viaje hacia el norte. A los pocos días abandonó a la bebé en el Ejército de Salvación, con la esperanza de que pronto se encontrara unos amorosos padres para ella. O, por lo menos, eso fue lo que ella le dijo a Shannon.

—Te pareces mucho a él, con esos ojos negros.

—¡Qué bien!… digo… porque dijiste que él era muy atractivo.

—La mujer pelirroja se echó a reír.

—¡Vaya que si lo era! Todo un galán —Colleen extendió la mano sobre la mesa y entregó una vieja fotografía a Shannon—. ¿Ves como te le pareces?

Shannon sonrió amablemente. Contempló la foto y se sorprendió al ver, por primera vez en su vida, a alguien que se parecía a ella.

—No hay enfermedades mentales en nuestra familia, lo sabes, ¿no?

—Sí, claro. Ya me lo dijiste.

Tres veces, para ser exactas, pensó Shannon. De repente, su cerebro se llenó de las innumerables caras de los tíos desquiciados que Colleen parecía querer esconder energéticamente. Cualquier dejo de verdad que hubiera comenzado a florecer en el corazón de la joven, pronto comenzó a marchitarse.

—Somos personas muy normales, sí señor… todos en mi familia. Tan sanos como cualquier hijo de vecino. ¿Qué tal tus padres?

—¿Mis padres?

—¿Fueron buenos contigo? —preguntó la mujer, con la mirada fija en las profundidades de su taza de té.

—Sí, por supuesto —contestó Shannon—. ¡Maravillosos! Y ellos dicen que yo también fui una maravilla. Aparentemente era una bebé feliz, que todo lo que hacía era comer y dormir.

—Qué bien.

—Sí —murmuró Shannon—. Qué bien.

Repentinamente sintió deseos de marcharse, a medida que la desesperanza le mordía con saña las costillas. A pesar de todas las garantías sobre su herencia genética y la más o menos romántica historia, útil a la hora de completar las brechas de su pasado, tuvo la impresión de que era poco, si acaso algo, lo que había logrado con ese encuentro. Lo que fuera que Shannon O'Leary necesitaba para sentirse completa, obviamente no estaba en las manos de aquella mujer.

El departamento de bienestar social del estado había entregado a Shannon en los brazos del amor, pertenecientes en este caso a una pareja de mente amplia y políticamente correcta. Como mucha gente buena, ellos hacían lo que podían para arreglar los problemas del mundo, cumpliendo con su parte con la humanidad. Martha, su nueva madre, era una académica brillante, con fuerte tendencia a la depresión y pobre constitución física. Su padre, William, era un hombre encantador, agradable y pasivo, quien se dejaba manejar completamente por su esposa. Por su parte Katrina, la hija de ocho años del matrimonio, recibió a la nueva bebé con los brazos abiertos y una profunda preocupación por su seguridad, una actitud que, como Shannon se daría cuenta más tarde, era sólo una taimada fachada para ocultar el plan de destruirla emocionalmente. En este hogar cómodo, amoroso, disfuncional y australiano, Shannon encontraría su roca, a la persona que más la influiría en la vida y a la que ella amaría como a nadie: su abuela, Nana.

El primer intento de Katrina para borrarla de la faz de la tierra había ocurrido en la cima de una colina empinada. Desde allí, la niña soltó el cochecito con su hermana adentro y luego se sentó a ver con regocijo cómo caía la bebé hacia su aparente destrucción. Shannon sobrevivió y, a pesar de la experiencia, creció tan feliz como cualquier niña, con una afinidad más allá de lo común por los animales. La chiquilla había decidido a temprana edad que los seres humanos eran muy raros, con todas sus discusiones y reglas. Los animales, por su parte, parecían ser mágicos, valientes, fuertes, bondadosos. Esta percepción habría de permanecer toda su vida. Los primeros visos de su pasión por el reino animal se hicieron evidentes tras el resultado de su relación con el perro del vecino, un gigantesco pastor alemán. Shannon saltaba a las espaldas del perro (gracias a Dios que a éste no parecía molestarle representar el papel del fiel corcel) y lo cabalgaba todo el tiempo que su equilibrio y la paciencia del perro lo permitiera. Así que en vez de Mami" o "Papi", las primeras palabras de Shannon fueron "¡Caballito, caballito!" Ya un poco más grande, Shannon comenzó a levantarse a las cuatro de la mañana para escuchar la llegada del caballo del lechero. A ella le encantaba el sonido de los cascos en el silencio de la madrugada y corría afuera para verlo pasar. Cada vez que tenía oportunidad, recogía la bosta que el animal había dejado a su paso y la colocaba con cuidado en el patio trasero, para, de esa manera, simular que tenía un caballo propio. A pesar de las numerosas mascotas que alegraron la niñez de Shannon, como el pez dorado que odiaba el agua y el gato gordo que apenas podía caminar de lo pesado que era, su atracción hacia los caballos se arraigó fuertemente en su espíritu y, eventualmente, definió su personalidad.

Para cuando cumplió los ocho años, Shannon había decidido que su meta en esta vida era convertirse en la próxima Tarzán. Ya lo tenía todo planeado. Había colocado en su cuarto una gran ilustración de África, con un círculo que indicaba dónde pretendía vivir; había diseñado la clase de casa de árbol que construiría y había elegido el nombre de su futuro chimpancé (Tuffy). Aún tenia que ver cómo aprendería a hablar con los animales (lo que, por supuesto, era la habilidad más impresionante de Tarzán), pero estaba segura de que encontraría la solución a tal dilema para cuando estuviera en el barco en dirección al Continente Negro. Todos los sueños llegan a su fin, sin embargo, y la obsesión de Shannon por el hombre mono no fue una excepción. Todo acabó cuando su madre le informó que Tarzán o no, Shannon no podía andar corriendo por la calle con el torso al aire. Shannon estaba indignada. ¿Qué clase de Señor/Señora de la Selva usaría camiseta?

—¡Tarzán no usa camisa! —gritó Shannon con todas sus fuerzas.

—Entonces no puedes ser Tarzán —replicó Martha, cruzando los brazos sobre el pecho.

—Pero, ¿por qué?

—¡Porque las niñas no andan por ahí con taparrabos! Las niñas usan vestidos o, por los menos, algo de dos piezas.

—Eso no es justo —dijo Shannon, mordiéndose los labios.

Martha suspiró y se frotó la sien izquierda.

—Puede ser. Pero así son las cosas.

Se midieron con la mirada por unos cuantos segundos y luego la chiquilla corrió hacia el patio trasero. Y de esa manera se inició la niña de cabellos azabaches en la realidad de lo que significa ser mujer. A partir de ese entonces, Shannon sólo vistió blusas, faldas y vestidos, y nunca más jugó a ser Tarzán.

TRES

El Rey tomó un largo sorbo del tazón de madera y se enfrentó a la Bruja una vez más. Ella no había cambiado un ápice en estos doce años: no tenía una arruga de más ni un cabello blanco adicional, su sonrisa, curiosamente juvenil, seguía tan radiante como siempre.

—¿Crees que he sido demasiado indulgente? —preguntó el Rey.

—Claro que no, Majestad. El Príncipe es joven, al igual que sus amigos: el sol brilla sobre sus vidas en estos momentos. Es de esperarse, por tanto, un cierto grado de frivolidad.

—Pero el tiempo se nos agota.

—He ahí el problema, Gran Rey. No sé si es así. Muchos rumores han cruzado los portones de Tandra.

—Hemos tenido buenos años, sin embargo. Los últimos tiempos han sido de paz.

—Mucho me temo que se trate de la paz que acompaña al sueño del gigante. ¿Cuánto más puede durar? —dijo la Bruja y bajó la voz, mirando al Rey directo a los ojos—. El Príncipe debe estar preparado, Majestad. Es nuestra única esperanza.

El Rey tragó en seco. Tomó otro sorbo y luego sonrió.

—Podrías estar equivocada, lo sabes, ¿no?

La Bruja se rió con ganas, y los plateados y negros rizos saltaron rítmicamente debajo de la delgada tela de su velo.

—Tiene razón. ¿No sería gracioso? ¡Particularmente para esos pobres hombres en las cuevas, construyendo el barco!

El Rey se unió a sus carcajadas, golpeando el puño sobre la rústica mesa.

—Siempre podríamos navegarlo sobre las arenas, hacer que el viento del desierto lo empuje. ¡Eso sí que sería un espectáculo! —dijo el monarca, desternillándose por la risa.

Los dos se rieron hasta que les rodaron lágrimas por la cara. Luego el silencio cayó sobre el seco aire de la habitación. La mujer se limpió el rostro y posó la mirada más allá de la ventana, en la noche amatista de Tandra.

—Por otro lado —dijo ella—, yo podría estar en lo cierto.

La cara del Rey se endureció. El hombre respiró profundamente, se levantó y caminó hacia la puerta.

—Hablaré con Iko —dijo—. Tomaré las riendas de la situación.

La Bruja asintió y el Rey, envuelto en una vieja y sencilla capa, salió de la choza.

La caravana llegó a su destino, con los estandartes reales, púrpuras y verdes, bailando sobre la suave brisa del oasis. Los caballos, enjaezados en oro, se entremezclaron con indiferentes camellos y la inmensidad blanca de los dos elefantes sagrados, a medida que los negros sharpeis de la Guardia Palatina corrían sin cesar, haciendo círculos en la arena. Diligentes cual hormigas, los sirvientes iban de aquí para allá, armando tiendas de seda, encendiendo fogatas, seleccionando frutos y alimentos para la comida. En el centro del campamento en construcción, músicos y bailarines entretenían a los más tranquilos miembros del cortejo. Detrás de ellos, los sacerdotes quemaban incienso y sándalo para purificar a los guerreros de armadura, ocupados en preparar las armas para la cacería de leones.

Caminando como entre sueños por entre el humo sagrado, Iko se escabulló. Al ver partir al Príncipe, el Rey sonrió. Unos cuantos cazadores dejaron de afilar sus lanzas cuando se dieron cuenta de qué era lo que veía el soberano. Uno que otro suspiró, resignado. Otros se alzaron de hombros y continuaron con su oficio. A lo mejor, el joven Príncipe no tendría tanta suerte esta vez y no lograría ahuyentar a la presa. En cualquier caso, era un día hermoso y la caza siempre era un buen ejercicio. El de Iko era un secreto a voces y sólo los invitados extranjeros y los cazadores nóveles desconocían el hábito del Príncipe de advertir a los leones del peligro que les acechaba. Cualquier desánimo que la frustrada cacería pudiera despertar, era mitigado por la admiración que los tandrianos sentían por la nobleza y el coraje del Príncipe. Sin embargo, a diferencia de otras ocasiones, esta vez el Rey siguió a su hijo.

El Rey encontró a Iko detrás de las onduladas rocas negras que marcaban la frontera sur del oasis. El chico acariciaba a un cachorro de león mientras su corcel, Crestula, pastaba a unos pocos pasos. Caminando lentamente sobre las peñas, se acercó una leona. El corazón del Rey se detuvo en seco. Tomó el arco, mientras su mente proyectaba todos los posibles desenlaces.

—¿Qué cuernos estaba haciendo ese muchacho? —se preguntó el Rey, a la vez que apuntaba la flecha, con su mano temblando levemente. La leona alzó la cabeza y gruñó. Iko se volvió. Cuando vio a su padre montado sobre el caballo blanco, Iko soltó al cachorro y murmuró algo a la madre. La leona, mostrando los colmillos, dudó por un instante. Iko repitió su petición. Por un segundo todos los actores de la obra parecieron petrificados, convirtiéndose en un cuadro viviente. Entonces la leona dio la vuelta y partió, seguida por su juguetón retoño. El Rey aflojó el brazo, recuperando el brillo bronceado de su tez, que momentos antes se había transformado en un escalofriante gris.

—Padre… —dijo Iko en voz baja.

—¿Es que te has vuelto loco? —exclamó el Rey, bajándose de su montura—. ¡Esa bestia podría haberte matado!

—¿Esa leona? No padre, ella nunca me lastimaría. Es mi amiga.

El Rey se sentó sobre una roca y suspiró. El muchacho se sentó a su lado.

—En cualquier caso debo reconocer que lo que sea que hayas dicho o hecho, fue muy impresionante —dijo el Rey, mirando el lugar donde había estado la leona.

Iko dejó escapar una amplia sonrisa.

—Pero no logro entenderte, Iko —continuó el Rey.— Si tanto detestas la cacería, ¿por qué te empeñas en acompañarnos?

—Pero *sí* me gusta venir de caza, padre. Me gusta toda la fanfarria, los colores y la música. Y me encanta estar al aire libre. Es sólo que… — el chico bajó la mirada y trazó una raya en la arena.

—¿Y bien?—

—Es que detesto la idea de tener que matar a cualquier ser viviente.

El Rey frunció el entrecejo.

—Ya veo.

Un molesto mutismo se alzó entre ambos. El templado viento matutino comenzó a dar paso al ardiente calor del mediodía.

—¿Por qué te molesta tanto la idea?

—No sé cómo explicarlo. Es como si existiera algún tipo de vínculo… como si yo supiera lo que piensan y sienten, casi como si me hablaran. ¿Entiendes?

—No mucho. Yo nunca he sentido nada parecido.

Iko miró hacia el suelo de nuevo.

—Así que supongo que eres muy afortunado —dijo el Rey.— Mi padre me dijo una vez que un buen monarca sentía amor por toda su gente. Pero un *gran* monarca sentía amor por todo. Y tú, hijo mío, serás un gran monarca. De eso estoy seguro.

El rostro del muchacho se iluminó, sus ojos relampaguearon como pozos bajo la luna llena.

—Lo que me recuerda otro punto importante que debo tratar contigo —añadió el Rey, alzando la ceja izquierda.— Tus estudios.

Iko se mordió el labio y trató de fingir sorpresa.

—¿Mis estudios?

—O la falta de ellos. He recibido muchas quejas de tus tutores acerca de ti y de los Siete. Aparentemente ustedes están demasiado ocupados con sus juegos como para dedicarle tiempo a la sabiduría.

—Yo tomo mis estudios sobre meditación muy en serio, señor.

—Es lo que me ha dicho el Maestro Místico y me alegra mucho. Pero hijo, nosotros somos seres materiales. Necesitamos un poco de conocimiento práctico. Me han dicho que no tienes interés en cartas de navegación ni mapas. ¿Es eso cierto?

—Bueno padre, no es como si me perdiera por las calles de Tandra.

—Iko, una de las claves para ser un buen líder es la de estar siempre preparado.

—¿Preparado para qué?

—Para cualquier cosa.

El Rey hizo una pausa e Iko lo miró con curiosidad.

—Es por eso que he decidido ocuparme de sus clases personalmente.

—¿Qué?

El Rey se levantó y sus amplios hombros bloquearon la candente luz del sol sobre sus cabezas.

—Así es, caballerito. Al finalizar la cacería y excepto por tus estudios místicos, tú y tus amigos tendrán que lidiar conmigo de ahora en adelante.

El niño quedó atónito.

—Regresemos al campamento, pues, antes de que nos derritamos —continuó el padre, mientras se secaba el sudor de la frente con un pañuelo de lino.— La comida ya debe de estar lista.

El Rey montó a su caballo y sonrió sagazmente.

—Ah, por cierto, respecto a todos esos trucos que tú y los Siete han venido haciéndoles a sus maestros…

—¿Si, señor?

—Me los conozco como la palma de la mano.

El Rey hizo un guiño al joven Príncipe y partió sobre su cabalgadura. Iko vio la señorial estampa de su padre dibujarse contra el zafiro del cielo y pensó que ese hombre debía ser lo más cercano en este mundo a los dioses. Y oró para que algún día, él pudiera ser lo más cercano al Rey.

CUATRO

El largo cabello negro de Shannon flotaba como un velo líquido. Debajo de su rostro, King Goldie atisbaba con suspicacia desde el coral de plástico, decidiendo si se uniría a la niña en el juego acuático. Una vez que Tarzán dejó de ser una opción profesional para Shannon, ésta había puesto los ojos en el protagonista de *Marino y la patrulla oceánica*. Había quedado muy impresionada con la habilidad del personaje para contener la respiración debajo del agua y Marino también hablaba con animales, como peces y delfines. Mejor aún, Marino estaba vestido de pies a cabeza, así que, en principio, su madre no debería tener reparos sobre la nueva ambición de Shannon. El principal problema ahora era encontrar goma de mascar oxigenada. No se conseguía en ninguna tienda y la normal simplemente no funcionaba. Por lo tanto, Shannon decidió seguir el camino natural y comenzó a practicar aguantar la respiración en cada oportunidad que se le presentaba. Al inicio, comenzó a hacerlo en el mar y en la piscina local. Pero esta actividad puso tan nerviosos a los salvavidas que pronto le prohibieron meter la cabeza debajo del agua en lugares públicos. En vista de ello, Shannon comenzó a practicar con cualquier objeto doméstico que ayudara a sus propósitos: la bañera, el lavabo, la pecera.

King Goldie comenzó a nadar en círculos debajo de la nariz de la chiquilla, creando un pequeño remolino. Shannon observó las cristalinas ondas y sintió una inexplicable fascinación. Parecían un túnel pulido y frío y, por un instante, creyó ver algo allí, al fondo, al otro lado, algo así como partículas de luz que danzaban, llamando, atrayendo, jalando; no, empujando, empujándola ¡empujándola con fuerza! Un peso en la base del cuello la hundió en las profundidades de la pecera y de la boca de Shannon escaparon burbujas desesperadas. Con los pulmones a punto de reventar, la chica colocó las palmas sobre la superficie lisa del vidrio y trató de liberarse, pero la mano en su cuello no cedió. Un grito afónico atravesó las turbulentas aguas que la envolvían y, a pesar del pito enloquecedor en sus oídos, Shannon pudo distinguir la voz de Nana a la distancia. La mano se tornó entonces en garra que la sacó fuera del agua, con tanta fuerza, que la pecera cayó de la mesa y se rompió en mil pedazos.

—¿Qué intentabas hacer, por Dios? —preguntó Nana, a medida que revisaba a la mojada y temblorosa chiquilla.

—La estaba sacando de la pecera, Nana. Uno de estos días esta muchacha va a ir demasiado lejos con sus juegos —contestó Katrina, alisando las arrugas de su camisa y colocándola en su lugar.

—¡Eso es mentira!— gritó Shannon, tosiendo y escupiendo—. ¡Tú trataste de matarme!

La larguirucha adolescente esbozó una sonrisa irónica.

—Ay, por favor, como si yo no tuviera nada mejor que hacer.

—¿Por qué no vas y lo haces entonces, Katrina? —murmuró Nana secamente—. Algo útil como, no sé, ¿quemar tu sostén, tal vez?

—¡Nana! ¿Cómo puedes hablarme así? ¿Y por qué siempre te pones de su lado? Es como si tú fueras su verdadera…

La metálica frialdad en la mirada de la anciana congeló las protestas de Katrina. La muchacha se dio la vuelta y, llorando, salió de la casa, azotando la puerta.

—King Goldie… —dijo Shannon

La niña y la abuela se pusieron a gatas, tratando de atrapar al pez saltarín, el cual, curiosamente, no parecía preocuparse mucho por su precaria situación. Finalmente tuvieron éxito y unos cuantos minutos después del incidente, un malhumorado King Goldie nadaba en la cubeta de la cocina, mientras Shannon entraba en calor con un chocolate caliente y Nana desenredaba con cuidado la masa húmeda de cabello oscuro.

—¿Nana?

—¿Sí, cariño?

—¿Qué fue lo que Katrina trató de decir? Tú no eres mi verdadera qué.

—¿Y yo qué voy a saber? No vale la pena tratar de entender a esa muchacha hasta que todas esas hormonas dejen de rebotarle como saltimbanquis.

Shannon dejó escapar una sonrisa.

—¿Cuáles hormonas?

—Ya te lo explicaré en su momento. Ahora termina el chocolate, que tenemos que limpiar el desastre en la sala.

—Está bien —dijo la niña, hundiendo sus voluptuosos labios en la rica espuma.

Nana suspiró. Esa noche iba a tener que hablar con William y su hija.

Había llegado finalmente la hora.

Martha solía decir que Shannon tenía ojos ausentes, como si estuviera buscando algo demasiado distante para verlo a simple vista. Esto se hacía aún más evidente durante las vacaciones navideñas, cuando la familia cambiaba la vida suburbana por la tranquilidad de la cabaña de Nana en la playa. Levantada plácidamente frente al mar de Tasmania, era ésta una vivienda de madera, de postigos azules y porche verde, que recordaba un poco las casitas de jengibre y chocolate. Ahí, la chica pasaba horas tendida sobre el viejo muelle, tocando delicadamente su lado derecho, a la espera de que el mar, las olas y el viento ejercieran su hechizo. Entonces, cuando su cuerpo se ponía tan suave como miel caliente y sus párpados pesaban tanto que era imposible mantenerlos abiertos, lograba escucharlo. Un latido. Y después otro. Luego una rápida sucesión de latidos. Era como un pequeño bulto que latía de manera ligera y rápida sobre su costilla. Un segundo corazón.

Cuando el segundo corazón de Shannon se hacía sentir, solían pasar cosas sorprendentes. A veces actuaba como una luz roja dentro de su cabeza, advirtiéndole que mirara dos veces antes de cruzar la aparentemente solitaria calle o evitara el familiar atajo entre la escuela y su casa. Frecuentemente un inesperado auto vendría corriendo por la carretera o ella escucharía sobre el chico desafortunado que había sido mordido por una araña venenosa poco común al cruzar el atajo. A veces latía durante sus ejercicios acuáticos y, en esos días, Shannon llegaba fácilmente a la marca de los cuatro minutos debajo del agua. Su segundo corazón solía palpitar cuando ella estaba particularmente nerviosa o asustada y, cuando lo hacía, la llenaba una súbita tranquilidad; una sensación parecida a la que sentía cuando su mamá le trenzaba el espeso cabello, mientras canturreaba suavemente. Shannon estaba segura de que su segundo corazón tenía algo que ver con su amor por los animales y la empatía (acababa de aprender la palabra) que sentía hacia ellos. Sin embargo, lo que a Shannon le gustaba más de su segundo corazón eran los sueños —o ensoñaciones— que le inspiraba.

Las visiones no eran muy comunes y, por eso mismo, Shannon las apreciaba aún más. Por lo general, tenía que quedarse quieta (algo nada fácil para alguien como Shannon) en ese borde que limita el mundo de los sueños con el real. Venían y se iban, como olas perezosas lamiendo la orilla: cimbreantes jardines; delfines; un barco de velas púrpuras; una ciudad de grandes edificios, algunos parecidos a las empedradas torres de los castillos, otros similares a conos de helado, hechos de porcelana; un hombre alto y apuesto de ensortijada barba rojiza y con una gran piedra verde en la frente. Y luego estaba la luz, fría y blanca, brillando cual rayo de luna a través de una araña de cristal. Era un resplandor con voz que hablaba en francés, alemán, quién sabe si marciano, susurrando, cantando a veces, palabras sin sentido que de alguna forma Shannon entendía: palabras de amor, prometiendo que todo iba a salir bien.

Una sombra cayó sobre la adormecida niña. Shannon parpadeó y enfocó la atención en la silueta de su padre, parado entre ella y el sol. La chica apartó rápidamente la mano de su lado derecho.

—¿Estas bien, pequeña?

—Sí, papá, perfectamente.

Hacía mucho que Shannon había desistido de tratar de explicar la existencia de su segundo corazón a la familia. La primera vez que le habló a su madre sobre las palpitaciones, Martha concluyó que su hija estaba sufriendo un severo caso de flatulencia y le administró su receta personal de anís estrellado sudamericano y Coca Cola, lo que hizo que Shannon, por varios días, eructara cual marinero borracho. Su padre sugirió que se eliminara el brócoli y la col de su dieta, ya que había leído en alguna parte que producían gases, y el doctor le prohibió los cereales después de las ocho de la noche. Sólo Nana parecía comprender un poco lo que Shannon estaba tratando de decir y supuso que la chiquilla estaba describiendo, a su manera infantil, ese instinto visceral que avisa cuando algo está mal. Al final Shannon decidió que era más fácil quedarse callada y mantener en secreto todo lo referente a su segundo corazón.

William se sentó al lado de su hija, con sus largas piernas colgando en el aire. Shannon vio la caña de pescar y frunció el ceño.

—No vas a usar gusanos como cebo, ¿verdad papá?

El padre la miró con sorpresa.

—¿Yo? Ni en sueños, mi amor.

—Y vas a regresar los peces al mar, ¿no es así?

—¡Sí, mi capitán, a la orden, mi capitán!

La chica sonrió, satisfecha. Le encantaba cuando su padre la llamaba capitán.

—¿Qué vas a usar de cebo entonces?

William miró a su alrededor y bajó la voz.

—La torta de frutas de tu madre.

Los ojos de Shannon se abrieron desorbitados.

—¡Papá!

—Bueno, yo creo que a los peces, en vista de que carecen de sentido del gusto u olfato, realmente les va a gustar.

Shannon dejó escapar una carcajada.

—Ay, papi, eso no es justo. La pobre mamá cree que ese es tu plato favorito. ¿Qué tal si te ve ahora?

—A veces, Shannon, tu madre ve sólo lo que quiere ver.

La chica estudió el rostro de su padre, las mejillas enjutas, los ojos grises detrás de los anteojos bifocales, tratando de decidir si hablaba en serio.

—Mamá tiene uno de sus días oscuros, ¿no?

—Ajá —replico William, con su mirada fija en la bruñida superficie del anzuelo entre sus dedos—. Uno realmente negro.

Se quedaron quietos por un par de segundos. Entonces Shannon apoyó la cabeza sobre el tenso hombro de su padre y William dejó caer el hilo de la caña en el agua.

Martha se tomó de golpe las aspirinas y el sabor amargo le hizo fruncir los labios. Nana la miró desde la cocina, mientras cortaba mecánicamente zanahorias crudas y las ponía dentro del recipiente sobre la mesa. Al otro lado, Katrina pelaba papas y sus ojos viajaban de una mujer a la otra, mientras se preguntaba quién sería la primera en romper el silencio. La respuesta a su duda llegó de inmediato.

—Te advierto que no estoy de acuerdo— dijo Nana.

—Sí, madre, lo sé —replicó Martha, haciendo girar la cabeza en busca de algún tipo de alivio para la jaqueca infernal que le taladraba el cerebro—. Dios nos proteja de que algún día tú estés de acuerdo conmigo. Eso sería un signo seguro de la llegada del Apocalipsis.

Katrina se levantó rápidamente de la silla y llevó las cáscaras al bote de la basura.

—Debiste haberlo hecho hace cuatro años, después del incidente de la pecera —continuó Nana, indiferente al golpe de la tapa metálica del bote—. Ella era todavía una niña en ese entonces y hubiera sido más fácil. Pero ahora… por favor, Martha, ¡piensa! Tiene trece años, está entrando en la adolescencia.

—¡Jesús, mamá! ¿Quién te entiende? Cuando quise hablar con Shannon la primera vez, tú te opusiste porque estaba demasiado pequeña.

—¡Tenía sólo cuatro años, por amor al cielo, y no pronuncies en vano el nombre del Señor!

Martha miró hacia el techo y se tomó el vaso de agua.

—Lo que sea. En cualquier caso tenemos que salir de ese asunto pronto. Ten fe en Shannon, madre. Ella es una chica inteligente y comprenderá todo.

—Yo no veo cuál es el problema —interrumpió Katrina—. Hablan como si la adopción fuera una cosa de otro mundo. Algunos de mis amigos incluso piensan que es realmente chic, muy de avanzada, que familias normales abran sus hogares a niños abandonados.

—¿Has estado hablando sobre tu hermana con tus amigos de la universidad? —preguntó Martha.

El tono severo de la madre hizo encogerse a Katrina.

—Bueno… por supuesto que no con todos. Sólo con los de confianza: Jainy y Daniella. Y Robert, creo.

—¿Cómo que crees?

—Ay, no sé, mamá. Estaba un poquito mareada.

—Lo que me faltaba. Tu padre y yo nos deslomamos trabajando para enviarte a la universidad y tú, ¿qué es lo que haces? ¡Emborracharte y revelar los secretos de la familia!

—¿Quieren bajar la voz? —prorrumpió Nana—. William y Shannon están regresando a la casa.

—Sí, claro, callémonos, no vaya a ser que Anita la Huerfanita nos escuche —masculló Katrina.

—Katrina Isobel O'Leary —dijo Nana, marcando cada una de sus palabras.

—¿Sí, Nana?—

—Yo no sobreviví a una depresión económica, una guerra mundial y un viaje en barco a este país de locos para pasar mi vejez escuchando las sandeces de una mujer malcriada de veintidós años —continuó la anciana, entre dientes.

Las pecas de Katrina se intensificaron a medida que su blanco rostro se ponía aún más pálido.

—Así que por respeto a mis canas, te vas a tragar todos tus comentarios hasta el final de las fiestas y todos vamos a disfrutar de unas pacíficas, amorosas y lindas navidades. ¿Está claro?

—Sí, señora —respondió la joven con humildad.

Nana dio un resoplido y continuó cortando las zanahorias con rabia.

—Igual se lo tenemos que decir —murmuró Martha, apretando las palmas contra la frente, deseando, no por primera vez, convertirse en aire y desaparecer.— Y tenemos que hacerlo pronto.

CINCO

Fue la mejor Navidad que Shannon habría de recordar. El humor de su madre finalmente mejoró y Katrina pareció perder todo interés en molestarla. El veinte de diciembre llegó en su gigantesco *trailer* el hermano de su padre, el tío Ralph, trayendo consigo a la alegre tía Ellen, dos perros mestizos y la persona favorita de Shannon en todo el planeta: Iris. A primera vista, no podía haber más diferencia entre la muchacha alta, de piel bronceada, y su pequeña y rubia prima. Mientras Shannon era soñadora, Iris era pragmática; si Shannon era exploradora, Iris apostaba a la cautela. Había, sin embargo, un sorpresivo aspecto travieso en Iris que cautivaba el lado aventurero de Shannon, ya que a Iris se le ocurrían las ideas más descabelladas y las maneras de llevarlas a cabo. Era el tipo de persona que resolvía problemas y que, a veces, también los creaba.

Las dos muchachas se deleitaban bajo el sol de diciembre. Shannon sentía mucha pena por esa pobre gente, allá arriba, en el norte, en la lejana Irlanda de Nana, donde la Navidad era fría y húmeda. No importaba cuán acogedoras y hermosas se vieran las casas cubiertas de nieve en las fotos, Shannon no podía imaginar un escenario peor para celebrar una época de juegos y diversión. La mayor parte del tiempo, Shannon e Iris se la pasaban nadando en el mar, explorando con máscaras de buceo los pozos que había entre las rocas que quedaban durante la marea baja y andando en bicicleta hasta el tranquilo centro del pueblo de Points Lonsdale.

Desde ahí, iban hasta el viejo faro, en donde competían, entre risas y gritos, para ver quién llegaba primero a la cima. A veces se iban de excursión hasta el pueblo de Queenscliff, repleto de extravagantes hoteles y casas de huéspedes, construidos durante el siglo XIX para albergar a los ricos de Melbourne, que en esa época solían veranear allí. Era una caminata de cinco kilómetros por la costa y la tía Ellen les preparaba viandas con emparedados, fruta y chocolates, para que las niñas disfrutaran de una merienda en la playa.

Uno de los pasatiempos preferidos de las primas era ir escondidas detrás de William, Katrina y el tío Ralph durante su cacería de conejos, para asustar a las criaturas y obligarlas a esconderse entre los arbustos. Iris no entendía del todo por qué Shannon causaba tanto alboroto por esto; al fin y al cabo, al tío William siempre le fallaba la puntería, Katrina sólo quería verse elegante en sus botas de caza y su papá estaba tan ensimismado en sus anécdotas y chistes malos, que casi nunca veía a los conejos. Pero la idea de que algún día los cazadores mataran a su presa creaba gran zozobra en Shannon, y eso era suficiente para que Iris se pusiera en cuclillas detrás de un árbol e hiciera divertidos y espeluznantemente realistas sonidos de animales, incluyendo su propia versión del esquivo diablo de Tasmania.

Una noche, después de experimentar con el maquillaje de Katrina y asaltar la cocina por segunda vez, las chicas comenzaron a planear su brillante futuro. Iris quería ser una estrella. De qué, no estaba segura, así que Iris mantenía abiertas sus opciones. Estaba considerando seriamente convertirse en cantante y ver hasta dónde podía llegar.

—Pero si tú no tienes voz —le señaló Shannon.

—Cierto, no tengo una voz como la tuya. Pero, ¿quién sabe, prima? A lo mejor, cuando crezca me convierta en una chica sexy, como todas esas divas del disco, que van por ahí agitando las caderas. La mayoría de ellas tampoco canta bien.

—¿Vas a venderte cual objeto sexual? —preguntó Shannon, horrorizada.— ¿Qué hay de tu orgullo? ¿Tu dignidad? ¿El movimiento para la liberación de la mujer?

—No sé… creo que prefiero ser rica y famosa. ¿Qué tal tú?

—Yo voy a ser bióloga marina —contestó la chica con toda la arrogancia de sus trece años.

Iris se sonrió.

—Fue lo más parecido que encontraste a *Marino y la patrulla oceánica*, ¿no?

—¡Cállate! —dijo Shannon, lanzando una mullida almohada a los rizos de Iris.

Iris respondió como se esperaba.

—Si me tengo que parar e ir para allá, se van a arrepentir… —advirtió Nana a lo lejos. Las muchachas rieron suavemente y apagaron la luz.

La mañana de Navidad, Shannon se despertó al amanecer. La noche anterior, después de una de sus interminables conversaciones con Iris, se había olvidado de cerrar las cortinas y ahora el sol se estaba filtrando a través de sus largas pestañas negras. La chica gruñó e inútilmente se tapó el rostro con la manta, pero la luz era demasiado brillante como para seguir durmiendo. Shannon pasó sobre Iris y se arrastró hacia la ventana. Y entonces lo vio, ahí, al otro lado del cristal. Shannon parpadeó un par de veces y luego gritó.

Iris se despertó de un salto.

—¿Qué? ¿Qué? —preguntó, tratando de desenredarse de la cobija.

—¡Un caballo! ¡Un caballo! —chilló Shannon, agitando las manos frenéticamente.

—¿Un caballo? ¿Estabas soñando que cabalgabas o algo así?

—No seas tonta, ¡ven! —dijo Shannon, jalando a su prima por el cuello de la pijama.— ¡Mira! Hay un caballo en el patio.

Iris quedó boquiabierta.

—Bueno, ¡Dame una cachetada o pellízcame!

—¿Qué dices? Ay, olvídalo. ¡Ven Iris, ven!

Las chicas bajaron de prisa las escaleras, la mente de Shannon iba más rápido que sus pies. ¡Un caballo! ¡No podía creerlo! Desde que tenía memoria, ella había fastidiado, pedido y suplicado a sus padres por un caballo y a cambio había recibido un pez, un gato, un perro y, el año pasado, clases de equitación sabatinas, con lo que sus padres esperaban que se quedara tranquila. Ella recibió el último regalo algo indecisa sobre si le gustaba o no. Por un lado, aprendería a cabalgar y pasaría tiempo con sus animales favoritos; por otro lado, parecía constituir una notificación de sus padres de que eso era lo más que ella podía esperar de ellos, por lo menos en cuanto a lo que al caballo se refería. Pero ahora (la niña tuvo que reírse) Shannon Elizabeth O'Leary tenía su propia montura.

Era un magnífico palomino de melena y cola blanca. William y el tío Ralph estaban parados a cada lado del animal, con las caras resplandecientes de placer al ver a las chicas acercarse.

—¡Gracias, gracias, papá! —exclamó Shannon, abrazando a su padre.

—Supongo que eso significa que te gusta.

—¿Gustarme? —preguntó Shannon, a medida que sus dedos se extendían para tocar la aterciopelada piel.— ¡Me encanta! ¿Cómo se llama?

—Cresta Run.

Las cejas de Shannon se juntaron.

—Es el nombre de un tobogán de hielo en Suiza, desde donde se lanza la gente a alta velocidad —explicó algo angustiado el tío Ralph.

—Sí, claro…. todo el mundo sabe eso —añadió Iris.

—Bueno, tú puedes ponerle el nombre que quieras, ¿verdad, cariño?

—Es de mala suerte cambiarle el nombre a un caballo, papá. Y de todas maneras, a mí me gusta ese nombre. Suena bien: Cresta Run.

El caballo relinchó, bajando la cabeza.

—Entonces se quedará Cresta Run —dijo la muchacha de forma decisiva, con su segundo corazón latiendo suavemente, llenando de suavidad y calor su cuerpo en la fresca brisa mañanera.

Shannon pronto descubrió que el caballo no era para principiantes. Cresta Run era un pícaro entre los pícaros. El que lo hubieran castrado parecía importarle poco y actuaba como si fuera un semental de pura sangre. Tal y como comentó Nana, unos cuantos días después, el animal parecía conocer todos los trucos habidos y por haber para hacer que su jinete mordiera el polvo. Por lo tanto, cada mañana Shannon montaba el caballo y cada mañana terminaba en el suelo. Si ella quería ir a la derecha, Cresta Run iba a la izquierda. Trotaba cuando ella quería que corriera y paraba cuando ella deseaba ir más rápido. Cuando la muchacha le hablaba con dulzura, él mostraba indiferencia; cuando le hablaba con brusquedad, él movía las orejas, cual radares, y mostraba los dientes como si se riera de ella.

—A lo mejor deberías devolverlo, prima —sugirió Iris en Noche Vieja.

—¿Estás loca? Yo jamás me rendiría tan fácilmente. ¿Qué clase de persona crees que soy?

—¿Una muy terca?

—Cierto… pero eso no resuelve el problema, ¿o sí? Papá ya ha sugerido lo mismo que tú y me temo que, si no controlo pronto a Cresta Run, él me obligará a devolverlo.

—Quizás ése es el problema: lo estás tratando de controlar. No sé, pero siempre me pareció que tú eras del tipo de los que creen que "los animales son nuestros hermanos" y cosas así. A lo mejor deberías charlar con Cresta Run, ya sabes, como con un amigo; llévalo a tu lugar predilecto y háblale de corazón a corazón, o algo por el estilo.

Shannon miró en silencio a su prima y después de un rato dijo:

—¿Sabías que eres muy rara?

—Por supuesto. Es por eso que nos llevamos tan bien —contestó Iris, divertida.

—Pero creo que tienes razón. Y ya sé adónde voy a llevar a esa terquedad de animal.

Las olas entrelazadas fulguraban con los rojos y rosas del inminente ocaso. La brisa impregnada de sal alborotaba ambas melenas, la clara y la oscura, a medida que Shannon llevaba al caballo por las riendas hacia la frontera entre el agua y la arena. Se detuvieron y el caballo volvió la cabeza hacia el horizonte, sus grandes ojos marrones reflejaban el movimiento del mar. La delgada mano de Shannon se deslizó perezosamente sobre el cuerpo del animal hasta que sintió el corazón. La niña apoyó el rostro sobre la pulsante área, los cortos pelos haciéndole cosquillas en la mejilla.

—Éste es el lugar que más me gusta en el mundo, Cresta Run —dijo Shannon suavemente.

El caballo sacudió ligeramente la cabeza.

—Cuando vengo aquí, siento que todo es perfecto, que nunca nada saldrá mal —continuó la muchacha—. A veces, cuando estoy debajo del agua, tengo extrañas visiones. Veo una ciudad, brillando como una vela detrás de una ventana, en una noche de tormenta. Y quiero ir para allá, Cresta Run. Caminar en sus calles, conocer a su gente. Y cuando veo esta ciudad, mi corazón, mi segundo corazón, canta alto, como esas sopranos de ópera, de manera dulce e increíblemente aguda, y me siento como cuando estoy en el coro de la iglesia y me olvido de las palabras o las instrucciones de la maestra, y sólo dejo que mi voz siga a la música, con mi pecho expandiéndose, todo mi cuerpo llenándose de gran felicidad, que solamente puedo expresar cantando aún más.

Shannon tomó la cara del caballo entre sus cálidas manos y la bajó hasta el nivel de sus ojos.

—Nunca le he dicho esto a nadie, Cresta Run. Sólo a ti —dijo e hizo por un momento una pausa—. Si no quieres que te monte, entonces no lo haré. Pero si me dejas, yo seré el mejor jinete que hayas tenido. Porque no quiero ser tu ama, Cresta Run. Yo quiero ser tu amiga.

La muchacha soltó las riendas y caminó hacia la cabaña. Shannon contó mentalmente. Uno, cinco, ocho… y luego sintió el aliento del caballo sobre su hombro. Shannon se detuvo, sonriendo. Probablemente tendría que caerse unas cuantas veces más, pero, al final, él la aceptaría, estaba segura. Su segundo corazón así se lo decía. Aferrándose del alba melena, la niña saltó al lomo de Cresta Run y galoparon a paso rápido bajo las estrellas.

SEIS

Cuando las vacaciones navideñas se fundieron con el verano, el tío Ralph metió a su esposa y a sus perros en el tráiler y regresó a la granja, llevándose a Iris con él. La ausencia de la prima llenó de aprensión a Shannon, como si nubes oscuras comenzaran a formarse sobre su soleado paraíso. Decidida a que la muchacha se ocupara en algo más que nadar y correr de aquí para allá sobre el caballo, Nana la introdujo en los misterios de la cocina. Y de la costura. Y de los primeros auxilios. Y de la administración casera (Cuida tus centavos y los billetes se cuidarán solos). Y de los chicos. Y de cómo mantener a raya a los chicos. Y de cómo saber si un pescado estaba fresco o un melón maduro. Y de cómo mirar a los chicos para que se mantuvieran a raya, pero todavía interesados. Y de cómo preparar la taza de té perfecta (Se echa la leche primero, para que la porcelana no se manche y nunca, jamás, se hierve dos veces la misma agua). Y los principios del baile —espalda arqueada, brazo firme— y la importancia de las notas de agradecimiento y por qué el aceite de lavanda era lo mejor para espantar a las polillas. Excepto por la parte sobre los chicos, Shannon no aprendió mucho en realidad, pero sí comenzó a preocuparse. Tenía la impresión de que su abuela le estaba dando un curso de vida rápido, por lo menos en lo referente al lado práctico de la misma, como si Nana temiera no tener tiempo suficiente para pasarle su sabiduría. En vista de lo anterior, Shannon comenzó a preguntarse si su abuela estaba a punto de morir.

No era el caso, por supuesto. Lo que Nana estaba tratando desesperadamente de hacer, era ganar tiempo, manteniendo a Shannon ocupada y fuera del camino de Martha, tanto como fuera posible. Pero ni siquiera Nana era infalible. Por tanto, una dorada tarde, cuando Nana estaba visitando a unos amigos en Point Lonsdale, Martha reunió al resto de la familia en la sala y dijo que era hora de conversar.

Katrina estaba tirada sobre la mecedora, bebiendo limonada, mientras un rígido William se sentaba al lado de la chimenea. Shannon se encontraba sobre el sofá, con las piernas cruzadas, codos sobre los muslos y barbilla descansando sobre los dedos entrecruzados, en espera de la gran noticia que su madre estaba a punto de anunciar. A lo mejor estaba embarazada, pensó Shannon y se mordió los labios para no sonreír al imaginar la cara que pondría Katrina, si resultaba que pronto tendría otro hermanito.

Martha caminaba de un lado a otro de la habitación, narrando, con su mejor voz de profesora universitaria, cómo ella siempre había deseado ayudar a los demás, hacer algo por los menos afortunados que ella. Shannon alzó las cejas. Su madre cambió el tema a la vida, y cómo ésta podía ser confusa a veces y por ello la gente cometía errores. Columpiando su pierna izquierda sobre el brazo de la mecedora, Katrina fijó la mirada en su hermana. La manzana de Adán de William bajó visiblemente.

—Lo que intento decir, Shannon, es que nos sentimos... no, *somos*, muy afortunados.

—¡Qué bien! — replicó la chica.

—Sí, porque... —Martha titubeó; su discurso, tantas veces practicado, estaba evaporándose de su mente—. Bueno, hemos tenido la oportunidad de hacer algo realmente importante, como es abrir las puertas de nuestro hogar a una niña tan extraordinaria.

(*pum*)

El segundo corazón de Shannon comenzó a latir.

—¿Qué quieres decir?

—Martha… —suplicó William.

—Verás querida, nosotros, tu padre y yo… bueno, te amamos desde el primer instante en que te vimos, ¿no fue así, William? Eras una bebé hermosa. ¡Y tan brillante! Ya podías sentarte sola y ni siquiera tenías seis meses.

(*todo está bien*)

Dentro de Shannon, el segundo corazón susurraba.

—¿Me vieron por primera vez cuando yo tenía seis meses? —preguntó Shannon con voz quebrada.

Katrina sonrió, mordiendo ligeramente la punta del popote con el que bebía. Shannon sintió que sus huesos se convertían en gelatina. Su segundo corazón comenzó a cantar suavemente algo así como una canción de cuna que parecía decir: "Todo está bien, todo está en calma."

—¿Ustedes no son mis verdaderos padres? —musitó Shannon.

—Claro que somos tus verdaderos padres —contestó rápidamente Martha, mientras se secaba las manos sobre el vestido—. Sólo que no somos tus padres de nacimiento. Pero te amamos igual… después de todo, nosotros te elegimos porque eras muy especial, ¿no fue así, William?

—¿Qué se supone que significa eso? —preguntó la chica.

—Cariño —comenzó a decir William, pero calló al ver las lágrimas de Shannon.

Una idea explotó en la cabeza de la niña.

—¿Fue por eso que me compraron a Cresta Run? ¿Para que no me pusiera demasiado triste por ser adoptada?

—No, bueno sí… pensamos que a lo mejor ayudaría, pero esa no fue la razón principal. Sólo queríamos verte feliz —tartamudeó Martha.

—¿Y Katrina? ¿También es ella adoptada?

—Sí, cómo no… —contestó Katrina, con una sonrisita petulante dibujada en su rostro.

Shannon comenzó a respirar entrecortadamente.

(*Todo está bien, todo está en calma*)

—Entonces, no entiendo mamá. Si ya tenían a Katrina, ¿por qué me adoptaron?

—Eso mismo me pregunto yo —murmuró Katrina, antes de tomar otro sorbo de su bebida.

—¡Basta ya, Katrina! —dijo Martha con furia. Luego enfrentó a su hija menor—. Shannon, es como ya te expliqué: sentíamos que teníamos un deber social. Nosotros teníamos un buen hogar y tú necesitabas uno…

(*Todo está bien, todo está en calma*)

(*¡Cállate!*) Masculló mentalmente Shannon.

—Así que yo fui… ¿qué?… ¿un acto de caridad?

—Por supuesto que no, Shannon —dijo William con voz cansada.

—A lo mejor no se están explicando bien —interrumpió Katrina, enderezándose sobre su trono improvisado—. Déjame poner las cosas en términos que tú puedas entender, Shannon. La adopción es… ¿cómo decirlo? Como cuando la gente va a la perrera municipal.

—¿A la perrera? —repitió Shannon, dudosa de que hubiese escuchado correctamente.

—Tal cual… verás, cuando la gente ve a todos esos pobres y sucios perritos, ladrando, moviendo las colitas ansiosamente, con la esperanza de verse lo suficientemente lindos para que alguien se los lleve a casa… bueno, a las personas no les queda más remedio que ayudarlos. ¿Qué otra opción hay? ¿Dejarlos morir? Digo, uno realmente tiene que sentir lástima por esos animales. —dijo la joven y se detuvo por un instante para tomar otro sorbo y continuó—. Sin embargo, ahora que lo pienso mejor, los perros no son el mejor ejemplo para lo que trato de explicar. Porque ellos no abandonan a sus cachorros recién nacidos, ¿verdad? En cualquier caso, tú eres inteligente y seguro que me captaste la idea. Después de todo, eres una chica muy, *pero muy* especial, ¿no es así, Shannon?

Una quietud helada congeló a todos los presentes. William y Martha miraron atónitos a su hija mayor. Shannon dejó escapar lo que inicialmente parecía una carcajada y terminó siendo gemidos. Se dobló sobre sí misma, abrazándose, tratando de contener la tormenta en su interior, la habitación se expandía, perdía todo color, las figuras de sus padres se alejaban, la distancia entre ellos y ella se hacía infinita.

—Capitán, mi Capitán—, dijo William caminando hacia la niña, sus brazos abriéndose ligeramente.

—No… — advirtió Shannon con voz ronca.

La muchacha saltó del sofá y se dirigió a la puerta. Se detuvo y se volvió para mirarlos una vez más.

—No sé qué decirles a ustedes dos —dijo en voz baja a sus padres—. Pero tú, Katrina, tú vete a la mierda.

Shannon cerró la puerta tras de sí antes de que nadie pudiera responder.

Entonces caminó.

Y corrió.

Y cayó.

Y corrió un poco más.

Hacia el mar.

(*Todo está bien, todo está en calma.*)

(Cállate, *cállate*, ¡*Cállate*!)

La chica saltó a las olas, en busca de algún tipo de consuelo, de cualquier cosa que calmara el dolor en ella, esas uñas invisibles que arañaban su corazón, desgarrándolo, el palpitante tambor haciendo eco en sus músculos, nervios, sangre. Se sumergió debajo de las turbulentas aguas y nadó hacia las profundidades, hasta que los oídos amenazaron con explotar y el azul marino se difuminó primero a negro y luego a motas de luz, que bailaban de manera alocada frente a sus ojos. Shannon se estremeció, retorciéndose. Su cuerpo no parecía flotar ya, sino que temblaba dentro de una materia viscosa que se hacía cada vez más insustancial, hasta que se convirtió en aire seco del desierto. Shannon se encontró de rodillas en una calle empedrada, en algún lugar de su ciudad submarina. Miró a su alrededor, anonadada. Y luego le pareció comprender lo que estaba pasando. Shannon Elizabeth O' Leary se había ahogado en el mar y había ido a parar directo al infierno.

Hogueras lamían las derruidas torres y pintaban de rojo el cielo. Rojas estaban también las calles, las murallas y las verjas de hierro, golpeadas hasta la sumisión. Un denso humo acre se deslizaba desde los techos, como cascadas fantasmales que se convertían en ríos, inundando las calles, los parques, el mercado, los templos, sus venenosos vapores abrazando los cadáveres que rodeaban a Shannon. Los cuerpos se apiñaban por todas partes. Había amantes tomados de las manos; madres cargando bebés; hombres con abuelos de cabellos plateados aún sobre sus hombros. Algunos tenían terribles heridas supurantes, con las lanzas y flechas todavía incrustadas debajo de su piel. Otros presentaban una especie de tinte azul en sus rostros de bocas abiertas, los ojos velados por la muerte y delineados por coaguladas lágrimas de sangre.

Shannon tiritó de manera violenta. Gritos lejanos rompieron el silencio que la rodeaba y la muchacha se dio cuenta de que lo que sea que hubiera causado esta tragedia estaba todavía allí, matando, desfigurando, destruyendo. Una nube de polvo y gritos se precipitó sobre ella y la engulló. La muchedumbre corría impetuosamente, atropellándola, un trueno de cascos y alaridos persiguiéndolos. La muchacha corrió junto a la marejada humana obligándose a no mirar atrás cada vez que una espada hacía silbar al aire y dejaba un cuerpo inerte tras de sí. Los jinetes acorralaron a la multitud en un edificio redondo de columnas pintadas y techo de bóveda. Algunas mujeres comenzaron a aullar. Otras levantaron sus manos suplicantes, rezando a alguna indiferente deidad. Shannon no podía entender lo que decían, pero ciertamente sentía su pánico. Los jinetes callaron de repente, dando paso a un silencio estremecedor, mil veces peor que el rugir de gritos que la habían ensordecido hasta hacía unos momentos. Se escuchó un grito y alguien señaló la brillante niebla naranja que subía por los escalones del edificio. La gente enloqueció. Algunos se precipitaron hacia fuera, tan sólo para ser clavados a la tierra por flechas aéreas. Shannon no necesitaba comprender el idioma de esta gente para saber que ya no había escape posible y comenzó a llorar.

Entonces, por sobre el desconsolado clamor, se elevó una voz firme y al mismo tiempo tranquilizadora. Hombres y mujeres buscaron con la vista al que hablaba, todos murmurando, repetidamente la misma palabra: Al-Athalante-Ez. Los ojos de Shannon siguieron al resto de las miradas y la chica se sobresaltó al reconocer en el regio orador al apuesto hombre de sus sueños marinos. Estaba parado sobre una especie de altar, con sus ropas de lino salpicadas de sangre. El hombre habló, haciendo gestos, señalando primero hacia la destruida ciudad, luego al cielo nocturno. Lo que dijo tuvo el efecto de una fresca mano sobre una frente afiebrada. La gente se sentó sobre el piso frío de piedra, las espaldas de los hombres un poco más rectas, las mujeres enjugándose las lágrimas del rostro y sonriendo a sus atemorizados hijos.

La bruma color óxido continuó su marcha de manera inexorable, su amargo olor quemaba las fosas nasales. Los primeros en sucumbir al tóxico vaho fueron los niños y los ancianos. Padres e hijos abrazaron fuertemente a sus muertos y poco después se unieron a ellos. Al final, sólo el hombre alto y la muchacha extranjera quedaron en pie. Él la contempló al principio con compasión, después con incredulidad y sus ojos color topacio se veían desorbitados. Se dirigió con dificultad hacia Shannon, repitiendo algo que parecía ser un nombre, pero sus rodillas cedieron y el hombre naufragó en la neblina, llamándola.

—No —dijo Shannon, impresionándose con lo áspero de su voz—. No, no, no, no, ¡No!

Una mano la jaló fuertemente por el codo. Shannon se volvió, oponiendo resistencia. Una anciana la arrastraba, hablando rápidamente en un idioma extraño.

—¡No, suélteme! Usted no entiende, a lo mejor está vivo. ¡Tenemos que salvarlo! —rogó Shannon, intentando liberarse de la inesperadamente férrea mano de la mujer.

—Tú —dijo la anciana con fuerte acento, —vete. Ahora.

—¿Puede hablar mi idioma? Por favor, escuche, hay un hombre allá, creo que está vivo…

La Bruja sacudió la cabeza.

—Tú vete, Shannon. Rey muerto —dijo. Y desapareció.

En ese momento Shannon se dio cuenta de que estaba inmersa en la niebla mortal. Los ponzoñosos vapores se deslizaron por su nariz, escaldando su garganta, haciendo líquido sus pulmones, inundándola, colmándola, acarreando su cuerpo hasta lo más profundo del mundo que se fundía sobre y bajo ella. Un dolor explosivo golpeó su lado derecho y, antes de perderse en la oscuridad, Shannon tuvo la certeza de que su corazón, su segundo y vil corazón, estaba tan muerto como lo estaría ella en breves instantes.

Cuando despertó en el hospital, tres semanas más tarde, todo lo que Shannon podía recordar con claridad eran sentimientos de dolor, de rabia, de vacío. Y de pérdida. Una perenne sensación de pérdida que habría de amoldar su vida desde ese momento en adelante.

SIETE

Fiel a su palabra, el Rey se hizo cargo de la educación de Iko y los Siete. Estupefactos, tutores y cortesanos observaron al monarca hacer marchar a los muchachos hacia el patio central y obligarlos a participar en los ejercicios matinales de la Guardia Palatina. Más de una ceja se alzó al ver a las niñas saltar, sudar y luchar junto a los varones. Pero después de observar la destreza de Sha con la lanza y la espada corta, muchos comenzaron a preguntarse si el Rey no habría tenido razón, después de todo, y si no habría que permitir que ciertas damas formaran parte de la defensa del país. Después de la calistenia y la clase sobre el manejo de la espada, venía una carrera a la cocina, donde los niños aprendían y preparaban sus propios alimentos. A esto le seguían lecciones de idiomas e historia, y pronto el joven Príncipe y sus amigos se peleaban y reconciliaban en diferentes dialectos. El Rey parecía tener un interés especial en que sus pupilos aprendieran geografía y obtuvieran la capacidad de leer cartas navales y mapas; que comprendieran los movimientos de las estrellas y se familiarizaran con los principios de la navegación. Encontró un talento bruto en H-ra, quien a pesar de su desbocada imaginación, podía entender los dibujos intangibles de los cielos, ver montañas en las ondas dibujadas sobre papiro y caras de garzas en los bocetos de rocosas costas. Después de sus estudios místicos, el Rey y sus estudiantes, vestidos en ropas ordinarias, salían del palacio por la puerta de los sirvientes y se adentraban en el corazón de Tandra: el mercado principal.

Ahí, un mundo de confusas imágenes, ruidos y olores danzaba en torno de ellos. El barrio de los artesanos repicaba con los sonidos metálicos de las herramientas y armas de bronce, martilladas sobre piedras. El olor de la cera derretida viajaba en el aire caliente, a medida que el rojo metal fundido era vertido sobre moldes de arcilla para crear estatuas y vasijas. El barrio de los alfareros parecía el paraíso de los chiquitines, con pedazos de fría y húmeda arcilla dando vueltas sobre tornos, mientras manos habilidosas los transformaban en platos y floreros. Luego estaba el barrio de los tejedores, el de los carpinteros, el de los hacedores de pócimas, el de los sanadores y el más popular de todos, el de los mercaderes. Allí, la fragancia de las especias flotaba en el aire: canela, curry, *harissa*, comino, nuez moscada, vainilla y azafrán. Éstas, a su vez, se entremezclaban con los aromas de frutas frescas y hierbas; con los de aceitunas encurtidas y pescado seco; con los de quesos de cabra y marroquinería; con los de vino de dátiles, pan de cebada recién hecho y lirios de río. Los músicos callejeros desfilaban entre los estrechos y ondulantes corredores creados por los coloridos puestos, y las flautas, liras y tambores agregaban sus melodiosos ecos a la cháchara de los tandrianos comunes, quienes negociaban, chismoseaban, comentaban e informaban, dando a conocer, en el proceso, las realidades del reino a los asombrados estudiantes, incluyendo, por supuesto, al que había nacido para gobernarlos.

Algunas veces sólo caminaban por el mercado. Otras veces, el Rey los hacía preguntar a los diferentes artesanos acerca de su labor, de cómo se hacían las cosas, de cómo diferenciar entre un objeto de buena calidad y otro de pobre manufactura. Cuando encontraban a comerciantes de otros lugares, los niños practicaban los idiomas que recién habían aprendido. Kía, Ari y Ryu sobresalieron en esta área. No sólo asimilaban rápidamente, sino que podían imitar a la perfección los diversos acentos. Cuando sus pupilos se sintieron más a sus anchas en el territorio del populacho, el Rey comenzó a animarlos para que interaccionaran de manera más directa con el pueblo, ya fuera pidiendo rebajas, quejándose por artículos defectuosos, ofreciendo mercancía traída del palacio y vendiéndola al mejor precio posible. Al principio, Iko y los demás temieron que esa tarea resultara demasiado difícil para Sat, quien normalmente se conformaba con lo que le daban. Sin embargo, la belleza gélida e imperturbable de su rostro parecía alentar a los mercaderes, quienes erróneamente tomaban la indiferencia de la chica por sutil negociación y después de mucho alboroto rebajaban los precios al costo, con tal de complacerla.

La calle no sólo daba lecciones a Iko y los Siete, sino también al Rey. Entremezclado entre su gente, con sus ropajes burdos y su rostro cubierto a medias, el monarca había aprendido muchas cosas y la mayoría lo estaban comenzando a preocupar en serio.

Desde hacía mucho tiempo, el Rey sospechaba que el Crendin había infiltrado a algunos de sus seguidores en la amurallada ciudad de Tandra. Unos cuantos años atrás, el Rey había advertido un cierto giro en el Consejo. Esto sucedió al aceptar a los nobles de los reinos caídos en el íntimo círculo de los consejeros reales, con el fin de que los recién llegados asimilasen la cultura y valores de Tandra.

Al principio el cambio fue apenas notable. Después, en forma de susurros primero y propuestas abiertas después, el Consejo comenzó a pedir que se alterara la política en contra del Crendin. Muchos pensaban que ya no era aplicable considerarlos unos viles bandidos. Cierto que habían tomado varias ciudades y reinos a la fuerza, pero, ¿acaso no enseñaba la historia que eso ocurría en todas las civilizaciones? Aquellos que quedaron atrás habían adoptado las costumbres del Crendin, hasta el punto de progresar dentro de la sociedad invasora y desde hacía muchos años no ocurrían nuevos ataques. Quizás Tandra se había apresurado demasiado en juzgar al Crendin; después de todo, las disputas fronterizas habían estado latentes mucho antes de que comenzara la guerra. ¿Y no era una de las leyes de la guerra que el ganador tenía derecho sobre los territorios vencidos? En cuanto a los rumores que decían que el Crendin estaba detrás del diamante negro, ¿para qué darles importancia? Nadie había visto tal gema, la cual probablemente no era más que un invento mítico de los antepasados. Sólo los niños podían creer en un diamante que supuestamente otorgaba poder supremo a quien lo encontrara, y ciertamente nadie tan inteligente como la gente del Crendin creería que Isha era real, ¿o sí? Quizás sería más beneficioso para Tandra aceptar al Crendin como vecino y comenzar relaciones comerciales y diplomáticas con ellos. Al final, era obvio que habían llegado para quedarse. Igualmente evidente era el hecho de que eran una nación próspera, creativa y poderosa. Más aún, el Crendin estaba dispuesto a establecer una nueva era de paz y progreso con todos los soberanos de la región, entre otros, por supuesto, el gran rey de Tandra.

El Rey escuchó todas esas propuestas en silencio, en espera de que surgieran las protestas, las voces ofendidas que recordaran al Consejo la sangre, muerte y destrucción que había ocasionado el Crendin a los pueblos que por mucho tiempo Tandra había considerado amigos. Lo más que pudo escuchar, sin embargo, fue un incómodo murmullo. Furioso y sorprendido a la vez, el Rey miró con severidad a sus consejeros y, repentinamente reparó, de verdad, en el cambio de sus súbditos. La simple elegancia en el vestir que era tradición en muchos de sus nobles estaba ahora aderezada por opulentos accesorios que normalmente adornaban a las damas de la realeza: brazos y pies relucían con el oro de las joyas; profundos tonos de amarillos y púrpura (los colores reales de Tandra) teñían las túnicas; polvo de bronce y pepitas de granate salpicaban cabellos entretejidos y falsas barbas. Las caras de muchos de los consejeros se veían abultadas, atontadas, como en un letargo. Y apenas escondidos debajo de brazaletes de cobre, el Rey pudo distinguir un par de tatuajes que representaban un escorpión: la marca del Crendin. Una marca que él también había comenzado a observar por las calles de la ciudad. Ahí, mercaderes y comerciantes se hacían eco de las exigencias del Consejo. A sus oídos llegaban reportes de la riqueza del Crendin; de la maravillosa mercancía que éstos habían estado reuniendo durantes sus viajes; de los sorprendentes inventos que sus sanadores y magos estaban desarrollando; y los tandrianos querían su parte del pastel. ¿Qué importaba si la gente del Crendin era tan ignorante como para creer en varios dioses? Ninguno de esos ídolos alejaría al buen pueblo de Tandra de su amada Diosa. Además, murmuraban algunos, a lo mejor era hasta buena idea eso de tener un dios diferente para cada necesidad. O por lo menos parecía ser más eficaz que confiar en una sola deidad.

Mientras los niños andaban por el mercado haciendo preguntas, el Rey mantenía sus ojos y oídos abiertos. Podía escuchar voces de fuerte acento quejarse cortésmente por la terquedad del Rey y respuestas débiles que excusaban de forma patética la decisión del monarca en referencia al Crendin. Comenzó a ver la marca del escorpión de manera más frecuente y descarada, a veces en los anuncios de las tabernas y puestos. La duda se extendía incluso hasta las colonias de refugiados. Después de catorce años, la generación más joven se preguntaba si no era hora de enterrar el pasado y seguir a las otras naciones, las cuales recibían con los brazos abiertos la alianza con el Crendin. El Rey comprendió que el tiempo se le acababa y rezó para que Iko y los Siete estuviesen listos para su misión antes de que fuera demasiado tarde.

La mujer entró en la recámara del Rey y lo encontró sentado en el suelo con las piernas cruzadas, escribiendo con una plumilla de cristal sobre una tableta de suave arcilla. La pulida malaquita en la frente del hombre reflejaba mudamente los símbolos que éste escribía rápidamente con su mano bronceada. La Reina cruzó sus brazos enjoyados sobre su seno. No entendía por qué el hombre no usaba un escriba, pero últimamente había muchas cosas del Rey que ella no lograba entender, razón por la cual ella había entrado en la sala privada del monarca. Era hora de tener una charla con él.

—Esposo —llamó ella.

El Rey alzó el rostro y sus ojos marrones se enternecieron ante la vista de su esposa.

—¿Sí, mi Señora?

La Reina se deslizó por la habitación, la luz delineaba su estilizada figura debajo de los delgados y perfumados pliegues de gasa de su túnica. Trenzas y rizos adornaban su larga cabellera negra, donde capullos de loto se alzaban cual fragante corona. La Reina se detuvo ante una de las sillas de madera labrada, dudó por un instante y luego se sentó en la alfombra de palma entrelazada, al lado del Rey.

—Esposo —repitió la mujer—, tengo una queja.

—¿Qué ha pasado, mi Señora?

—Alguien me ha mentido; de hecho, alguien ha roto un juramento.

El cuerpo del Rey se enderezó.

—¿Qué? ¿Quién se ha atrevido a ofenderte de esa manera?

—Tú, mi Señor.

El Rey, confundido, ladeó la cabeza.

—¿Yo? ¿Y cómo he hecho eso, amor mío? —preguntó él con voz suave.

La Reina apartó la mirada.

—¿Recuerdas cuando nos unimos? —inquirió ella.

—Por supuesto.

—Me prometiste que no seríamos como los cónyuges reales del pasado, que yo siempre caminaría a tu lado.

—Sí… lo recuerdo —dijo el Rey tartamudeando, sorprendido por el dolor en la voz de ella.

—Pues me has dejado atrás, Al-Athalant.

El Rey se sobresaltó al escuchar el apelativo que sólo la Reina utilizaba y cuando lo hacía era únicamente en los momentos de intimidad. Se levantó rápidamente y comenzó a caminar de un lado a otro del cuarto.

—No sé a qué te refieres. Tú sabes que confió en ti. ¡Tú eres mi Reina!

Las facciones de la reina, tan parecidas a las de Iko, se hicieron pétreas.

—Entonces trátame como tal y dime qué es lo que está pasando —dijo ella, poniéndose de pie.

—No está pasando nada.

La Reina colocó sus manos sobre las caderas. El Rey tosió, su mente buscaba afanosamente excusas, explicaciones, historias. Miró los oscuros ojos de su esposa, esos túneles líquidos que siempre lo atrapaban y se rindió. El Rey suspiró y extendió su mano.

—Tienes razón, Eret. Ven, te contaré todo.

La Reina tomó la mano del Rey y éste la condujo hasta las sillas labradas, colocadas frente a la ventana.

—Déjame pensar —murmuró el Rey—, ¿por dónde empiezo? ¿Recuerdas los cuentos acerca del diamante de cortes perfectos?

—¿El diamante negro? —preguntó ella.

El esposo asintió.

—Claro que me acuerdo.

—Pues bien —dijo el Rey—, yo sé dónde está.

OCHO

Iko parecía flotar en la luz que se filtraba desde el orificio ubicado en el centro del techo. Su esbelto cuerpo se apoyaba en su totalidad sobre los dedos de su pie izquierdo, mientras su tobillo derecho descansaba sobre el muslo izquierdo, a la vez que sus manos se alzaban ligeramente sobre su cabeza, con los dedos índices y pulgares tocándose, formando una figura romboide. Los tensos y poderosos músculos abdominales del muchacho se dibujaban claramente debajo de la piel cobriza. Riachuelos de sudor corrían desde sus cabellos, haciendo brillar su amplia espalda. El joven Príncipe se encontraba ajeno a todo lo que estuviera fuera de la barrera creada por sus cerrados párpados. Al principio se dio cuenta de cada sonido, por pequeño que éste fuera: la respiración del Maestro Místico; el aventar de los abanicos tejidos; los mohines de los sirvientes que lo abanicaban; los casi imperceptibles pasos de los insectos corriendo sobre el suelo de piedra. Entonces llegó el silencio y, con él, las imágenes que dibujaba su mente.

La primera imagen era difícil de comprender. Tomaba lugar en un terreno árido, no precisamente el desierto, ya que no había arenas, pero el aire era caliente y seco, como el de Tandra. Envuelta en una nube de polvo rojo, Iko vio a su madre cabalgando un caballo plateado sin cabeza. El negro cabello de la mujer flotaba salvajemente en el viento. Su cuerpo estaba cubierto con ropas tan ajustadas que parecían pintadas sobre ella. Se veía tan hermosa como siempre, pero, a pesar de la sonrisa en sus voluptuosos labios y la carcajada que a veces escapaba de ellos, había una extraña nostalgia en sus ojos. Entonces la visión cambió.

Al Oriente, una bruma oscura en el horizonte marcaba el avance de las hordas del Crendin, sus pesadas armaduras refulgían como oscuros presagios debajo del sol ardiente. Un hombre de semblante feroz los guiaba e Iko podía escuchar a los soldados gritar su nombre: ¡Akion! ¡Akion! El hombre ordenó silencio y luego hizo sentir su fuerte y colérica voz, a medida que decía a sus hombres que Tandra iba a pagar con lágrimas de sangre haberles negado su tesoro.

—¡Isha nos pertenece por derecho! —exclamó Akion—. Porque no hay nadie más valiente que nosotros, los ungidos por los verdaderos Dioses. ¿Quién más, aparte del Crendin, merece entonces el poder supremo? ¡Aquellos que se atrevan, vengan pues a retarnos! ¡Y que designe la Muerte a los nuevos amos del diamante negro!

Los pelotones rugieron.

—Ah —continuó Akion—, pero los tandrianos nos han negado el derecho a ganar nuestro tesoro con honor. Ellos permanecen ahí, escondidos en su ciudad, como lagartijas debajo de las rocas, adorando a su pequeña Diosa, cual bebés que chillan por sus madres. Por tanto, debemos responder a su cobardía y encontrar maneras más ingeniosas de sitiar a Tandra.

Los mercenarios rieron.

—En cualquier caso, mis guerreros, el diamante pronto caerá en nuestras manos. ¡Porque Isha pertenece a los intrépidos, no a gallinas escondidas tras gruesas murallas!

La imagen se tornó negra. Iko sintió un latido en su lado derecho, como el de un corazón. Una poderosa y zumbante energía irradió desde la zona, viajando a través de sus músculos, huesos, carne, sangre. El zumbido se hizo cada vez más alto, hasta terminar en un alarido agudo. Iko se encontró caminando en el balcón que llevaba a su cuarto. Era una noche fría y la mirada de Iko se perdió en el patio oscurecido, donde serpientes permanecían sigilosas bajo las higueras. La creciente luna proyectaba pesadas sombras sobre senderos y fuentes. La canción en sus oídos puso a Iko en estado de trance, a medida que la melodía lo abrazaba, llamándolo. Era Isha. Iko estaba seguro de ello, más allá de toda lógica o razonamiento. El diamante era real, el Crendin lo deseaba e Isha lo estaba llamando, a él, a Iko. La canción del diamante se extendió por todo su ser, haciendo imposible identificar su origen. Entonces la noche se hizo añicos y el muchacho quedó en medio de una oscuridad absoluta, que mutó después en el capullo de luz del cuarto de meditación.

El Maestro Místico caminó hacia él.

—Muy impresionante, joven Príncipe —dijo—. Usted ha estado en estado contemplativo por tres horas.

El cuerpo de Iko gritó de dolor cuando abandonó la postura meditativa.

—¿Alguna visión que le gustaría discutir?

—No realmente —todo fue muy confuso—, como en sueños.

El Maestro Místico miró al Príncipe directo a los ojos.

—¿Otra vez el diamante?

Un incómodo silencio llenó la habitación.

—Sí, Maestro. Otra vez el diamante.

El sirviente que abanicaba a Iko puso cara de fastidio y el Maestro Místico despachó al Príncipe sin más comentarios.

La Reina miró a su esposo estupefacta.

—Iko… ¿el portador? —balbuceó—. ¿Estás seguro de esto, esposo? La leyenda dice que Isha es la fuerza más poderosa del universo.

—Estoy seguro —contestó el Rey, con el orgullo iluminando su rostro.

La Reina dejó escapar una carcajada.

—¡Nuestro hijo! Siempre supe que él sería especial, lo llamaba nuestro regalo a la humanidad, pero,¡esto! ¡Qué maravilla, esposo! Nuestro Iko, el portador.

La Reina calló de repente, con sus cejas preocupadas.

—Pero, si la Bruja tiene razón sobre Iko e Isha, entonces…

—Entonces el fin de Tandra es inevitable —dijo el Rey, completando la oración.

Los ojos de la Reina se humedecieron. Negó con la cabeza, dejando escapar volutas y sándalo.

—No, no puede ser. Nuestra forma de vida, nuestros niños, la sabiduría de siglos, las tumbas de nuestros antepasados… esposo, ¡tiene que haber una formar de evitarlo!

—Fue lo mismo que dije hace catorce años, cuando nació Iko. Créeme, mi Señora, que lucharé hasta el final… pero me temo que el daño ya está hecho. El escorpión se ha deslizado debajo de la puerta, tal como vaticinó la Bruja tanto tiempo atrás. Y su ponzoña ya ha envenenado a Tandra.

—¿A qué te refieres?

El Rey bajó la voz y susurró.

—Hay traidores entre nosotros. He visto la marca.

La Reina se mordió el labio inferior. Su cerebro se inundó del recuerdo de sus damas, de esos comentarios a medias que había escuchado entre su círculo de matronas reales —entre ellas, sus doncellas— que, de alguna forma, le habían parecido inapropiados, fuera de lugar. Miró furtivamente a la sombra femenina detrás de la cortina azul, que separaba la habitación del Rey del resto de las habitaciones reales. La Reina asintió lentamente con la cabeza.

—Ya veo —dijo ella.

Se levantó de la silla y caminó hacia la cortina.

—Me alegro entonces de que estés de acuerdo, mi Señor. Ya es hora de tener un Festival de la Diosa como debe ser —continuó jovialmente la Reina, subiendo el tono de voz.

—¿Qué?

La Reina señaló la figura al otro lado de la ligera tela de lana. Apartó el cortinaje y se dirigió a la expectante mujer.

—Ven, Alehina, tenemos mucho que hacer.

—Sí, Gran Reina —dijo la mujer, echando un ojo al santuario del Rey.

—¡Alehina!

—Voy, Gran Reina, voy —dijo Alehina, tocando ligeramente el brazalete entrelazado sobre su muñeca, bajo el cual dormía el escorpión.

El joven Príncipe se despertó de manera abrupta. Se levantó despacio, la canción que giraba en sus oídos lo llamaba. *¿Habría sido un sueño?* Iko no estaba seguro. Tocó las azules y rojas columnas que protegían su diván. Se sentían firmes, lisas, sólidas. El estaba despierto en su recámara, con la noche púrpura de Tandra atisbando desde el marco de la terraza. Pero el sonido aún continuaba en sus oídos, haciéndose cada vez más fuerte, un silbido no humano que avanzaba y retrocedía. Por un instante Iko estuvo tentado de no darle importancia y considerarlo una simple pesadilla. Luego sintió la punzada en su costado derecho. No era muy fuerte, sólo lo suficiente como para convencerlo de que esto era algo diferente de las visiones de sus meditaciones o aventuras oníricas. Iko tembló. Había algo extraño en el frío aire, en la quietud de la ciudad que dormía debajo de su torre; algo como una advertencia callada, una respiración contenida, una certeza matemática que anunciaba el fin. El mal se enfilaba hacia Tandra. Iko cerró los ojos, inhaló profundamente y trató de concentrase en la voz que oía dentro de él.

(*Todo está…*)

Detrás de sus párpados se dibujó una calle. Una choza. Una anciana, sentada frente a una mesa, balbuceaba mientras limpiaba unos utensilios. A pesar de las arrugas, había algo extrañamente infantil en su rostro, el alborotado cabello de rizos negros y blancos le recordaba a Sha. La mujer alzó el rostro, espantada por un ruido inaudible. Sus ojos miraron por todas partes y luego se fijaron en Iko, que meditaba en la protección de su recámara.

—¿Bueno, y entonces qué espera? El tiempo de la duda ya pasó joven Príncipe. ¡Muévase!—, dijo la mujer.

Iko parpadeó. Fuera éste un sueño o no, se dijo a sí mismo que el "joven Príncipe" necesitaba respuestas. Se envolvió en su capa y se lanzó a la oscuridad del palacio dormido, corriendo velozmente por el jardín nocturno.

Iko se precipitó por las desoladas calles. Zigzagueó por veredas y callejones que nunca antes había visto, la canción en su ser le servía de brújula. Se detuvo violentamente frente a una decrépita choza. El exótico cráneo de un animal colgaba en la puerta. El muchacho miraba confundido la casucha cuando la puerta se entreabrió y el aire enmohecido lo golpeó en la cara. Intempestivamente, la Bruja lo agarró y lo jaló hacia adentro.

—Vamos, entre. Veamos qué tanto ha cambiado. Caramba, ¡es usted igualito a su madre! Aunque hay algo del Rey en su barbilla, y los hombros son definitivamente del lado paterno —dijo la Bruja, estudiando al desconcertado Príncipe.

La molestia en el costado de Iko se intensificó. Iko se quejó levemente. La bruja sonrió irónica.

—¿Quién… quién eres?

—Se me conoce por muchos nombres: Visionaria, Sacerdotisa, Oráculo, Maga, Bruja, Sanadora, Inventora… A tu padre le gusta lo de Bruja. Le parece divertido.

—¿Conoces a mi padre?

La Bruja se rió entre dientes.

—Así es, mi Príncipe. Lo conozco desde que era más joven que usted. También conocí a su padre. Y al padre de su padre. Y al rey que hubo antes de ése. La realeza tandriana y yo nos conocemos desde hace mucho tiempo. ¿Quiere vino de dátiles?

—¿Cómo?

—¿Que si desea vino de dátiles, Alteza?

Iko se echó hacia atrás. Lo que había comenzado como una molestia en su lado derecho se estaba convirtiendo en ardiente dolor.

—No…gracias.

La mujer se sentó detrás de una mesa destartalada.

—¿En qué puedo servirlo, entonces, joven Príncipe? ¿Qué es lo que busca?

—El diamante negro de cortes perfectos —soltó Iko sin pensarlo dos veces.

—Ah… —murmuró la Bruja.

Hubo una pausa. El dolor dentro de Iko lo hacía doblarse ligeramente hacia adelante.

—¿Y bien? —preguntó él con desesperación.

—¿Y bien qué, Alteza? —dijo la Bruja, aparentemente desconcertada.

—¿Sabes o no dónde está Isha?

—Claro que lo sé, Alteza —respondió ella complacida—, después de todo, soy la Visionaria.

Iko golpeó la mesa.

—¡Dímelo entonces, mujer!

La Bruja colocó sus regordetes dedos sobre las costillas del muchacho.

—Isha está dentro de usted.

Las rodillas de Iko cedieron y el Príncipe, cegado por el dolor, cayó al suelo de tierra. Fuertes manos lo arrastraron a un nido de mantas, colocadas al lado de un hoyo repleto de brasas.

—¿Qué… me está… pasando? —preguntó, adolorido.

—Es Isha… mire en su interior, joven Príncipe, deje el miedo atrás. Busque el calor de su corazón y recuerde las enseñanzas de su Maestro Místico —susurró la Bruja—. Se ha estado preparando toda una vida para este momento, Iko.

A pesar del tormento cortante en que se había convertido su cuerpo, Iko enfocó su conciencia en ese espacio de su alma donde podría encontrar perfecta quietud. Una llamarada interna perforó su carne. Cada milímetro de su ser comenzó a temblar, a vibrar como cuerdas de mandolina durante las danzas de los Discos Voladores. Entonces una luz brillante se iluminó en él y por un instante Iko traspasó los límites de su mortalidad, expandiéndose a gran velocidad por toda la habitación, hacia el universo conocido y más allá. Iko se transformó en el barro de las paredes y en la Bruja; en cada niño dormido y en cada grano de arena del desierto; en el aire arriba y en las aguas escondidas abajo; en cada hormiga y en cada lagartija; en gotas de rocío; en todas las estrellas; en las sombras sobre la luna que semejaban a un hombre. Su cabeza dio vueltas a medida que la experiencia se contraía. Bajó los ojos hacia su trémula mano, donde descansaba un diamante azabache, que con sus intrincados cortes capturaba todos los tonos de la débil luz de la choza de la Bruja. Iko lo sostuvo sobre la lámpara de aceite y las llamas brillaron con fuerza a través del cristal.

—Pero, ¿cómo…? —preguntó Iko a la mujer inclinada sobre él.

—La esencia de Isha ha fluido en la sangre real de Tandra desde la creación del mundo. Es un regalo sagrado que ha conferido bondad y buena voluntad a nuestros soberanos, pero sólo uno estaba destinado a conectarse de manera profunda con el diamante, a hacerlo sustancia y liberar su verdadero poderío.—dijo la Bruja, limpiando con gentileza la afiebrada frente de Iko—. Hubo un momento en que pensé que sería su padre, porque nunca he conocido un rey más grande que él —continuó la mujer, a la vez que ofrecía agua fresca al muchacho—. Pero como bien lo dice el Rey, él es un ser demasiado material para tales sutilezas. Entonces nació usted y llegaron las visiones y supe que sería usted, mi Príncipe, el portador y guardián de Isha.

La habitación empezó a nublarse, la figura de la anciana comenzó a perderse en la oscuridad.

—Ahora descanse, joven Príncipe. Debe recuperar fuerzas para enfrentar lo que viene.

Y al decir eso, desapareció.

NUEVE

A medida que arrastraba el cofre a la cabina, el Rey resoplaba. Observó los pergaminos, tabletas de bronce y sellos, y se preguntó si sería suficiente. Pero, ¿acaso era posible comprimir siglos de conocimientos en una gran caja de madera? Puso su atención en el segundo cofre, repleto de joyas, metales preciosos, exóticas especias y telas finas. Ése había sido más fácil de llenar: la riqueza material era igual en todas partes. Contó los grandes jarrones de agua dulce y vino, y suspiró satisfecho, seguro de que habrían de durar por largo tiempo. Los sacos de cebada estaban colocados sobre ladrillos, para evitar que se mojaran. Carne y pescado secos colgaban sobre su cabeza y jarras de frutas en miel daban un extraño resplandor a la luz de la antorcha. El Rey olfateó el aire. El sutil olor del queso añejo de cabra comenzaba a aromatizar el aire. Se haría más fuerte en pocas semanas, pero, para entonces, los chicos ya se habrían acostumbrado a él.

—Majestad…

El Rey giro, con su mano en el puño de la daga. Sonrió, aliviado, a la vista de la Bruja. Luego notó algo raro en ella. Parecía carecer de color, como si fuera un bajorrelieve gris de piedra. Un vacío infinito relucía donde deberían estar los iris de la mujer.

—Ya vienen, Majestad, por la puerta oriental.

—¿Estás segura? Quizás haya esperanza entonces… La puerta oriental es la más fuerte.

—Los escorpiones se han deslizado adentro, Majestad, sus manos ennegrecidas han abierto las verjas, dándoles la bienvenida a los asesinos de su raza.

El Rey palideció.

—Ya ha comenzado. Busque a los Siete. Yo enviaré al Príncipe.

—¿Iko está en tu choza?—

—Así es. El portador es ahora el guardián.

—¿De Isha?

—Apresúrese, Majestad, que el tiempo se acaba. Y tenga cuidado: los escorpiones en el palacio no deben sospechar nada.

Una cortina de humo se alzó entre el Rey y la Bruja, esfumándola. El Rey corrió a la cubierta superior, donde la Reina estaba inspeccionando los prodigios del barco.

—Vamos, Eret, debemos ir por ellos, ¡ahora!

El fantasma del miedo cruzó el rostro de la Reina. Se miraron mutuamente, comprendiendo finalmente la inmensidad de lo que se les venía encima. El Rey acarició la mejilla de su esposa.

—Tú debes ir con ellos, Eret… Ellos necesitarán de una guía… Y si algo te ocurriera…

La Reina tomó la mano de su esposo.

—*Cuando* algo me ocurra —dijo ella en tono imperativo—, será al lado de mi esposo. Yo camino a tu lado, Al-Athalant, y a tu lado me quedo. Ahora, vámonos. Los niños nos necesitan.

La Reina bajó por la rampa y después de unos cuantos segundos de silencio, el Rey de Tandra la siguió.

Una suave sacudida lo sacó del oscuro reposo. Iko abrió los ojos y vio a la Bruja, flotando sobre él. Cerró instintivamente el puño. El diamante seguía ahí.

—Despierte, Alteza. Debe regresar al palacio inmediatamente.

Iko se levantó veloz. Su cuerpo se sentía más largo y flexible.

—¿Qué ocurre? —preguntó.

—Preste mucha atención, hijo, a lo que le voy a decir: la ciudad está a punto de caer en las manos del Crendin.

—¡Qué!—

—Debe huir, joven Príncipe. Irse con sus amigos al mar.

—¿De que hablas? Si la ciudad está en peligro, yo debo quedarme y luchar. Yo soy el Príncipe de Tandra, mujer.

El rostro de la Bruja se hizo piedra.

—Mire, muchachito, ¡pronto no habrá ninguna Tandra de la cual pueda ser príncipe!

La mujer agarró la mano de Iko donde el brillante refulgía.

—Es el guardián de Isha. Debe cuidar este diamante con su vida: es su herencia y la herencia de la humanidad. Nada más importa, cualquiera que sea el sino de Tandra, está ahora fuera de su poder.

La vieja empujó al alto joven hacia la puerta, mientras hablaba sin parar.

—Vaya a la recámara de su padre. No hable con nadie que no sean sus padres. No muestre la joya a nadie excepto a sus padres y a los Siete. Aborde el barco y después de tres días, cuando llegue a Lerumia, busque a Bhagaji.

—¿Cómo? ¿Cuál barco? ¿Quién es Bhagaji?

La Bruja abrió la puerta, asomó la cabeza afuera y se volvió al Príncipe.

—Bhagaji es un mercader, o por lo menos por eso se hace pasar. Lo reconocerá por el símbolo de su padre —contestó ella apresuradamente, empujando a Iko al caos que se estaba formando en las calles de Tandra—. Recuerde: tres días por mar; Lerumia; Bhagaji. Ahora corra, Iko. ¡Corra!

Le cerró la puerta en la cara y lo dejó en el remolino de ruidos y la confusión de gente caminando a su alrededor.

—No, ¡espera! ¡Necesito saber más! —gritó Iko, pateando la puerta y adentrándose en la choza.

Estaba vacía. Ya no había mesa, ni sillas, ni tramos repletos de botellas ni jarras. Ningún fuego calentaba en el hogar, ni había mantas a su lado. No quedaba nada más que él dentro del frío rectángulo de las paredes agrietadas. El terror le mordió las entrañas. ¿Qué estaba pasando? El ruido en la calle se hacía más alto: el crujir de lejanas hogueras uniéndose a las asustadas voces que chocaban entre sí. Los hombres del Crendin, los monstruos de sus visiones, habían invadido Tandra, atacando su hogar, asesinando a su gente.

—*Todo está bien, todo está en calma.*

Iko miró por todas partes, esperando volver a ver a la Bruja, pero sólo encontró penumbras. Un suave resplandor cubría su mano. La luz del diamante comenzó a envolverlo en un intangible escudo blanco.

—*Todo está bien, todo está en calma.*

Era la voz de Isha y una vez que Iko reconoció como tal, el miedo se evaporó de su ser.

—*Corre,*— dijo la voz.

Iko obedeció.

Durante su carrera hacia el palacio, el Príncipe luchaba mentalmente contra la idea de abandonar a su adorada Tandra. Hombres y mujeres caían a su paso, la falta de aire transformaba sus rostros en máscaras de desesperación. Dentro de su protección blanca, Iko respiraba sin dificultad, por lo que sólo podía adivinar la agonía por la que estaban pasando los tandrianos. Iko trató desesperadamente de dirigir el aura protectora a los ciudadanos, apuntando furiosamente el diamante en todas direcciones. Pero la blanca luz no los tocaba y sólo él permanecía inmune al venenoso gas.

Alehina vio a la Reina dirigirse a las recámaras de Iko e interceptó su paso.

—¿En que puedo servirla?

—Estoy bien, Alehina. Ahora, si tienes la bondad de dejarme pasar... deseo hablar con los niños.

—Pero mi Señora, los niños duermen.

Los ojos de la Reina perdieron toda su calidez.

—Pues entonces tendrán que despertarse. El Rey los necesita, para una clase de astronomía o algo parecido.

La Reina se movió a la derecha, para continuar su camino, pero la doncella se atravesó una vez más.

—Pero Señora, es tan tarde y los niños deben descansar.

—¿Y cuándo se supone que aprendan sobre las estrellas? ¿Durante el día, a pleno sol?

—No, claro que no, pero…

—Alehina, ¿estás acaso cuestionando a la Reina de Tandra?

Un estruendo explotó a la distancia, y se oyó un resonar de gritos rebotando sobre las paredes de adobe. Un ligero olor a humo se deslizó por la ventana. Las dos mujeres se midieron con los ojos, los hombros de Alehina enderezándose, a la vez que una sonrisa irónica distorsionaba sus labios pintarrajeados.

—Creo que debería esperar, mi Señora. El viento está cambiando.

La Reina empujó a la mujer a un lado y caminó de prisa hacia los cuartos.

—¡Niños, niños! ¡Despiértense!

—¿Mi señora? —preguntó Tok, sentado en el descanso de la ventana, mientras leía un pergamino a la luz de una lámpara de aceite—. ¿Está usted bien, Gran Reina?

—Ven Tok, ayúdame con los demás, debemos apurarnos… —dijo la Reina, mirando nerviosa al pasillo. La dama vio la curiosidad en el rostro del muchacho y susurró—. El Crendin.

Tok no necesitó de más explicaciones. Saltó al suelo y corrió hacia H-ra, mientras la reina apartaba la cortina que separaba la habitación de los varones de la de las mujeres. Su presencia hizo que Sha se levantara presurosa y tomara su daga. La reina alzó la mano.

—Soy yo, Sha. La Reina.

La chica bajó lentamente el arma.

—¿El Crendin? —preguntó Sha.

La Reina asintió con la cabeza.

Minutos después, los Siete ya estaban vestidos con sus ropajes de viaje, H-ra cargando a un somnoliento Ari, mientras Kia sostenía la mano de la nerviosa Ryu. La Reina los guiaba hacia la puerta, cuando una sombra bloqueó súbitamente la salida. Era Alehina, acompañada de varios miembros de la servidumbre. Los niños se echaron para atrás. Había algo escalofriante en la cara de los sirvientes; en sus febriles ojos; en las muecas de sus rostros que pretendían ser sonrisas. Ellos ya habían visto algo antes, años atrás, cuando sus hogares habían sido destruidos, sus familias asesinadas, sus naciones lanzadas a la miseria y el caos. Ésa era la verdadera marca del Crendin, una marca más feroz y aterradora que cualquier tatuaje de escorpión.

La Reina dio un paso al frente y ordenó a Alehina y al resto que los dejaran pasar. Algunos titubearon un poco, otros parecían indecisos, pero ninguno se movió. La Reina respiró profundamente y usó sus brazos como palancas, arrojando a Alehina y a otra mujer a cada uno de sus lados, creando así un pasaje a través de la pared humana. Los Siete la siguieron con cautela; los sirvientes parecían no saber qué hacer. ¿Qué ocurriría si el Crendin no conquistaba a Tandra? ¿Qué sería de ellos entonces, si se atrevieran a atacar a la Reina en estos momentos? La legendaria misericordia del Rey no los salvaría de su furia, si alguno de ellos llegara a ofender a su esposa. La Reina marchó a la habitación del Rey, con su corazón palpitando frenéticamente. Conociendo a Alehina, probablemente les quedaban sólo segundos antes de que la doncella reaccionara. Y tenía razón.

—No… deténganlos. ¡Deténganlos! —gritó Alehina y los otros parpadearon sobresaltados, como si estuvieran despertando de un sueño.

—¡Corran niños! —ordenó la Reina.

Los chicos corrieron sobre el suelo de piedra, resbalando por las esquinas y chocando en el proceso contra valiosas vasijas llenas de fragantes aceites y flores. Los sirvientes los siguieron, aullando, sus rostros deformados por el odio. Algunos de ellos sacaron cuchillos de entre sus ropas.

—¡Están armados! —gritó Ari, todavía colgado de H-ra.

Sat se detuvo. Como la polilla ante la llama, su mirada se perdió sobre los hombres y mujeres que corrían hacia ella, llevando la muerte escrita en sus ojos. Tal vez era hora de dejar de correr, pensó la muchacha. Quizás ésa era la única salida, la única forma de ser libre, verdaderamente libre…

—¡Muévete! —chilló Sha, arrastrando a Sat por el brazo.

Huyeron por las escaleras, hacia la torre del Rey. Desde arriba de todo, Kía, Tok y Ryu empujaron un pesado cofre de madera repleto de mantas y alfombras, el cual dejaron caer sobre los criados, mezclando el ruido de madera astillada con bufidos y gemidos de dolor. Los niños y la Reina se desplazaron a toda prisa hasta la recámara del Rey. Una vez allí, la Reina apartó un viejo tapete colgado al lado de la cama, dejando al descubierto una pesada puerta reforzada con clavos.

—¿Madre?—

Los fugitivos, al mismo tiempo, volvieron las cabezas hacia el arco de la entrada, bajo el cual se encontraba Iko, envuelto en una luz blanca.

—Iko, gracias a la Diosa, ¿estás bien? —dijo la Reina, abrazando a su hijo. La luz blanca se apagó.

—Madre, tengo que hablar contigo…

—Después, hijo mío, tenemos que irnos.

El ruido de pasos se oía cada vez más cerca. La Reina empujó a Iko y a los Siete al pasadizo al otro lado de la puerta y, con la ayuda de los chicos, cerró el portón con una pesada tranca. En la pared había una antorcha. La Reina la tomó y se puso a la cabeza del grupo.

Iko y los Siete miraban asombrados el túnel en el que se encontraban. Las lámparas empotradas en las paredes de piedra mostraban el camino, al que las capas multicolores de la roca le otorgaban un aire fantástico. A lo lejos se escuchaba el murmullo del agua.

—¿En dónde estamos? —inquirió H-ra mientras caminaban sobre el sendero de grava.

—Creo que estamos yendo hacia el río subterráneo de Tandra —contestó Tok.

Los niños lo miraron inquisitivamente.

—¿Qué? ¿Ninguno de ustedes estudió las tabletas donde se habla de la fundación de Tandra? Todo está ahí. ¿O cómo creen que Tandra es tan fértil a pesar de estar en medio del desierto?

—Callen —dijo Iko—. ¡Miren!

El pasadizo terminaba abruptamente en una bóveda gigantesca. El lugar era tan alto y ancho como el templo principal de Tandra. La cúpula del techo era un mosaico de blancos y azules, que reflejaba la luz rebotando en el oscuro río. Siglos atrás, los primeros monarcas del reino habían decidido que el agua tenía más valor que el que eventualmente se pudiera obtener de las cuevas de lapislázuli, y la habían mantenido como un secreto que pasó de padres a hijos. En una de las orillas, se levantaba un muelle y sobre éste, el Rey conversaba con unos pocos generales. Los guardias palatinos iban de un lado a otro, cada uno ocupado en tareas específicas, practicadas desde hacia algún tiempo para asegurar el escape y supervivencia del joven Príncipe.

Indiferente a toda la actividad que lo rodeaba, el Tilopa flotaba majestuosamente. Su cuerpo de cedro, pulido hasta brillar, parecía emanar una cálida luminosidad, una especie de fuerza vital que viajaba de popa a proa, donde estaba labrado el halcón real de Tandra en plata y enebro. Sobre los remos había un toldo de cuero, decorado con grifos protectores. Una vela púrpura cuadrada se izaba orgullosamente, el delfín bordado en su centro nadaba en círculos eternos.

Ari fue el primero en romper el silencio.

—Ah… para esto eran las clases de navegación en el lago del jardín.

El Rey levantó la mirada. Al verlos, su rostro se relajó.

—Aquí están —estaba a punto de enviar a alguien por ustedes.

—Nos persiguen, esposo, Alehina y los otros sirvientes —dijo la Reina, tratando de recuperar su compostura.

—Entonces no hay tiempo que perder. ¿General?

—¿Majestad?

—Envíe a los guerreros que todavía nos son leales a la puerta norte. Yo me reuniré con usted al rato.

—A la orden, Gran Rey —díjole el general, inclinando la cabeza antes de retirarse con los demás oficiales.

—El Rey volvió a dirigir su atención a los asombrados muchachos.

—Vamos, todos al barco. ¡Ahora!

Los niños obedecieron con rapidez. El Rey detuvo a Iko antes de que éste abordara el Tilopa.

—¿Te encuentras bien?

Iko asintió.

—¿Lo pusiste en un lugar seguro?

—Sí, padre, pero…

—Ve, hijo mío, que el tiempo se acaba.

El Rey los guio hacia los remos y rápidamente les explicó el curioso mecanismo diseñado por la Bruja, el cual les permitiría remar tres remos a la vez.

—La Bruja es una excelente maestra. Encontrarán placas con explicaciones sobre las diferentes maneras de operar la nave regadas por todo el Tilopa —ése es el nombre del barco—. H-ra, aquí está el mapa. Esta noche viajarán guiándose por las estrellas. ¿Por cuánto tiempo van a navegar, Iko?

—¿Perdón?

—¿A donde es qué tienen que ir?

Iko lo miró, confuso. Entonces recordó.

—Ah, sí… tres días por mar; Lerumia; Bhagaji.

—Muy bien. Lerumia está aquí, H-ra —dijo el Rey, señalando un punto en el mapa—. Traten de mantenerse lo más lejos posible de la costa. Ari…

—¿Señor? —dijo el chiquillo y su rostro comenzaba a mostrar indicios de temor, a medida que empezaba a entender lo que estaba ocurriendo.

—Esta vez tú serás el timonel. Los otros son más fuertes y podrán remar más rápido.

El Rey contempló los rostros de los chicos y se le encogió el corazón.

—Hay pergaminos en el casco, con instrucciones adicionales sobre el barco. Ya los encontrarán. Ahora vayan a sus puestos, deben marcharse enseguida.

—Pero, padre…

—Hemos agrandado el otro lado de la cueva lo más que hemos podido — continuó el Rey, sordo a las palabras de Iko—. No deberán tener problemas para navegarlo. Sin embargo, estén precavidos, porque hay una fuerte corriente justo antes de llegar al mar, así que deben aferrarse fuerte cuando la pasen, ¿entendido? —preguntó el rey, bajando hacia el muelle por la plancha, donde la Reina y los demás esperaban.

—¡Padre! —gritó Iko.

El Rey se detuvo. Exhaló lentamente y miró a su hijo.

—¿No vas a venir con nosotros? —preguntó con voz infantil el joven Príncipe. Los Siete miraron al Rey, con la misma pregunta reflejada en sus ojos.

—No —dijo el Rey con suavidad.

—Si se queda a defender Tandra, Majestad, entonces nosotros debemos quedarnos con usted —dijo Sha, soltando el remo.

—La hora de Tandra ha llegado, hijos míos. Cualquier defensa no es más que una ilusión, que debe, sin embargo, llevarse a cabo.

—¡Pero vas a morir! —exclamó Iko.

El Rey acarició la mejilla de su hijo.

—Sí… pero moriré como un Rey —dijo y tomó el rostro de Iko entre sus manos, apoyando su frente contra la del muchacho—. Escucha, hijo mío, y escucha bien, porque ésta será la última lección que te daré. Un hombre feliz es aquel que tiene una buena vida y una mejor muerte, Yo moriré con mi gente, a sabiendas de que mi hijo, mi valiente hijo, está a salvo, siguiendo su propio camino hacia la gloria. Y no se me ocurre mejor muerte que ésa.

—¿Y no tienes miedo? —preguntó Iko en un susurro.

—Aquel que teme a la muerte, teme a la vida. Y el que teme a la vida, ya está muerto.

El Rey soltó al muchacho y bajó la rampa.

—Márchense, pues. ¡Ahora!

Los niños permanecieron inmóviles por breves momentos. Luego Kía comenzó a remar.

—Vamos, muchachos, empecemos, que esto tiene su maña, pero creo que lo podemos lograr.

Lentamente, el resto siguió su ejemplo, Ari apoyándose sobre el timón. Sólo Iko se mantuvo quieto. El barco rechinó cuando los soldados liberaron a *Tilopa* de sus amarras y éste comenzó a moverse con languidez. El joven Príncipe trastabilló un poco, mientras la distancia entre él y sus padres aumentaba. Iko vio a su madre dar un paso al frente, sus delgados brazos moviéndose con gracia en una especie de danza silenciosa. Eran los gestos que hacían los sacerdotes en el templo, a la hora de bendecir las ofrendas a la Diosa. Las manos de la madre se tocaron, palma con palma y luego, gradualmente, sus brazos dibujaron un círculo hacia ambos lados. Iko sintió que las lágrimas surcaban su rostro. Su padre y los guardias, quienes habían parecido estatuas unos instantes atrás, comenzaron a imitar a la Reina, canturreando la canción sagrada de la consagración. Iko levantó la mano derecha y colocó los dedos sobre su frente, luego su garganta y finalmente el torso, aceptando así la bendición.

Y luego su mundo acabó.

Un ruidoso estallido destruyó el augusto momento, transformándolo en un torbellino de polvo naranja, astillas y guijarros que volaban por los aires. Pedazos de la puerta del cuarto del Rey rodaron por el pasadizo de grava, preñado ahora de gritos que ahogaron la canción de despedida de los monarcas. Iko sacó a Isha de la alforja colgada a su cintura.

—¡Sálvanos y sálvalos a ellos, Isha! ¡Salva a mi amada Tandra de la destrucción!

—¡Remen más rápido! —gritó Kía.

La blanca luz de Isha escapó cual delicados sarmientos que rodearon a *Tilopa*, como una red protectora, cubriendo tan sólo al barco y a los que en él estaban. Una lluvia de flechas cayó desde la cima del pasadizo.

—¡Isha! —clamó Iko en vano.

Kía corrió hacia él y lo arrastró hacia los remos.

—¡Maldición Iko, comienza a remar!

Iko obedeció de forma mecánica, sus ojos fijos en la batalla que tomaba lugar en el muelle. Lo último que el Príncipe de Tandra vio antes de que la oscuridad del túnel lo cubriera, fue a su madre caer en los brazos del Rey, con el pecho atravesado por dos flechas y su inmaculada túnica blanca salpicada violentamente de rojo.

DIEZ

La señora McCarthy observó las torcidas puntadas sobre la fina muselina y su boca se transformó en una fruta seca.

—¿No me dijiste que tu abuela te había enseñado a coser hacía algún tiempo, Shannon?

—Bueno, ella lo intentó —contestó la chica a modo de disculpa—, pero me temo que, al igual que usted, falló completamente. Pero me esforzaré más para la próxima vez, se lo prometo, señora McCarthy.

La maestra sostuvo la burlona mirada de falsa inocencia con que observó a Shannon y le devolvió el pedazo de tela.

—Entonces tendré que confiar en su palabra. Regrese a su puesto, señorita O' Leary.

La chica se mordió el labio y regresó a su pupitre. La señora McCarthy nunca parecía molestarse por lo que Nana llamaba su "dulce descaro", lo que resultaba algo frustrante. Con los deportes, sacar de las casillas a las maestras era lo mejor de ir a la escuela.

—Uno de estos días —cuchicheó Iris detrás de ella—, se te va acabar la suerte y te van a expulsar de Saint Andrew's.

—Sí, claro, se van a perder a su corredora estrella.

—No sé, prima… todavía están refunfuñando por lo de tu "traición" al coro

—¿A quién le importa?

Haber logrado que Iris se cambiara a la escuela el año pasado había mejorado las cosas para Shannon. Por lo menos, la chica ya no se sentía tan fuera de lugar. A pesar de haberse hecho muy popular gracias a sus impresionantes logros deportivos, Shannon todavía se sentía confundida por la vida escolar. No era que ella detestara del todo la educación, había días en que Shannon en verdad disfrutaba de la escuela, en especial de las clases de inglés y humanidades. Las matemáticas, sin embargo, eran otra cosa. Quizás ella se hubiera sentido más inspirada a estudiar y alcanzar niveles más altos, si los números hubieran tenido signos de dólar delante de ellos, pero tal como le daban las clases, no parecían tener sentido. ¿Para qué tenía que practicar todas esas tontas sumas? No creía que fueran a servirle de mucho en el futuro. Shannon sentía la misma indiferencia por los idiomas. Ella no conocía a nadie que hablara alemán o francés y no sentía ni la necesidad, ni el deseo, de estudiar ninguna de las dos lenguas.

La hermana Marie-Clare tocó a la puerta del salón de clases.

—¡Ay, por Dios!… ¡Éramos muchos y parió la abuela! —susurró Shannon, a medida que la diminuta mujer con cara de halcón entraba en el salón y la señora McCarthy regresaba a la dirección.

La antipatía que Shannon sentía por las matemáticas y los idiomas era nada comparado con el aborrecimiento que la educación religiosa despertaba en ella. Shannon no creía en Dios, ni en las historias de la Biblia, ni en Jesús (y particularmente *no* en el Jesús que la hermana Marie-Claire describía). El Dios de la monja estaba lleno de prejuicios. Shannon no podía comprender que hubiera algo tan intrínsecamente mal con la humanidad como lo era el pecado original, y el amor que, según la hermana, Dios sentía, parecía ser cualquier cosa menos incondicional. La muchacha simplemente no podía creer en un Dios capaz de tanta crueldad, quien veía en el sufrimiento el camino a la salvación. Hacía tiempo que Shannon había decidido que cualquiera tan ciego como para creer todos esos cuentos era, en el mejor de los casos, un pobre ingenuo.

—Ve el lado positivo —masculló Iris desde atrás, —es mejor que la clase de costura. O los bailes de salón.

Shannon sonrió. Iris era la nueva de la escuela y todavía tenía problemas con la rigidez del centro educativo, que incluía el decoro como parte del currículum. Los uniformes, sumamente severos, eran examinados a diario e incluían guantes, sombreros y ropa interior regulada. Las mañanas comenzaban con himnos en el salón de reuniones, seguidos por una estricta rutina escolar. La cara de Iris se había transformado en una triste elegía para la pequeña salvaje que había dentro de ella cuando le informaron que le enseñarían cómo vestirse, comer y caminar; a adquirir gracia y porte; a distinguir, en resumidas cuentas, entre la forma correcta e incorrecta en la que una damita debe comportarse en sociedad. Todo un sacrificio que ella estaba dispuesta a hacer, con tal de convertirse en estrella. Sin embargo, sus deseos no se traducían necesariamente en hechos, ya que la gracia y el porte parecían eludir a Iris en todo lo referente a ritmo y compás. Aunque a veces Shannon se sentía tentada, ella procuraba no burlarse de su prima. La chica había enterrado su propio lado salvaje hacía algunos años, cuando sus padres la inscribieron en Saint Andrew's, después de lo que su madre llamaba delicadamente "el incidente". Cual pez fuera del agua, Shannon se había encontrado boqueando en la playa de la vida, sin esperanza alguna de que la marea viniera a rescatarla. Afortunadamente, su habilidad para adaptarse rápidamente a nuevos entornos la mutaron en una elegante jovencita... la mayoría del tiempo, por lo menos.

—Señorita O' Leary —dijo la hermana Marie-Claire.

—¿Sí?

—Tengo entendido que su madre es una persona muy religiosa, que incluso enseña el catecismo.

—Así es —replicó Shannon, preguntándose a dónde quería llegar la enana.

—Entonces, estoy segura de que usted puede decirle a la clase cuáles son, de acuerdo con san Pablo, los tres pilares de la fe cristiana.

¿Sería una venganza por lo de la clase pasada, cuando Shannon preguntó sobre María Magdalena y Jesús, y los rumores de que eran algo más que amigos?

—Verá, hermana, mi madre no me impone sus creencias.

Era cierto. Hacerlo no hubiera sido políticamente correcto y se podía acusar a Martha y a William de cualquier cosa menos de no serlo. Shannon desconocía la edad de sus padres, el partido político al que pertenecían o la opinión que ellos pudieran tener sobre cualquier tema que, a sus paternales ojos, pudieran interferir en su individualidad.

La hermana Marie-Clare bajó las gafas.

—Pero, usted es cristiana, ¿o no?

—Técnicamente… como cualquiera que haga una parrillada en la playa el día de Navidad.

La clase entera se rió entre dientes y la monja carraspeó.

—Ya veo. Abramos entonces nuestras Biblias, Lucas1, 1-12. Puede sentarse, señorita O' Leary.

—Gracias, hermana —dijo Shannon, sentándose.— Por cierto, los tres pilares son el amor, la fe y la caridad. Pero el más importante es el amor.

La pequeña mujer vaciló por un momento y luego comenzó a leer en voz alta. Shannon miró fuera de la ventana. Amor. La muchacha se preguntó si en verdad existiría.

Shannon cepillaba el pelo albo de Cresta Run, entretanto Iris leía una revista del corazón, sentada sobre una pila de heno. Shannon se estaba quedando en la granja del tío Ralph mientras sus padres estaban en uno de sus frecuentes viajes, esta vez a Fiji. Aparte de disfrutar de unas cortas vacaciones, Martha y William habían ido a visitar a uno de los niños que ellos apoyaban económicamente a través de la fundación caritativa World Vision. Con el transcurrir de los años, la pareja se había involucrado mucho en trabajos de caridad. William era ahora no solamente miembro de los masones, sino también líder de un grupo de niños exploradores y estaba dedicado de lleno a sus chicos.

—¿Escuchaste que tenemos a alguien nuevo en gimnasia? —preguntó Iris, con sus ojos todavía pegados a la revista.

—No, ¿quién?

—Solía ser la consentida del equipo australiano.

Shannon dejó de peinar a Cresta Run y el caballo relinchó en protesta.

—¿De veras? Caramba… y ahora está en nuestra escuela. A lo mejor me puede dar algún consejo. Lo he visto correr en la pista del parque olímpico. Corre tan rápido que parece un borrón —dijo Shannon y bajó la voz sugestivamente—. Y tiene muy buenas piernas.

El nuevo sueño de Shannon tenía cinco anillos entrelazados. Su capacidad deportiva había alcanzado un alto nivel en los últimos tiempos y los Juegos Olímpicos estaban ahora en el centro de sus fantasías. Iris miró boquiabierta a su prima y luego estalló en carcajadas, tan fuertes, que cayó al suelo.

—¿Qué tiene eso de gracioso? —preguntó Shannon, molesta.

Iris escupió un poco de heno y después de limpiarse las lágrimas del rostro, respondió.

—No es un él, tonta, es una ella.

Fue el turno de Shannon de abrir la boca.

—¿Qué?

—¡Que es una profesora! ¡No es un tipo, sino una mujer!

—¡No!… ¿En serio? ¿Estás segura?

—Y mucho. Es una estadounidense llamada Amelia Clark. La señorita Clark, para nosotras.

—Pero, ¿cómo va a ser? Es tan apuesto…

—Sí, si fuera hombre, pero como mujer…

Se miraron mutuamente y comenzaron a reírse otra vez. Cresta Run agitó la melena y las chicas se esforzaron por recuperar la compostura. No era buena idea poner de mal humor al caballo justo antes de una carrera.

—Por cierto —continuó Iris, arreglando su dorada cabellera—, hablé con Rose.

—¿Y estuvo de acuerdo?

—Ajá. Ella hará tu tarea de costura, si tú le haces la de inglés. Me pidió que te recordara que tiene que entregar su ensayo sobre *Henry V* en dos semanas.

—¿Y en cuanto a mi camisa de manga corta?

—La tendrás en una semana.

Shannon puso cara de satisfacción

—Así que pronto Nana se enorgullecerá de mí.

—Hasta que descubra el engaño. Lo cual, como ambas sabemos, sucederá tarde o temprano.

—Para cuando eso suceda, mi querida Iris, tú estarás en Hollywood, yo estaré sobre un podio y a Nana le importará un comino todo esto —dijo Shannon, dándole un apretón al hombro de su prima, mientras sacaba a Cresta Run de la caballeriza.

Shannon cruzó la meta, con su húmedo cuerpo reluciendo contra el cielo color damasco de mayo. Colocó las manos sobre sus angostas caderas y caminó por la pista, soplando más que exhalando, mientras pateaba ligeramente al aire con sus bien torneadas piernas. Podía ver a la señorita Clark escribir los resultados en el sujetapapeles que siempre llevaba a todas partes. Una fila de dientes perfectos apareció en el anguloso rostro y el corazón de Shannon dio un brinco. Quizás lo había logrado esta vez, pensó la chica, caminando hacia la profesora. ¡Quizás había alcanzado el récord de Cuthbert!

—¿Y bien?— preguntó Shannon.

—13.2 —no está mal, muchacha, ya casi llegas —contestó la señorita Clark, con ese cantarín acento estadounidense que veinte

años en Australia y un certificado de naturalización no habían logrado erradicar.

—¡13.2! —se quejó la chica—. ¿En los 100 metros?... Vamos
Señorita Clark, ¡eso es una ridiculez! ¿Está segura de que su cronó-
metro funciona bien?

La profesora dejó escapar una profunda carcajada.

—¿Y qué es lo quieres, entonces?

—11.5.

La profesora tocó con suavidad el hombro de Shannon.

—Estoy segura de que en la historia deportiva de la Chica de
Oro existe un 13.2. No te desanimes, Shannon, todavía te queda
tiempo para alcanzar estándares olímpicos.

—Betty Cuthbert sólo tenía tres años más que yo cuando
ganó tres medallas de oro en Melbourne, señorita Clark —dijo
Shannon, malhumorada—. Así que no creo que me sobre tiempo
para convertirme en una atleta olímpica. Además…

—¿Además qué?

Shannon se mordió el labio. No quería decirlo pero la muchacha deseaba que su profesora se sintiera orgullosa de ella, que la
mirara con esa expresión que suavizaba el rostro de la maestra cada
vez que hablaba de su familia; de calurosos atardeceres vistos desde
el porche, en algún rincón de la romántica Georgia. El ruido de una
corneta hizo añicos la embarazosa pausa.

—Ya me tengo que ir. Ése es mi papá, que me va a llevar a la
práctica de básquetbol.

—A veces tengo la impresión de que tú solita conformas todo
el equipo deportivo de la escuela —dijo la señorita Clark, con rostro
plácido. Luego su expresión se tornó seria—. Tal vez éso sea parte
de tu problema, Shannon. Estás demasiado dispersa. A lo mejor
deberías concentrarte en una sola cosa.

—¿Y decepcionar a Saint Andrew's? —preguntó la chica,
poniendo dramáticamente el dorso de la mano sobre su frente—.
Por favor, señorita Clark, ¡qué vergüenza! ¿Qué pasó con su espíritu

escolar? Además, si no fuera por los deportes, dudo mucho que me aguantaran en la escuela.

William tocó la bocina por segunda vez.

—Ahora sí me tengo que ir. Mi papá es un santo, pero no hay que exagerar. Nos vemos en la escuela, señorita Clark. ¡Adiós!

Las facciones de la maestra se endurecieron a medida que la muchacha caminaba hacia el auto. Había algo inquietante en la voz de Shannon, se dijo la señorita Clark. Un mezcla de rabia y triste resignación, disfrazadas burdamente de humor. ¿Qué haría que una joven tan hermosa se sintiera así? A los quince, la vida tendría que estar llena de alegría y frivolidad. Shannon parecía tenerlo todo a su favor y, sin embrago, algo faltaba, algo que la maestra de educación física no lograba discernir. Decidió estar pendiente de la chica, en caso de que la señorita O'Leary llegara a necesitar algo más que ayuda en su entrenamiento atlético.

—Hola querida, ¿Qué tal estuvo la práctica? —preguntó William cuando Shannon entró en el auto.

—Estuve pésima —dijo la muchacha mientras se deslizaba sobre el asiento.

—Estoy seguro de que no lo hiciste tan mal —replicó William, arrancando hacia el centro deportivo—. A veces eres demasiado exigente contigo misma, Shannon.

—Mis estándares son altos. ¿Qué tiene eso de malo?

—Nada, mientras no te atormentes sin necesidad.

—Estamos en los ochentas, papá. Ésta es la era de la excelencia. ¿Por qué habría de querer ser una mediocre?

William alzó las manos del volante, rindiéndose.

—Lo único que estoy diciendo es que no tienes que ser la mejor en todo

—¡Claro que sí, papá! —contestó Shannon, sorprendida por la vehemencia de su voz—. Si no en todo, al menos en lo que hago. ¿Para qué intentar algo, si no vas a sobresalir o, en el peor de los casos, tener la esperanza de hacerlo? ¿De qué sirve luchar si no aspiras a ganar?

El cerebro de Shannon iba mas rápido que su lengua, la luz inundaba los espacios oscuros de su ser. ¿De que servía aferrarse a lo que nunca sería suyo? Sus ojos se posaron sobre la blanca camisa del colegio, la cual se asomaba fuera del bolso deportivo. Desde hacía algún tiempo, Shannon se había dando cuenta de que estaba muy lejos de ser la mejor de la escuela. Paradójicamente, el hecho de que Martha fuera una educadora, aunado al continuo apoyo que sus padres le brindaban a su vida académica, habían dificultado más la situación de la muchacha. Más de una vez Shannon le había mostrado sus composiciones a su madre y ésta, sin pensarlo dos veces, las había corregido con su bolígrafo de tinta roja. Parecía que, independientemente de sus esfuerzos, Shannon no lograba alcanzar la meta de convertirse en una estudiante distinguida. Lo mismo podía decirse de sus aspiraciones en la pista de carreras, concluyó Shannon. Si en verdad tuviese madera olímpica, ya se habría notado a esas alturas. Los ojos de la muchacha se llenaron de lágrimas con la decisión que tomó mentalmente.

—¿Estás bien, Shannon? —preguntó William con voz preocupada.

—Sí… ¿Sabes qué, papá? Mejor nos olvidamos de la práctica de básquetbol por hoy. Me quiero ir a la casa.

—¿Estás segura?

—Sí. Tengo que sentarme a pensar.

El auto viró y la mirada de la chica se llenó de bruma, al ver caer en el cofre que atesoraba en lo profundo de su alma, con Tarzán y Marino, tanto sus ambiciones universitarias como las medallas de oro. Allí, la niña que alguna vez fue todavía cantaba, una hermana mayor imaginaria bailaba al ritmo de su melodía, sus padres biológicos se llamaban Martha y William y su corazón, su olvidado segundo corazón, latía aún.

—¡Vas a dejar la escuela! ¿Es que te has vuelto loca? ¿Tienes idea de la clase de futuro que tendrás si abandonas el colegio? Mesera de tugurio, o de un bar de categoría cuando mucho,¡y sólo si por fin aprendes a caminar con tacones altos!

Shannon se echó para atrás, sorprendida.

—No puedo creer que seas tan estúpida —continuó Iris, dando vueltas por la habitación, con su cabeza coronada por una especie de casco metálico conformado por rollos y papel de aluminio.

—Caramba, prima… Mis papás no se lo tomaron tan a pecho —dijo Shannon, divertida por el comportamiento de su prima.

Después del estupor inicial, Martha y William habían aceptado sin mucha resistencia la decisión de Shannon, con su acostumbrado pragmatismo y comenzaron a discutir sus posibilidades profesionales. Finalmente llegaron a la conclusión de que lo mejor era que Shannon siguiera su verdadera pasión y se metiera de lleno en el mundo de los caballos, aunque eso significara comenzar desde abajo.

La señora McCarthy también se mostró asombrosamente comprensiva. Sentadas en su oficina, la dama primero ofreció a Shannon té y bocadillos, habló de lo maravilloso que era el clima australiano y le comentó algunos de los planes que se tenían para el jardín de la escuela. Luego, con su hermoso acento inglés, le dio un pequeño sermón que le causó gran impresión en la muchacha.

—No importa qué elecciones hagas, Shannon, la única garante de tu vida eres tú. Nadie puede convertirte en víctima, ni siquiera tus compañeros ni la presión que puedan ejercer sobre ti. Por tanto, eres responsable de todo lo que te ocurra —dijo la directora, para luego continuar con consejos más prácticos, como el que las señoritas sólo bebían una copa de jerez dulce en ocasiones festivas, la cual colocaban frecuentemente sobre la repisa de la chimenea (algo que Shannon habría de recordar con arrepentimiento, después de todas las resacas que habrían de colorear sus años fuera de Saint Andrew's). Luego la más bien augusta dama victoriana le dio un sorpresivo abrazo de despedida y, con lágrimas en los ojos, dijo: "Espero grandes cosas de ti."

Sus palabras dejaron a Shannon estupefacta y le crearon el mismo impacto que las palabras de su madre, cuando ésta le decía que ella era especial. La muchacha no podía entender por qué alguien le diría algo semejante. En la realidad, ella no era más que un fracaso académico. Que la señora McCarthy la creyera capaz de alcanzar la grandeza era algo que escapaba del entendimiento de Shannon.

—Tú sabes por qué lo estás haciendo, ¿no? — siguió Iris—. Porque Nana no está aquí, por eso. Si estuviera, no te dejaría cometer esa barrabasada; es más, la voy a llamar ahora mismo y le voy a decir que agarre el primer avión que salga de Irlanda, para que te haga entrar en razón, aunque sea a palos.

Shannon saltó al ver a su prima tomar el teléfono.

—¡Suelta ese teléfono, no seas tonta! El tío Ralph te matará si llegas a llamar a Irlanda. ¿Tienes idea de cuánto cuesta una llamada para allá?

—¡No me importa! —lloriqueó Iris—. No voy a dejar que cometas esa locura. Tú me convenciste de que me cambiara de escuela para que pudiéramos estar juntas, y ahora te quieres ir y dejarme con toda esa gente relamida y perfectamente inmaculada.

Shannon abrazó a la diminuta adolescente, riendo y llorando al mismo tiempo.

—No seas tontita. Nos vamos a ver todo el tiempo, sólo que no todos los días.

—Eso dices ahora. Pero las cosas no serán igual, ya verás. Y nada cambia el hecho de que estés arruinando tu futuro.

—Siempre estaremos unidas, más que si fuéramos hermanas de verdad. En cuanto a mi futuro, ¿quién sabe? A lo mejor me convierto en una famosa jockey.

—Eres demasiado alta. Casi matas a Cresta Run la última vez que tuvimos una carrera con los hermanos Farleigh, ¿te acuerdas? —dijo Iris, limpiándose la cara con la camiseta.

Se quedaron calladas sobre la cama por unos momentos. Entonces la alarma del reloj despertador comenzó a sonar e Iris corrió hacia el baño, para ver los resultados de su permanente casero.

—¿Se lo dijiste a la señorita Clark? —preguntó Iris, con la cabeza metida bajo el chorro de agua del grifo.

—Ajá. Está decepcionada —o, por lo menos, eso fue lo que me dijo. También dijo que podía llamarla a cualquier hora, aunque fuera sólo para charlar.

—Qué bien.

—Sí —susurró Shannon.

La señorita Clark pareció verdaderamente compungida con su salida de Saint Andrew's. Incluso le ofreció continuar con el entrenamiento durante las tardes, asegurándole a Shannon que ella tenía muchas posibilidades de convertirse en una esprinter de primera clase. Pero ya ese sueño estaba muerto para Shannon. Entonces la señorita Clark la tomó de la mano y dijo que podía contar con ella en el momento en que Shannon la necesitara. Había sido un instante algo extraño. Las palabras de la mujer sonaban tan sinceras que por un instante la muchacha bajó la guardia. Deseó apoyar su cabeza sobre el pecho casi plano de esa mujer hombruna y dejar de ser, aunque fuera por un segundo, la chica testaruda que sólo confiaba en sí misma.

—Bueno ¿y qué piensas hacer, exactamente? —inquirió Iris, con una toalla enrollada en la cabeza.

—Voy a trabajar en un potrero.

Iris se sentó de nuevo sobre la cama y miró a su prima con expresión solemne.

—¿En verdad vas a dejar la escuela, no?

—Ajá.

—¿Y te pagan bien en este trabajo?

Shannon agarró una almohada, preparándose para una nueva exhibición de la veta dramática de la señorita Iris O'Leary.

—Uno tiene que pagarles a ellos y de paso llevar su propio almuerzo.

La segunda parte de la perorata duró, aproximadamente, unos treinta minutos.

ONCE

Unas cuantas semanas después de que Shannon abandonara la escuela, sus padres decidieron comprar una propiedad en el campo. Aparte de brindarle un hogar a su adorado Cresta Run (Martha creía que habían abusado por demasiado tiempo de la hospitalidad de Ralph, al mantener el caballo en su granja durante casi tres años), la propiedad igualmente le daría a William la oportunidad de seguir con su pasión por la pesca, ahora que Nana había vendido la cabaña de la playa. La familia O'Leary adquirió un lote cerca de un pintoresco pueblo llamado Franklin Creek (arroyo), y aunque lo más cercano a un arroyo que había en el lugar era un triste riachuelo, donde ningún pez podría sobrevivir, la costa cercana era sumamente hermosa. No costó mucho que Shannon se enamorara de la propiedad. De manera impecable, tal como era su costumbre, William construyó una casa con vista hacia el lejano horizonte, donde el cielo parecía tocar el mar de la bahía de Waratah. Aquí la familia pasaba los fines de semana y la belleza de la naturaleza les brindaba reposo. Dado que el trabajo de Katrina en Sydney la mantenía alejada del lugar la mayor parte del tiempo, lo hacía aún más ideal. Shannon lo sentía verdaderamente suyo. Trabajó con ahínco para ponerlo lo más acogedor y atractivo posible, antes de que Nana llegara de su viaje de "despedida" a Irlanda, el cual estaba a punto de terminar. La anciana había estado ausente por ocho meses y Shannon la extrañaba muchísimo. Al contrario de lo que sentía por su hermana.

La relación entre las hermanas era, en el mejor de los casos, fría. Ambas habían perfeccionado el arte de mantenerse fuera del camino de la otra; de decir lo estrictamente necesario para crear la ilusión de una amable, aunque corta conversación; de ser capaces de lavar los platos, hombro con hombro sin llegar a las manos, ni darse por enteradas de la existencia de la otra. Después del "incidente", la atención de Martha y de William se centró de manera evidente alrededor de Shannon. Aunque la muchacha les aseguró que su intención no había sido suicidarse, aquella noche que se adentró en el mar, ellos no parecían creerle del todo. Respetaron la negativa de Shannon de ir a terapia, pero decidieron involucrarse más en las actividades de su hija menor. Fuera de rencor o de remordimiento, la reacción de Katrina había sido alejarse. Durante las vacaciones escolares se quedaba con la familia el mínimo tiempo posible y a la primera oportunidad que se le presentó se mudó a Sydney con algunas compañeras de la universidad. Katrina se estaba convirtiendo rápidamente en lo que algunas revistas llaman "chicas de alto vuelo". Katrina era una joven ejecutiva en una exclusiva agencia de empleos y hacía todo lo que podía para demostrarlo, con trajes masculinos de grandes hombreras, gigantescos peinados y pendientes descomunales. Comenzó a frecuentar nuevos círculos de amistades más sofisticadas, como decía Martha, y cada vez que visitaba a la familia llevaba consigo una exquisita botella de alguno de sus vinos preferidos (Châteauneuf du Pape y Pouilly Fuissé eran los más recientes en su lista), además de un sinfín de anécdotas sobre cocteles en embajadas y cruceros alrededor de la bahía de Sydney, a bordo del yate del hijo de algún poderoso financiero.

Cuando Katrina se enteró de los planes de Shannon, la cruel joven de tres años atrás volvió a asomarse entre sus pestañas cargadas de rimel. Martha le preguntó si tal vez ella pudiera ayudar a su hermana menor, pero Katrina le explicó con dulzura que su agencia sólo se ocupaba de personas que tuvieran, como mínimo, un título universitario. Luego, en tono profesional, indagó cuáles eran exactamente las tareas de Shannon en su nuevo trabajo. La presencia de sus padres en la habitación obligó a Shannon a contestar, de manera informal, que ella ayudaba a entrenar a los caballos, además de cepillarlos, limpiar las caballerizas y demás. Katrina miró furtivamente la foto de su graduación, colocada con orgullo sobre la repisa de la chimenea y suspiró.

—Ya veo. Supongo que es mejor que vivir de la beneficencia, a fin de cuentas. Uno no debe avergonzarse de ese tipo de trabajo, Shannon. Después de todo, el mundo no sería un lugar muy placentero si alguien no recogiera toda la mierda —dijo Katrina en voz muy baja. Ni Martha ni William escucharon con claridad sus palabras, pero Shannon sí.

Cuando Katrina anunció que las cosas en la oficina estaban demasiado complicadas, como para que ella sacrificara el poco tiempo libre que tenía en viajes de ida y regreso a Melbourne, Shannon sintió que una fresca brisa le acariciaba su alma. Empezó a ver la casa campestre como su refugio personal, en particular cuando Nana regresó al fin de Irlanda. La anciana tomó la deserción escolar de Shannon con bastante estoicismo. Le preguntó a la muchacha si su actual nivel de educación le permitía leer el periódico, abrir una cuenta bancaria e ir de compras sin que se aprovecharan de ella. Shannon vaciló y luego dijo que sí a todo. Inmediatamente Nana la interrogó sobre su nuevo empleo: ¿Era un trabajo decente? ¿Disfrutaba Shannon de lo que hacía? ¿Tenía futuro?

—Sí, Nana —contestó Shannon perpleja. Había esperado la versión menos teatral del regaño de Iris.

—¿Trabajas con jóvenes caballeros? —preguntó Nana.

—Sí, claro.

—¿Hay alguno apuesto?

—No sé. A lo mejor, uno que otro.

—¿Alguno rico?

—¡Nana! ¿Adónde quieres llegar?

—A ninguna parte. Sólo recuerda que es tan fácil enamorarse de un hombre rico como de un hombre pobre —replicó Nana, guiñándole un ojo de manera traviesa.

—Por favor, Nana. ¿Quién está pensando en amores?

La anciana se sonrió.

—Pronto cumplirás los dieciséis, Shannon. Créeme: *tú te vas a enamorar* de un buen hombre, trabajador y creyente en Dios, por supuesto.

—Creo que un caballo tiene más chance de que yo me enamore de él —murmuró la muchacha. Entonces sonrió de oreja a oreja—. Lo que me recuerda, querida, linda y adorada Nana… ¿Has visto lo triste que está Cresta Run últimamente?

Tomó toda una tarde, pero, para el día siguiente, Nana estaba convencida de que el pobre caballo estaba a punto de sufrir una crisis existencial por falta de compañía equina. Tres días más tarde, la nieta y la abuela estaban en la cima de una colina, viendo galopar un grupo de potros. La venta de la cabaña le había dejado a la anciana unos "cuantos centavos extra" y ella estaba más que dispuesta a invertirlos en el bienestar de Cresta Run.

—¿Nana?

—¿Sí, querida?

—Hay algo que me está rondando la cabeza desde que regresaste.

—¿En serio?¿Qué será?

—Bueno, yo estaba segura de que pondrías el grito en el cielo cuando te enteraras de que había abandonado Saint Andrew's. Pero… henos aquí, eligiendo un caballo.

—Bueno, no voy a decir que estoy saltando de alegría por lo que hiciste, ni que no me molesta que nadie me haya avisado, porque yo hubiera hecho lo posible para convencerte de que te quedaras en la escuela.

Shannon bajó la cabeza.

—Escucha con cuidado lo que te voy a decir, mi niña —continuó Nana, acariciando la sedosa cabellera negra de Shannon—. Cada persona en este mundo necesita de alguien que lo ame por sobre todas las cosas. El día que Martha y William te trajeron a mí, envuelta en tu mantita rosada y blanca, yo decidí ser esa persona para ti, la que te va a amar siempre, incluso a pesar de ti misma.

Impulsivamente, Shannon abrazó con fuerza a su abuela.

—Vamos, vamos, no nos pongamos sentimentales. ¿Cuál de esos quieres? —preguntó Nana.

Siguiendo su instinto, Shannon se tocó el costado derecho, a la vez que su mirada se clavaba sobre una preciosa yegua palomina, de color oro y níveas melena y cola, más blancas inclusive que las de Cresta Run.

—Ésa —dijo la muchacha, señalando al bello animal—. La llamaré Providence (Providencia), porque en ella está mi destino.

Nana sonrió a la chica, quien ya no era una niña, pero tampoco todavía una mujer, y la calidez del amor iluminó sus ojos. Shannon se perdió en ellos y de repente se sintió transportada a otro lugar, a una especie de olvidado sueño. Allí, ella galopaba sobre un negro corcel entre un grupo de palominos de áurea perfección. Los hermosos rostros de los jinetes que la rodeaban le eran extrañamente familiares. Corrían por una gran sabana, una gloriosa ciudad brillaba a la distancia.

De manera abrupta, Shannon regresó a la realidad.

Si Nana notó algo raro, no lo mencionó. Sus ojos estaban todavía sobre la muchacha, repletos de dulzura. Shannon estaba confundida. No lograba comprender lo que acababa de pasar, pero todo su cuerpo irradiaba una increíble sensación de amor. Lo que había percibido en la visión era lo mismo que Nana y ella sentían la una por la otra: un amor sin condiciones, tan puro, que lograba traspasar la ilusión de la vida. Fue un momento de gran intensidad para ambas, y mientras duró, Shannon le abrió completamente el corazón a su abuela.

Para su sorpresa, Shannon resultó ser una excelente empleada. La muchacha encontró en el trabajo físico del potrero, el esmero, presteza y entusiasmo que el mundo académico no había despertado en ella. Sus nuevos jefes se complacían en explotar su naturaleza atlética y joven ingenuidad y utilizaban sus habilidades al máximo. Por su parte, Shannon observaba con mucha atención y absorbía cual esponja todos los pormenores relacionados con el entrenamiento equino. Con sus nuevos conocimientos, más los consejos encontrados en un libro que sacó de la biblioteca, la chica comenzó a domar a Providence, iniciando de esta manera, a la tierna edad de quince años, su nueva carrera como domadora de caballos. La muchacha construyó con orgullo su primer corral, componente vital en el programa de entrenamiento. Eligió un lote de tierra muy suave, la cual, tal como Shannon descubriría el fin de la semana siguiente, se tragó, literalmente, su construcción. ¡Tanto trabajar para nada! Por lo menos la juguetona Providence era una delicia. La dulzura de la yegua, con la fiereza perenne de Cresta Run y las lecciones obtenidas en el potrero, otorgaron emoción e incentivo más que suficientes como para que Shannon quedara completamente atrapada por el mundo equino. La muchacha detestaba tener que dejar la propiedad y regresar a la ciudad, pues sólo en presencia de sus adorados caballos, con las verdes colinas de South Gippsland como fondo, se sentía verdaderamente plena.

Casi diez meses después de que Shannon comenzara a trabajar en el potrero, sus padres la llamaron para una de sus charlas familiares. Martha y William creían que, a pesar de los beneficios educativos que la experiencia brindaba a Shannon, ya que la estaba ayudando a desarrollar un sentido de responsabilidad y logro (algo que nunca se debía subestimar), además de capacitarla de manera provechosa, era simplemente ridículo que la chica trabajara tantas horas sin recibir paga alguna. A Shannon no le quedó más remedio que estar de acuerdo con sus padres y al poco tiempo comenzó a buscar un nuevo trabajo.

Shannon colocó un anuncio en un periódico rural, ofreciéndose para trabajar con caballos y quedó horrorizada por algunas de las respuestas que recibió. La muchacha había vivido en una burbuja protectora, sin contacto alguno, físico o social, con el sexo opuesto y quedó anonadada por las preguntas que algunos pervertidos le comenzaron a hacer por teléfono. Shannon no sabía de qué manera contestar: su sexualidad era todavía territorio inexplorado, a excepción de los breves y confusos sentimientos que la señorita Clark le había provocado. Entonces apareció Jeff y la chica comprendió que Nana había tenido razón. Shannon se enamoró a los dieciséis. Para cuando cumplió los diecisiete, la muchacha ya había vivido en carne propia el dolor, la traición y la muerte.

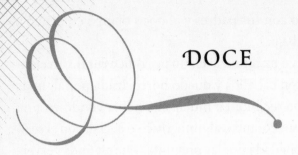

DOCE

—¿Así que tienes experiencia con caballos?

—Sí…he domado caballos antes —dijo la chica, apoyando el peso de su metro setenta y ocho de estatura sobre el pie izquierdo.

El hombre siguió leyendo la hoja del *curriculum vitae*, que Martha había redactado con todo su amor y profesionalismo.

—¿Y por qué te gustaría trabajar en mis caballerizas?

—Porque, para mí, no hay nada más espectacular que un pura sangre y me encantaría tener el placer de trabajar con uno.

El hombre se veía dubitativo. Shannon se sopló un mechón de cabello de la cara y puso las manos en los bolsillos traseros de sus ajustados pantalones.

—Mire señor Horton, tenemos dos opciones: o pasamos todo el día aquí, jugando a ver quién es el más inteligente o quién puede fingir mayor indiferencia, o nos vamos directo al grano. Soy una chica de dieciséis años, sana y terca, que aprende rápido, trabaja duro y tiene más de tres dedos de frente, así que probablemente no me tendrá que explicar las cosas más de una vez. Soy increíblemente buena con los caballos y si cree que hablo estupideces, sólo deme una oportunidad para probarme y ver si va a desternillarse de la risa ante mi estupidez, o felicitarse por su fortuna, al haber encontrado tan brillante pupila. En cualquier caso, la decisión es suya.

Una insospechada sagacidad había florecido en Shannon durante el pasado año (algo que más tarde ella consideraría como legado genético de su padre biológico, el inmigrante ilegal) y la chica tenía la sensación de que éste era un hombre con el cual resultaba mejor atacar de frente, en vez de tratar de engatusarlo con amable persuasión. Jeff Horton se rió con ganas ante el discurso y le dijo que se presentara al día siguiente en las caballerizas, a las cinco en punto de la mañana.

Jeff puso a la chica a cargo de su mejor caballo, Shadow Wind. Los mozos de la cuadra comenzaron a hacer apuestas para ver cuánto tiempo le tomaría a Shannon renunciar. Después de todo, su jefe le había asignado a la muchacha un vigoroso caballo, que ciertamente no era ni para asustadizos, ni para niñitas jugando a domadoras. Tristemente para ellos, Shannon no era ni lo uno ni lo otro. Para cualquiera capaz de montar a Cresta Run a los trece años y entrenar a Providence por medio de un libro, Shadow Wind no era un reto sino una recompensa. Shannon estaba fascinada con la rapidez y el poder del caballo. Se escabullía a las caballerizas en medio de la noche para dormir a su lado. Galopaban retumbantemente en la oscura madrugada los últimos cuatrocientos metros de la pista de dos mil cuatrocientos metros, moviéndose al unísono, con Shannon inclinada lo más cerca posible contra el cuello del animal para sentir el sube y baja de su respiración y el potente latir de su corazón. A fuerza pura de energía, músculo y espíritu, Shadow Wind ganaba todas las carreras. Al fin, Shannon había encontrado su lugar en la vida, gracias a un oficio que combinaba a la perfección la euforia de la competencia y velocidad, con la magnificencia de los caballos: sus dos pasiones unidas en una sola.

Shannon tenía un don para los caballos; no había nada que ella no pudiera hacer con ellos. Le enviaban los animales más salvajes, aquéllos a quienes nadie podía controlar, y al poco tiempo los tenía comiendo de sus manos. La chica entrenaba, domaba y amansaba caballos que ni los mozos podían dominar. Pronto se dio cuenta de que en esa profesión ultra-machista, para que a una mujer se la considerara medianamente buena, tenía que ser en realidad excelente. Y Shannon lo era. No solamente en el lado laboral, sino también en otros pasatiempos masculinos. Los mozos de la cuadra solían jugar al póquer, emborrachándose hasta los huesos en el proceso. Shannon se les unió al poco tiempo, cambiando la cerveza por cigarros, lo que le permitió amasar grandes sumas de dinero. Pronto fue capaz de comprarse su primer pura sangre, por 1500 dólares. Jeff Horton estaba extasiado. El convencimiento de que la muchacha era lo mejor que había llegado a sus caballerizas transformó su éxtasis en seducción. Como muchas antes que ella, Shannon sucumbió rápidamente a los encantos del hombre maduro. Y casado.

—Está bien. Digamos que espero hasta los dieciocho. ¿Me puedo casar entonces con él?

Shannon vio cómo los ojos de Martha se desorbitaban, mientras subía la mano hasta la base del cuello. La muchacha sonrió. Su madre se las daría de ser muy feminista, pensó la chica, pero a la hora de la verdad reaccionaba igual que las sumisas esposas de los años cincuenta. Y ni hablar de su padre. Mira que presentarse ambos de manera inesperada en su trabajo para averiguar si ella estaba saliendo con su jefe. Con haberle preguntado habría sido suficiente, ella ciertamente se los hubiera dicho. Todos eran adultos al final. ¿O no?

—¿Casarte con él? —preguntó Martha con voz apenas audible—. Por amor de Dios, Shannon, ¡el hombre te lleva veinticinco años! Además, ¿no está él ya casado?

—Separado —corrigió Shannon.

Era verdad, o por lo menos lo había sido desde hacía cinco semanas. Para cuando Shannon apareció, la esposa de Jeff tenía las maletas listas y apenas se dio cuenta del papel que la chica estaba comenzando a desempeñar en la vida personal de su esposo, la mujer se marchó.

—¿Se separaron por…? —preguntó William, incapaz de terminar la oración.

—¿Por mí? No realmente. Ya venían con problemas desde hacía algún tiempo. Algo referente a no poder tener niños y cosas parecidas —contestó la muchacha, bebiendo presurosa la cerveza.

Ambos padres se quedaron viendo la botella vacía, pero no dijeron nada. Finalmente Martha preguntó:

—¿Eres feliz?

—¿Es que no se me nota? ¡Mírame bien, mamá! Estoy trabajando en algo en lo que soy realmente buena, rodeada de preciosos animales, un paisaje bellísimo y ahora estoy enamorada de un hombre que me trata como a su igual. Jeff me escucha, cree en mí, me hace reír y lo mas importante, me hace sentir realmentemente mujer —dijo Shannon, sonrojándose al recordar la primera vez que ella y Jeff pasaron la noche juntos.

Había ocurrido después de la primera victoria realmente importante de Shadow Wind. Ella y Jeff habían celebrado con champaña y cuando Shannon quiso darse cuenta, los dos se estaban besando con pasión, caminando torpemente hacia la habitación del hotel. En una misma noche, la chica saboreó la embriaguez que brindan el triunfo, el licor y el sexo.

—¿Qué más podría desear? — agregó Shannon.

—Respeto —dijo William para sí, tratando de controlar su ira. ¡Quería romperle los huesos a ese maldito bastardo! Pero sabía que eso no serviría de nada. Shannon tenía que aprender sobre la vida, viviéndola y, por muy difícil que fuera aceptarlo, no había nada que Martha o él pudieran hacer, excepto dejarla aprender y rezar. Shannon observó con detenimiento el rostro de su padre, leyéndole los pensamientos. Sabía que hasta ahí llegaría la discusión. Como buenos educadores, sus padres le permitirían vivir sus propias experiencias y cometer sus propios errores. Y grande habría de ser el error que la muchacha cometería esta vez.

Tres meses más tarde, Shannon Elizabeth O' Leary estaba embarazada.

La muchacha estaba por las nubes. ¿Quién lo hubiera imaginado? Ella, ¡una madre! Por fin tendría una familia completamente suya, con un bebé producto del amor, el cual sería alegría en vez de molestia o un proyecto social. ¡Y Jeff se pondría tan contento! Él había deseado un hijo por tanto tiempo. Shannon se moría de ganas por verle el rostro cuando ella le diera la buena nueva.

Jeff se mostró algo menos entusiasmado de lo esperado. El hombre se sentía sumamente culpable por haber seducido a una adolescente virgen. A lo mejor estaban tomando las cosas con demasiada prisa, dijo. Un hijo era algo muy serio y Jeff no estaba seguro de que la relación fuera lo suficientemente sólida como para adquirir un compromiso semejante. También había que tomar en consideración otros factores. "¿Era ése el mejor momento para tener un niño?", se preguntó él en voz alta. Shannon estaba comenzando una promisoria y exigente carrera. ¿Sería capaz de recuperarla si hacía una pausa ahora para ponerse a cambiar pañales? Jeff no estaba tan seguro. Los tiempos eran difíciles y ella era una mujer; tal vez la suerte no la acompañaría siempre. También había que pensar en Penny. Cierto, estaban separados, pero ella seguía siendo su esposa y él no deseaba lastimarla de esa manera. Ella la había pasado tan mal, tratando de concebir... y si llegara a descubrir que una muchachita le iba a dar un hijo a su esposo… no era justo para ella. Penny era una buena mujer que no merecía tal humillación.

—Pero… creí que deseabas un hijo —dijo Shannon, a punto de llorar.

—Sí, lo deseaba… cuando estaba con Penny. Pero en estos momentos… por Dios, Shannon, ya estoy demasiado viejo para eso. La vida se me hace cada vez más corta y no pienso pasar mis últimos años corriendo detrás de un mocoso. *Tú* eres mi bebé, la que me mantiene joven y lleno de ganas. Ya tendrás hijos más adelante, te lo prometo.

—Así que querías un hijo, pero no conmigo… y algún día yo tendré niños, pero no contigo, porque ahora tú no quieres ser padre.

—Sí…supongo que es algo así —balbuceó Jeff.

—¿Y con quién se supone que voy a tener hijos yo, Jeff?

—No sé… con quien estés, cuando llegue el momento adecuado —respondió Jeff, y sólo entonces comprendió el significado de la pregunta—. Ay, querida, ¿no me digas que en verdad creíste que esto era para toda la vida?

Shannon sintió como si la patearan en el estómago, un frío sabor metálico impregnó su lengua.

—Ah, mi chiquita, ven acá —dijo Jeff, abriendo los brazos—, vamos a encontrar una solución. En serio. Te prometo que no te voy a abandonar en estos momentos. Conozco a una mujer, muy profesional, tan buena como cualquier doctor. Ella se hará cargo de todo.

Shannon observó al hombre y por primera vez en su vida sintió auténtico odio.

—¿Sabes una cosa, Jeff? Por un momento casi, casi creí haberme enamorado de un hombre —dijo la chica, mirándolo de arriba abajo con asco—. Obviamente me equivoqué.

Shannon salió corriendo, temerosa de cometer una locura, porque estaba segura de que si Jeff llegaba a decir una palabra más, ella lo mataría con sus propias manos. Se escondió en la caballeriza de Shadow Wind y se hizo un manojo de lágrimas y sollozos. ¿Qué sería de ella ahora? Shannon no podía arrojarle este problema a sus padres; particularmente no después de la arrogante actitud con la que había recibido sus advertencias sobre la relación. Además, ¿por qué tendrían ellos que ayudarla? Ella solita se había metido en este lío; ella sola tenía que salir de él. ¿Qué podrían hacer sus padres, al final de cuentas? ¿Mantenerla a ella y a su bebé? Porque Jeff tenía razón en cuanto a su carrera: no había manera posible de continuar con ella embarazada. Y con el horario de quince horas al día que tenían los entrenadores, ella tampoco podría cuidar del niño. En vista de que carecía de cualquier tipo de calificación formal, ¿en qué más podía trabajar? ¿De mesera, para transformarse en la madre de un niño no deseado, resentida y cansada, tratando de subsistir en la pobreza con un salario mínimo? ¿Era ése el futuro que ella le iba ofrecer a su hijo? Ella tenía menos de tres semanas de embarazo. Lo que había en su vientre no era todavía un bebé, ¿verdad? Eran más bien... células, pegadas entre ellas, sin forma, ni sentimientos. Por otro lado, quizás ella debería esperar y darlo en adopción (otro sucio cachorro moviendo la cola para encontrar un hogar), pero, ¿qué certeza había de encontrarle un buen hogar? Shannon era más que consciente de lo afortunada que había sido al ser adoptada por gente amorosa, pero igualmente sabía de otros niños con menos suerte y conocía sus historias de desconsuelo y abuso. ¿Se atrevería ella a correr ese riesgo? ¿No sería mejor acabar con todo ahora, cuando la criatura no sentiría dolor y salvarla de todos los horrores que podría sufrir? Shannon no sabía qué hacer. Lo único que tenía claro era que necesitaba hablar con alguien. ¿Pero con quién?

—Iris —susurró Shannon.

Iris arreglaría todo. Ella siempre lo hacía. Shannon había hablado muy poco con ella desde que dejara la escuela. Enredada en el trabajo y el romance, había olvidado devolverle las llamadas a su prima. Mientras marcaba el número de teléfono, la chica cayó en la cuenta de que, en realidad, no había hablado con Iris en más de seis meses.

—¿Aló?

—Hola Tío Ralph. Soy yo, Shannon.

—¡Shannon, mi chica! ¿Qué tal? Hace mucho que no te vemos ¿Cómo has estado, pequeña?

—Bien... perfectamente. ¿Está Iris ahí?

—Lo siento Shannon, pero Iris se fue a dormir a casa de Jennifer, por algo relacionado con la próxima producción teatral del colegio. Esta vez tiene el papel principal...va a ser, ¿cómo es que se llama? Ah, sí, santa Juana, o algo por el estilo.

—Eso es maravilloso —dijo Shannon, limpiándose las lágrimas con el dorso de la mano.

—Para serte sincero, me está volviendo loco, viendo visiones y escuchando ángeles por todas partes.

Shannon no pudo evitar sonreír.

—Pero se está divirtiendo —continuó el tío—, y eso es lo que importa, ¿no es así? Ya sabes lo que dicen: se es joven sólo una vez.

Shannon sintió un dolor agudo en el pecho.

—Así es, tío Ralph.

—En cualquier caso le diré que te llame y...

—¡No! Quiero decir, está bien... yo la llamo más tarde. No quiero interrumpir su proceso o algo parecido.

—De acuerdo. Bueno, entonces adiós, pequeña, tengo que colgar porque voy a llevar a tu tía al cine.

—Adiós, tío Ralph.

El tío Ralph colgó y Shannon se quedó ahí, con el auricular en la mano y el tono del teléfono recordándole el ruido que hacían esas máquinas en los hospitales, cuando una persona acababa de morir. Como su cuento de hadas. Como su niñez. Como los días pueriles que su prima aún disfrutaba y a los que ella había renunciado, de forma necia. Ella no tenía derecho de romperle a Iris las ilusiones de la juventud, se dijo Shannon, mientras se dejaba caer al suelo, enterrando la cabeza entre sus brazos. A lo mejor debería buscar a Nana. No, Shannon no se atrevería a mirar a su abuela a la cara. Nana siempre había presumido el hecho de que Shannon no fumaba, ni bebía, ni andaba juntándose con muchachos. La chica no tenía idea de por qué tan puro ideal complacía tanto a la anciana. En cualquier caso, esos sueños no eran más que un manojo de esperanzas rotas ahora. ¿A quién más podía acudir? Inmersa en la noche rodeada de ecos, Shannon jamás se había sentido tan sola. Súbitamente la chica aulló: gritó, pateó, lloró, balbuceó con desesperación. Y entonces un nombre vino a su mente. La señorita Clark. La señorita Clark que le había dicho que la buscara en caso de necesidad. Y nunca antes tuvo Shannon tanta necesidad de ayuda como en ese momento.

—No necesito un sermón, ni consejos, ni un sinnúmero de opciones prácticas. Lo que necesito es una mano amiga, alguien que esté a mi lado, señorita Clark. Sólo eso.

La maestra ni pestañeó ante el saludo. La desesperación en la voz de Shannon había sido lo suficientemente patente por teléfono para que la mujer adivinara que la muchacha estaba en un gran apuro. La señorita Clark hizo pasar a Shannon a la sala, preparó café muy cargado y escuchó. Por horas. Dos días más tarde acompañó a Shannon a la clínica para un aborto. Dudó unos segundos cuando la chica insistió en que no le avisara a nadie, ni siquiera a sus padres, pero Amelia Clark fue fiel a su palabra e hizo lo que Shannon le pidió. Al ser legal el aborto en Australia, el procedimiento se realizó en una sala de operaciones esterilizada, de manera muy eficiente y sanitaria. A juzgar por la actitud del personal médico, Shannon bien podría haber estado sacándose las amígdalas. Pero a veces las cosas no resultan tan fáciles.

Al salir de la anestesia, con la mirada borrosa y el agudo dolor de su útero adormecido por el estado confuso de su casi inconsciencia, Shannon escuchó voces y un estruendo. Trató de enfocar la mirada. Jirones de luz parecían bailar con las sombras. Shannon tembló al sentirse caer bajo agua, una turbulenta corriente submarina jalándola en todas direcciones. Un profundo tronar agitó el océano. La chica miró hacia arriba. Sobre ella, una gigantesca y majestuosa estructura de cristal brillante se transformaba en líquido, para luego derrumbarse, como en cámara lenta, al mar que la rodeaba, fusionándose con él, mutándose en una masa acuosa que caía estrepitosamente y con fuerza avasalladora hacia las profundidades…

—Shannon, Shannon, ¿me escuchas?

Las angulosas facciones de la señorita Clark bloquearon los últimos remanentes de la visión acuática; cualquier posible significado se esfumaba contra el techo gris que Shannon tenía sobe la cabeza.

—¿Señorita Clark?

—Hola, muchacha. ¿Cómo te sientes? Te traje sopa de pollo, usé la receta de mi mamá.

—Me duele —contestó Shannon, tratando de sentarse. Un palpitante y ardiente dolor la obligó de nuevo a tenderse en la cama. La muchacha se quejó.

—Tranquila, tranquila.

—No comprendo, dijeron que no sería más que un calambre, que podía regresar al trabajo mañana —dijo Shannon, con las manos sobre el vientre, el dolor sobrecogedor le retorcía el cuerpo de un lado a otro.

La mirada de la señorita Clark trató de esquivar el rostro de la muchacha mientras la tomaba con gentileza de la mano.

—Shannon, creo que lo mejor es que llamemos a tu familia.

—No, por favor senorita Clark, no. Usted no los llamó, ¿verdad? Ellos todavía creen que me estoy quedando con usted, ¿no es así?

—Si, Shannon, supongo que así es, pero…

Algo en los ojos de la maestra hizo que la piel de la chica se tornara gélida.

—Shannon —continuó la señorita Clark—, hubo una complicación. El doctor sabrá explicártelo mejor que yo, pero, niña…

—¿Qué? Por favor, señorita Clark, ¡dígame ya que pasa!

—No podrás tener hijos nunca más.

De repente, Shannon entendió a la perfección la teoría del agujero negro: de ese vacío que engulle toda la luz, todo el calor, toda la vida, toda la existencia y la hace nada. Ahora ella no era más que desierto, inutilidad, un florero agrietado; uno de los hombres huecos del poema de T.S. Eliot. Figura sin forma, tono sin color, fuerza sin poder, gesto sin movimiento. Shannon hundió la cabeza en la almohada y comenzó a llorar calladamente. "Bueno, al menos esas clases de inglés no fueron una total pérdida. La directora estaría orgullosa de ti", dijo la voz de Iris en su cabeza. La muchacha se cubrió la cara con las manos, sorda a las palabras de consuelo de la senorita Clark. Shannon sinceramente dudaba de que la señora McCarthy (o nadie, de hecho) se sintiera orgullosa de ella hoy. Con excepción, tal vez, de Katrina. Al fin y al cabo, esta cachorra había sido debidamente esterilizada.

Cinco semanas después, Jeff rompió el silencio y le pidió a Shannon que pasara por la oficina, para que recogiera su paga. Shannon se encontró con él al día siguiente.

—Te ves muy bien — dijo Jeff, extendiéndole la mano.

Shannon lo ignoró y se sentó en el sofá de cuero, al lado de la ventana.

—Pues no puedo decirte lo mismo —comentó ella.

Estaba en lo cierto. El cabello del hombre se veía gris, sin brillo y tenía profundas ojeras debajo de los ojos. Las finanzas de Jeff venían en picada continua desde hacía un mes y nada parecía ser capaz de salvarlo de la quiebra.

—¿Cómo sigue el entrenamiento de Shadow Wind? —preguntó la joven, mientras encendía un cigarrillo.

—Lo pasaron a otra caballeriza. Digamos que las cosas están algo difíciles por aquí.

Shannon dejó escapar una pequeña nube de humo.

—Eso es lo malo de los caballos de carrera… así como vienen, se van. ¿Tienes listo mi cheque?

—Sí, claro, está por aquí —dijo él, buscando entre las montañas de papeles que había sobre el escritorio. Shannon jamás había visto la oficina de Jeff en tal estado de desorden.

—Si necesitas una carta de referencia, sólo dímelo —la secretaria la puede escribir a máquina en pocos minutos.

—No hace falta. Me han contratado para ir a Queensland, a trabajar con las caballerizas Saxon.

—¿Las caballerizas Saxon? ¡Qué... bueno! Son unas de las mejores del país.

—Sí, lo son —dijo Shannon, levantándose—. ¿Sabes qué? Realmente estoy muy apurada, así que si pudieras, ya sabes...

—Sí, claro, claro. Aquí está.

Shannon tomó el sobre y caminó hacia la puerta.

—Shannon...

La joven se detuvo y se volvió hacia él.

—Acerca del bebé...Penny y yo hemos estado hablando —no sé si sabes que nos reconciliamos— y bueno, hemos pensado que es demasiada responsabilidad para ti. Por tanto estaríamos más que dispuestos a hacernos cargo de él, o ella, y a compartir la custodia contigo o algo similar.

Silencio.

—Vas a necesitar de alguien que te apoye, muchacha —siguió Jeff—. Digo, ¿por cuánto tiempo más crees que vas a poder trabajar en tu estado?

Una amarga sonrisa desfiguró los labios de Shannon.

—¿Así que ahora sí deseas al bebé?

—Yo *soy* el padre Shannon, y no quiero amenazarte, pero Penny y yo podemos llevar esto hasta los tribunales, de ser necesario. Por eso pienso que es mejor que lleguemos a un acuerdo amigable.

Shannon permaneció inmóvil. Luego abrió la cartera, sacó un pedazo de papel, escribió sobre éste una dirección y le entregó la nota a Jeff. El hombre la leyó, perplejo.

—¿Qué es esto?

—Es el nombre de la clínica donde dejé a tu bebé, Jeff.

El rostro de Jeff cobró apariencia fantasmal, las ligeras arrugas se le convirtieron en barrancos sobre su ajada piel. Se sentó con lentitud en la silla y limpió el sudor frío que le rodaba por la frente.

—Te has vuelto cruel, Shannon.

La mujer abrió la puerta.

—Lo sé. Tuve un gran maestro.

TRECE

El suave vaivén del mar lo despertó y por un momento Iko se sintió todavía príncipe. El muchacho se sentó y todos sus músculos se quejaron de dolor. Entonces recordó. Habían remado por horas bajo el cielo estrellado. El perfil gris y naranja de su Tandra en llamas, despareciendo finalmente en la oscuridad. En la nada. Cuando el viento había henchido la vela en su totalidad, H-ra tomó el lugar de Ari al remo y, después de mucho discutir, optaron por tomar turnos para dormir. Iko había dudado de ser capaz de conciliar el sueño, pero cuando Kía le dijo que se fuera a la cabina, se sorprendió a sí mismo obedeciendo mansamente. Y durmió profundamente, sin sueños.

Iko se frotó los brazos, tratando de aliviar el malestar y se levantó de la cama. Alguien había puesto comida sobre la mesa para él: pan, miel y queso. Iko partió un poco de pan, lo untó con miel y se lo puso en la boca. Fue como morder el vacío, ese vacío que se estaba abriendo en él y le daba la mano a la ira y al escepticismo que habían hecho hogar en su alma. Escupió el alimento a medio comer y rugiendo de rabia, arrojó el tarro de miel contra la pared de madera. La imagen de sus padres emergió de la mancha dorada: su madre asesinada, su padre, probablemente muerto, y con ellos, la cara de todos los tandrianos que cariñosamente habían cuidado de él desde su nacimiento. Todos muertos. Y al final para qué, se preguntó mientras sus dedos hurgaban la alforja.

—¿Fue acaso todo por ti? —preguntó Iko, mientras alzaba al diamante negro, mientras una mezcla de odio y amor batallaban en su alma. "¿Murieron todos por causa tuya?"

Los ojos se le anegaron de lágrimas. La belleza no debería generar violencia, pensó Iko. Recordó la expresión en los rostros de los sirvientes que los habían perseguido en el palacio, gente a la que había conocido toda su vida. ¿Qué les pudo haber inspirado tanto odio? ¿Fue acaso resentimiento? ¿Ambición? ¿Fanatismo religioso? ¿Qué tenía esta joya que hacía a las personas traicionar a su gente, nación y forma de vida? ¿Radicaría el verdadero poder de Isha, entonces, en su capacidad de originar destrucción?

—¿Cómo pudiste permitir que Tandra sucumbiera, cuando tú y solamente tú podrías haberla salvado de su ruina? —preguntó Iko, entre dientes.

La única respuesta que obtuvo fue el apacible tamborileo del agua contra el barco.

Iko arrojó el diamante con toda su fuerza hacia el otro lado de la cabina. Para su asombro, Isha se detuvo a medio camino y quedó fijo en el aire, flotando dentro de un aura blanca que lo envolvía.

—*Entiendo tu sufrimiento Iko, pero en estos momentos debes confiar en que mis acciones buscan un bien mayor. La confianza y la rendición son la clave de la sanación. Sumérgete en tu angustia, rabia y dolor. Vive esos sentimientos a plenitud y luego elimínalos de tu ser* —dijo la voz femenina de Isha.

No había terminado de decir esto cuando el diamante cayó al suelo y rebotó por el suelo de madera.

Iko quedó atónito, sin saber a ciencia cierta qué era lo que había visto y escuchado. Recogió la gema y la puso de nuevo en su alforja. Entonces abrió la puerta y salió hacia la cubierta superior.

Atrapado en la vela púrpura, el viento del sur empujaba al Tilopa, haciendo que el barco de elegantes líneas tejiera encajes de agua y sal. Los Siete se encontraban ocupados en diferentes labores. La cabeza de Ari colgaba sobre la baranda del barco, su mano sujetaba firmemente un hilo de pescar. Tok y H-ra parecían estar comparando notas, sus frentes casi se tocaban a medida que se encorvaban sobre pergaminos y mapas. Kía y Sha examinaban un mecanismo que acababan de descubrir, el cual permitía mantener en su lugar el timón sin ayuda humana. Ryu cocinaba en una olla de hierro, suspendida en un trípode metálico. Debajo de éste había un hoyo recubierto de cobre, incrustado en el suelo. Sat, sin embargo, parecía estar ajena a toda la actividad que la rodeaba. Sentada, con las rodillas debajo de la barbilla, sus ojos entrecerrados miraban en dirección a Tandra.

Daban la impresión de ser un alegre grupo de jovencitos, disfrutando de un paseo en barco, pensó con amargura Iko. Entonces reparó en la lágrima que colgaba en las pestañas de Ryu; en la seriedad del rostro de Ari; en el silencio que flotaba entre ellos a medida que llevaban a cabo sus tareas. Iko tragó en seco. Sus amigos eran lo único que le quedaba en esta vida. Y ellos también lo habían perdido todo, en dos ocasiones diferentes. Sin embargo, en medio de su pena y desconcierto, estaban haciendo todo lo que podían para sobrevivir. Respiró profundamente e irguió la cabeza. Quizás ya no tuviera un reino del cual ser príncipe, pero Iko era el hijo del Rey de Tandra y de su bienamada Reina, además de ser ahora el guardián de Isha. Y él no los iba a defraudar.

Los chicos se sentaron en un círculo mientras Iko mostraba el oscuro cristal. Les había contado todo lo que había ocurrido, incluyendo las palabras de Isha. El grupo entonces decidió tratar de descifrar los secretos guardados en cada uno de los cortes del brillante y preguntar al diamante lo que tanto necesitaban saber.

—¿Por qué dejaste que destruyeran a Tandra? —preguntó Sha.

El cristal refulgió con intensidad, su blanco albor se expandió por todas partes. Isha comenzó a flotar en el aire y los muchachos tuvieron que protegerse los ojos para que la luz no los encandilara.

—*Iko, tú naciste para ser rey. Pero es hora de que entiendas que el reino de los cielos existe realmente dentro de ti. Es algo que puedes llevar a todas partes. Todos los reinos fuera de ti son débiles y perecederos. Nada que sea real puede ser destruido. Cuando el amor y la seguridad se basan en el apego, dejan de formar parte del dominio del amor incondicional del ser, y se convierten en frágiles fachadas de la verdadera conciencia. Nada puede perderse. Sólo se puede ganar más amor.*

Los chicos se vieron los unos a los otros, boquiabiertos. El diamante recuperó su forma sólida y cayó en la mano de Iko.

—¿Alguien entendió lo que dijo? —preguntó Sha.

—No estoy seguro, pero parece tener sentido, de alguna manera —contestó H-ra.

El resto asintió. Las palabras de Isha habían resonado en lo profundo de sus almas, pero la angustia los cegaba y les impedía aceptar la omnisciencia.

—¿De veras? ¿Y cómo exactamente? —continuó Sha—. ¿Qué se supone que creamos? ¿Que Tandra no era real? ¿Que nuestras vidas no han sido más que una especie de sueño, el cuento de un bufón?

—Quizás lo del reino de los cielos se refiera a la vida después de la muerte —propuso Sat.

—O a lo mejor tiene que ver con la meditación, con encontrar fortaleza espiritual —caviló Iko.

—Sí, eso está muy bien, pero nuestros problemas están en esta vida y nuestros enemigos en el mundo físico —añadió H-ra—. ¿De qué sirve un fuerte espíritu si no tenemos armas de verdad para luchar contra el Crendin?

—Pero el diamante habló de amor, no de lucha —dijo con dulzura Ryu.

—Pero, por supuesto —replicó Sha, imitando el tono ani-
ñado de Ryu—, ¿por qué no dejar que el amor nos guíe y nos olvidamos de todos aquellos que murieron en Tandra. Mejor aún, ¿por
qué no dejamos, de manera muy amorosa, claro está, que el Crendin
se salga con la suya? Digo, como estamos *tan* llenos de amor…

—¡Sha! —exclamó H-ra, viendo a Iko con mortificación.

La cara de Sha se puso colorada.

—Disculpa, Iko —dijo la muchacha con voz contrita.

—¿Tienen idea del tiempo que debió tomar construir este
barco? —dijo de repente Tok.

Todos miraron en su dirección, confundidos. ¿Qué tenía que
ver el Tilopa con lo que estaban hablando?

—Yo tampoco tengo idea —continuó Tok—. Pero tiene tres
cubiertas. Hay comida, herramientas y un cofre repleto de pergaminos. También hay otro, lleno de plata, joyas y otras cosas. Y
nuestros caballos están abajo, lo que me recuerda que vamos a tener
que tomar turnos para alimentarlos.

El rostro de Iko se iluminó. ¡Crestula estaba a salvo!

—¿Y qué con eso?

—Pues, se me ocurre que debió tomar años construir *Tilopa*.
Y mucho trabajo. Tampoco nos debemos olvidar de las lecciones
del Rey.

—Maldición Tok, ¡termina de hablar! —dijo Kía con frus-
tración.

—¿Es que en verdad no se dan cuenta? Todo esto se hizo con
un propósito. ¿O creen que fue una coincidencia el que nos llevaran
al palacio y nos criaran al lado del Príncipe? Todos formamos parte
del plan del Rey, para proteger al diamante.

Todos los ojos se fijaron en el diamante dormido sobre la
palma de Iko.

—No voy a decir que entendí algo de lo que dijo Isha, o que
sé por qué es tan importante. Pero el Rey de Tandra confió en su
único hijo para que lo mantuviera a salvo y confió en nosotros para

que ayudáramos a Iko en su misión. Y para mí, eso es más que suficiente para ir hasta el fin del mundo, si es necesario... tres veces, si el diamante así me lo pide. Porque prefiero morir, que decepcionar al Rey.

Los chicos miraron con asombro al pequeño muchacho de cabello oscuro.

—Yo sabía que ese cerebro algún día serviría para algo —musitó Ari.

A los chicos no les quedó más remedio que sonreír ante el comentario.

—¡Tres veces, ida y vuelta, alrededor de la tierra, entonces. Por Isha, por el Rey y por Tandra! —gritó H-ra, extendiendo la mano. Iko fue el primero en unir su mano a la de su compañero, repitiendo el juramento. Los otros hicieron lo mismo.

Los siguientes días fueron de luto para Iko y los Siete. En silencio, los muchachos permitieron que su dolor fluyera libremente durante sus labores diarias. Al tercer día, justo antes de llegar a Lerumia, llevaron a cabo la ceremonia de la despedida en la cubierta superior. Cada uno de ellos se cortó un mechón de cabello; cada uno se abrió la palma de la mano y dejó que la sangre corriera; cada uno escribió en rojo los nombres de sus muertos sobre papiro y lo arrojó al fuego del brasero. Y a medida que el humo danzaba hacia el cielo infinito, todos se despidieron de su antigua existencia. Habían dado el primer paso en ese nuevo camino. Pronto se despertaría en ellos la realización de la conciencia y, con ella, la aceptación de la verdad en las palabras de Isha.

El guardia empujó a Alehina al suelo, frente al cadáver del joven, un chiquillo en realidad de no más de quince o dieciséis años. El seco aire del desierto había mantenido el cuerpo casi incorrupto, y de no ser por la herida en la garganta, uno podría pensar que estaba durmiendo, en medio del salón real de Tandra.

—¿Entonces, esclava, es éste? —preguntó Akion.

Alehina tiritó, el miedo y la indignación le recorrían los huesos. Lo primero que había hecho el Rey Al-Athalante-Ez al llegar al poder, veinte años atrás, había sido abolir la esclavitud. Alehina siempre presumió del hecho de que iba a morir como una mujer libre; de que en principio, al menos, ella valía tanto como cualquiera, incluso la Gran Reina Eret. La patada en las costillas la hizo chillar.

—¡Contesta, mujer! —rugió el guardia.

—No, mi Señor, éste no es el Príncipe.

—Iko —corrigió Akion—. Ya no hay príncipes en Tandra.

—Sí, mi Señor.

Akion se sentó en el trono, su cabeza rapada reflejaba la luz de las antorchas. Por tres días sus tropas habían registrado cada habitación del palacio, cada casa, cada tienda de la ciudad, en busca de una pista que los llevara a Isha. Todo en vano. Después de que encontraron el cuerpo de Al-Athalante-Ez en el templo circular, Akion había ordenado que le cortaran la cabeza y la colocaran en una pica. Luego mandó ejecutar al hombre que se había jactado de matar a Eret. Akion había deseado a la Reina para sí, ya que su belleza y gentileza eran legendarias. Entonces se dio cuenta de que no habían encontrado al hijo. Tal vez se encontraba entre la montaña de cadáveres apilados en el jardín. Pero si ése no era el caso, entonces existía la posibilidad de que Iko hubiera escapado, llevándose consigo a Isha.

—Vimos un barco —gruñó Alehina, abrazándose a sí misma.

—¿Qué?

—Abajo, en las cuevas azules. Ahí hay un río y vimos partir un barco, que navegaba por el gran túnel.

—¿Estaba Iko ahí?

—No lo sé. Pero el Rey y la Reina sí estaban, aunque no abordaron la nave. De hecho, allí fue donde murió la Reina.

Akion se quedó callado por breves momentos y luego estalló en carcajadas.

—¡Un barco en el desierto! Miren a los tandrianos, pues... a veces no queda más remedio que admirarlos. Y por supuesto que los reyes mandarían a su único hijo a bordo. ¡General Hamiri!

—¿Sí, Mi Señor?

—Envié un mensaje a nuestras colonias, a esas que bordean la costa. Lo más seguro es que Iko atraque en una de ellas. Quiero a ese muchacho y a cualquiera que se encuentre con él.

—Sí, Majestad. ¿Cómo he de reconocer al muchacho, mi Señor?

—¿Esclava? —preguntó Akion alzando a Alehina por los cabellos.

—El joven Príncipe... Iko, siempre anda con otros siete chicos y chicas, más o menos de su edad...y él se parece muchísimo a la Reina.

—¿De veras? Bueno, General, ya sabe cómo reconocerlo —dijo Akion soltando a la mujer sollozante—. Y, General... trate de hacer todo lo posible para traérmelo en una sola pieza. Creo que Iko puede servir de gran distracción, ya sea para mi espada o para mi cama.

Akion abandonó el trono y pasó sobre el cadáver.

—Guardias, saquen esta basura de mi palacio —Akion se fijó entonces en Alehina, quien todavía se encontraba de rodillas en el suelo—. Y denle esta mujer a los Dioses. Deben de estar hambrientos.

—¡No, mi Señor! ¡Yo soy su leal sirvienta! He repudiado todo lo que una vez quise por el Crendin, por usted, Majestad. ¡Por favor, vea, yo tengo la marca!

Akion sonrió y acarició con gentiliza el cabello de la mujer.

—Así que tú me quieres, esclava.

Alehina le agarró la mano y se la besó con desesperación.

—Sí, mi Señor, yo lo quiero y venero a usted y a toda su grandeza.

Akion se incorporó y la miró con tal frialdad que la mujer quedó muda de miedo.

—Traicionaste a tu Rey, a tu nación y a tu gente. Si los hubieras querido, no me los habrías entregado. Si no los quisiste, ¿por qué habrías de quererme a mí? Llévensela —dijo Akion a los guardias—. Y arrójenla al fuego de los Dioses esta noche. Viva.

El puerto de Lerumia era un lugar polvoriento y mugriento donde los marineros, los mercenarios y los vagabundos se mezclaban con los comerciantes autóctonos, quienes ofrecían sus exóticas baratijas en el gran mercado. Allá llegaban los jerarcas tribales con sus rebaños de camellos y sus innumerables esclavos, trayendo raros frutos y finas sedas de tierras lejanas. Después de varios intentos, el Tilopa finalmente ocupó su lugar entre la fila de barcos atracados en el muelle. Ari y Ryu llevaron los caballos a tierra, para que pudieran descansar del turbulento viaje. Iko decidió que no era buena idea dejar la nave sola y designó a Sha y a Sat para que la cuidaran. El resto del grupo se vistió con algunas ropas comunes que habían encontrado y desembarcó con rumbo al mercado de Lerumia.

Los monos saltaban de puesto en puesto, robando higos y haciendo oídos sordos a los furiosos aullidos de los mercaderes. Éstos, a su vez, lanzaban objetos a los saltarines ladrones, quienes los esquivaban con indiferente agilidad. Los chicos intentaban ocultar su asombro ante las sonrisas desdentadas de rameras a medio vestir, adivinos itinerantes y fascinantes encantadores de serpientes. Todo lo que uno pudiera imaginar estaba a la venta: pollos, pociones, amuletos, armas, gente. Caminaron por horas sobre la apestosa baba de vegetales podridos, huesos y sangre putrefacta. Iko observó con detenimiento cada sucio puesto, dilapidado edificio y mugriento rostro, tratando de encontrar algo que él pudiera identificar como el "signo de su padre". Pero parecía ser una búsqueda inútil. Iko deseó que la Bruja hubiera sido algo más específica. No había nada en este apestoso bullicio que le recordara al Rey.

—Pssst, psst.

Un hombre sudoroso, gordo y bajo, les ofrecía algo ininteligible desde su puesto, sus regordetes dedos sostenían una especie de fruto almibarado. Tenía una voz empalagosa que subía y bajaba a medida que les mostraba la mercancía, sus palabras se deslizaban en silbidos quebradizos sobre su lengua serpentina. Iko alzó la mano, para indicarle que no estaba interesado. Su brazo quedó paralizado en el aire. Colgada en el centro de la oscura frente del hombre, una malaquita pulida relucía bajo el sol. La piedra era idéntica a la que había lucido su padre desde que Iko tenía memoria. El Rey la utilizaba incluso en las grandes ocasiones, debajo de la triple corona de oro.

—Tok, Kía, vengan acá —susurró Iko—. ¿Qué es lo que dice ese hombre?

Escucharon al comerciante y luego le dijeron a Iko que estaba ofreciendo su mercancía.

—Pregúntale que vende, exactamente —dijo Iko a Kía.

Kia sostuvo una corta charla con el rollizo hombre y luego le reportó a Iko que éste vendía principalmente conservas, pero, aparentemente, tenía objetos más interesantes en su tienda. El mercader también decía ser una especie de adivino y se había ofrecido para leerles el futuro.

—Pregúntale su nombre —dijo Iko a la muchacha.

—Él pregunta que quién quiere saberlo.

—Dile que el enviado de la Bruja.

Los bulbosos ojos del hombre se desorbitaron a medida que Kía le traducía el mensaje. Luego miró detalladamente a los preocupados chicos.

—Bhagaji —contestó el hombre. Miró a su alrededor, para asegurarse de que nadie estuviera escuchándolos y murmuró unas palabras.

—Dice que lo sigamos —indicó Tok.

Bhagaji llamó a un muchacho que se encontraba cerca, para que se encargara del puesto, y sin más comentarios se adentró en el laberinto del mercado.

—¡Vámos, que lo vamos a perder de vista! —exclamó H-ra.

—¿Están seguros de que deberíamos seguirlo? —preguntó Kía, viendo cómo la figura del hombre se alejaba cada vez más—. Admitámoslo, el hombre es asqueroso. No hay nada de nobleza en ese grueso y achatado cuerpo ¿Cómo podemos realmente confiar en él, Iko?

—Mi padre confió en la Bruja — replicó Iko—. Yo confío en mi padre. ¡Vamos!

Caminaron de prisa detrás del hombre, tratando de no despertar sospechas. Estaban conscientes de que la imagen de un grupo de jóvenes corriendo por ahí, llamaría la atención de manera negativa. Lo siguieron hasta una deteriorada casa cuadrada. H-ra apartó la desgarrada cortina de franjas rojas. Detrás de ésta, Bhagaji se sentó sobre un pequeño taburete, sujetando con sus manos una taza que contenía un líquido oscuro, de fuerte olor.

—Adelante, siéntense —dijo el hombre hablando un correctísimo tandriano.

Iko y sus amigos lo complacieron. La habitación estaba llena de coloridas botellas y jarras, pergaminos, lámparas, tapetes, alfombras. Había pájaros que los miraban desde sus jaulas. Hierbas secas colgaban sobre sus cabezas. El ambiente se le hacía familiar a Iko, pero éste no sabía por qué.

—Así que Tandra ha caído —dijo Bhagaji, tomando un sorbo.

—¿Ya llegó la noticia hasta estos lugares? —preguntó Iko.

—No, pero presumo que lo hará pronto.

—Entonces, ¿cómo lo sabes?

—Ustedes están aquí. Supongo que tú eres el Príncipe —dijo Bhagaji, dirigiéndose a Iko.

—A lo mejor —intervino H-ra—. O a lo mejor soy yo, o ninguno de nosotros. ¿A ti qué te importa?—

—¿A mí? Nada. Pero yo sólo he de hablar con el Príncipe, por tanto, si tú eres él, identifícate como tal. Si ninguno de ustedes lo es, pues márchense de inmediato. Ustedes son los que han venido a mí, no al revés, así que no malgasten mi tiempo en niñerías.

El grupo quedó atónito ante la firmeza en la voz del hombre. El tono agudo y quebradizo había desaparecido, al igual que su aire de reptil. Pudieron notar otros cambios tan sutiles que eran difíciles de señalar. Había algo en su postura, en la serenidad de sus rasgos, en la elegancia de sus movimientos que matizaban la grasienta y redonda tez y le otorgaban, de alguna manera, un aura de dignidad. Una leve sonrisa se formó en los labios de Bhagaji, como si éste supiera lo que estaban pensando.

—Las cosas no son siempre lo que parecen, mis jóvenes amigos. —dijo—Ahora, ¿cuál de ustedes es el Príncipe?

—Yo soy Iko, el hijo del Rey y la Reina. Supongo que si sigo siendo Príncipe o no, es algo que habrá que ver.

—Uno es lo que es, independientemente de sus circunstancias. Y puedo ver tu linaje en tu rostro. Pero necesito pruebas.

—¿Qué más, aparte de mi palabra, puedo darte como prueba?

—Muéstrame la cicatriz.

Iko miró a sus amigos, perplejo. Él no había recibido heridas durante el ataque a Tandra, ni tenía marcas de nacimiento. Bhagaji extendió su brazo sobre la mesa y tocó el torso de Iko.

—Si tú eres el que ha materializado a Isha, entonces debe haber una marca de la transición —afirmó Bhagaji.

Iko puso la mano sobre su costado derecho. Con todo lo que había pasado, no había tenido oportunidad de examinar su cuerpo tras la aparición de Isha. El muchacho dejó caer lentamente su túnica. Los demás se echaron hacia delante para ver mejor. Ahí estaba:

una cicatriz romboide color púrpura, la cual ya se estaba desvaneciendo en delgadas líneas rosas en algunas partes.

—Desaparecerá por completo en pocos días —dijo Bhagaji, bebiendo algo más de su té.

—Pobre Iko. Te debe de haber dolido mucho —balbuceó Kía, tocando la cicatriz con ternura.

—¡Deja a Iko en paz, que lo vas a lastimar! —gritó H-ra.

—Quédense tranquilos, ustedes dos. Ni me causó mucho dolor, ni me está ocasionando dolor alguno ahora —replicó Iko, mirando con severidad a Kía y a H-ra—. ¿Es esta prueba suficiente? —preguntó a Bhagaji.

—Sí, Majestad —respondió el hombre inclinando la cabeza.

—Habla, entonces. ¿Por qué la Bruja me envió aquí?

Bhagaji dudó, sus ojos puestos en Kia, Tok y H-ra.

—Somos como uno solo. Lo que me digas se lo diré a ellos, así que ahorremos tiempo y dejemos que ellos también escuchen —dijo resueltamente Iko.

—Muy bien, joven Príncipe. Como puedes notar por mi acento, yo también soy de Tandra. Muchos años atrás fui el aprendiz de un portentoso ser, ésa a la que llamas la Bruja. Mi Maestra, como la llamo yo, era sabia y poderosa, más allá de cualquier comparación. Ella vio talento en mí, y me animó a explotarlo, a veces con halagos, a veces con golpes en la cabeza, porque su dulzura era algo ambivalente, no así su amor. Un día, dieciséis años atrás, ella me guio durante una visión. Era un ejercicio bastante común, en el cual yo abría mi conciencia y viajaba en espíritu fuera de mis límites físicos. Por lo general, lograba distinguir colores, escuchar voces, ver ligeras y borrosas imágenes, difíciles de descifrar. Pero ese día fue diferente. Me encontré a gran distancia del mundo conocido, volando sobre el mar. Pude ver todas las tierras y reinos que había estudiado en mapas. Reconocí a Tandra, Lerumia, Tartharia, Grezian, Olhomeece, Crendinan y demás. Y entonces, donde se supone que acababa el mar y los confines de la tierra debían caer en cascadas infinitas sobre la gran tortuga, el agua continuó expandiéndose. Y vi una tierra, verde y vasta, con esplendorosas playas de arena blancas. También había un gran río, el más largo que hubiera visto jamás. Y el río había creado canales que corrían en círculos concéntricos, como las ondas que hace un guijarro al golpear el agua. En el medio de estos canales flotaba una isla y sobre ella, se alzaba una ciudad, hecha de cristal y oro, con calles que al principio pensé que eran de plata, pero en realidad estaban echas de agua. Y había gente por doquier y sus rostros, ¡ay, mi joven Príncipe!, ¡nunca he admirado rostros más hermosos! Era como si el miedo, el dolor, el odio o la ambición nunca hubieran tocado sus almas. La placidez y alegría que esas personas emanaban era tan intensa, que flotaba sobre ellos, cual perfume, infiltrándose a través de cada árbol, flor, animal, edificación. Todo y todos brillaban, como si los dedos de la Diosa misma los hubiera tejido con rayos de sol, y no fueran en realidad carne, huesos, madera y mármol sólido. Un gran rey gobernaba esta tierra y la gente se regocijaba con su presencia y la de sus príncipes y princesas. A medida que yo volaba sobre este maravilloso lugar, pude ver el rostro del monarca y mi corazón dio un salto al reconocer, en las facciones del joven, a la bienamada Eret, Reina de Tandra.

—¡Qué! —exclamaron todos los chicos a la vez.

Los ojos de Bhagaji parecían flotar en la penumbra que comenzaba a descender sobre la habitación.

—Te vi a ti, Iko, sentado en el trono de esta tierra perfecta, un rey diez veces más grande de lo que fue tu padre, no sólo monarca, sino también creador de un mundo.

—Pero… ¿cómo? —preguntó Iko, con todo su ser conmovido por la descripción paradisíaca de Bhagaji.

—Eso no lo sé. Pero tú y tus amigos tienen que encontrar las otras partes del mapa, si quieren llegar hasta allá.

—¡Un momento! ¿Qué partes de cuál mapa? —interrumpió Tok.

Bhagaji les explicó cómo, a su regreso del viaje etéreo y después de haber escuchado lo que les había acabado de narrar, su Maestra lo había hecho dibujar un minucioso mapa de lo que él había visto. Durante meses ella lo guio durante sus meditaciones, escribiendo sus palabras, perfeccionando el mapa, tratando de interpretar el significado del parecido entre el rey de esta nación de sueños y su propia Reina. Entonces llegó el anuncio sobre la inminente llegada de un heredero y la Bruja tuvo sus propias visiones. Ella vio al Crendin, la destrucción de Tandra y, más importante aún, a Isha y su manifestación corpórea. Entonces todo cobró sentido. Si Tandra estaba destinada a sucumbir, entonces había que preservar su legado. Y habría que encontrar un refugio seguro para Isha y su portador. ¿Y qué mejor lugar que una tierra que, en teoría, no existía? ¿Se atrevería el Crendin o cualquier otro, a traspasar los límites del mundo para obtener una joya, cuyo verdadero poder ellos aún desconocían?

—Entonces ella trazó un plan. Yo vendría aquí y me mezclaría con la población local, en espera de la llegada del Príncipe. Ella hablaría con el Rey y le explicaría la situación. Mi Maestra encontraría una ruta de escape de Tandra y por su parte el Rey se aseguraría de que su hijo estuviese preparado para la misión que le esperaba. Si todo salía bien, el espíritu de Tandra estaría a salvo, Isha se haría sólido y desencadenaría su poder y el reino de mi revelación se haría una realidad.

Bhagaji hizo una pausa, mientras sus dedos buscaban algo debajo de la mesa. Sacó una lámpara de cobre con aceite y la encendió. La oscuridad había sumido el cuarto en sombras y siluetas.

—Sin embargo —continuó Bhagaji—, mi Maestra utilizó extrema cautela. Ni Isha ni esta nueva tierra podían caer en las manos del Crendin. Así que ella tomó el mapa y lo cortó en varios pedazos. A mí me dio uno —y Bhagaji se quitó la malaquita de la frente—. Los demás los deben encontrar ustedes.

Le dio vueltas a la piedra. En la superficie llevaba incrustado un pequeño frasco. El hombre lo removió con la ayuda de una daga fina. H-ra mantuvo la mano en su propio cuchillo, mientras observaba la operación. Los gruesos dedos abrieron el frasco y sacaron un pedazo de cuero. Lo comenzó a desdoblar y los niños se preguntaron cómo hicieron para meter el mapa en un lugar tan pequeño, porque, para cuando Bhagaji lo abrió por completo sobre la mesa, éste era cinco veces más grande que la malaquita. Bhagaji sonrío con malicia.

—Les dije que mi Maestra era buena.

Iko y los otros se inclinaron sobre el mapa. H-ra señaló una locación.

—Aquí está Lerumia —dijo H-ra.

—Veo que tú eres el navegante —intervino Bhagaji—. De aquí deben poner rumbo a la isla de Grezian. Ahí encontrarán la segunda parte del mapa.

—¿Y cómo lo vamos a hallar?

—Todo lo que sé es que no está en un secreto, sino en un premio.

—No comprendo.

—Esas son las palabras exactas que se me ordenó decirte: en Grezian, el mapa no está en un secreto, sino en un premio.

Iko dejó caer los hombros.

—Recuerda, joven Príncipe, que tienes al mejor maestro de todos.

—Si te refieres a Isha, creo que es maestra. Y a ella la entiendo tanto como a ti.

—Sé paciente. La sabiduría es algo que se aprende.

Bhagaji calló súbitamente. Sus dedos treparon hasta las sienes y una especie de velo nubló sus ojos.

—¿Estás bien, Bhagaji? —inquirió Iko.

—Los buscan… Akion te quiere a ti, Iko. La noticia se está regando por todos los reinos… Veo una tablilla en las manos del gobernador… murmullos, susurros, una recompensa, tú significas oro para los lerumianos. ¡Deben partir inmediatamente!

Los muchachos dieron un brinco, viendo azorados a su alrededor.

—Recuerden lo que les dije: ustedes son hacedores de realidades. Ahora márchense, niños, su destino los aguarda — afirmó Bhagaji, abriendo la cortina.

—Ven con nosotros —propuso Iko de repente—. Tú eres un tandriano, nosotros somos tu gente.

La cara del hombre se dulcificó. El mercader tomó la mano del chico.

—Mi trabajo aquí aún no termina. Kalibi, el muchacho que trabaja en mi puesto, tiene una lengua demasiado larga para nuestro bien. El hablará sobre los jóvenes forasteros. Yo tengo que quedarme e inventar algo que los despiste.

—Pero, si estás en peligro…

Bhagaji hizo una mueca de indiferencia.

—A lo mejor no soy tan bueno como mi Maestra, pero créeme, me puedo defender bastante bien.

—Bhagaji, por favor, ven con nosotros.

—Disculpa jovencito, ¿eres o no el hijo de Al-Athalante-Ez?

—Claro que lo soy.

—Entonces actúa como tal y haz lo que tienes que hacer.

El hombre hizo una reverencia. Luego corrió en dirección al mercado. Su cuerpo comenzó a encorvarse, el cuello se le hundió entre los omoplatos, la irritante voz aulló en la noche.

CATORCE

El pequeño pez plateado flotó en el agua cristalina, virando de derecha a izquierda, hasta que quedó estable, con su cabeza puntiaguda apuntando, al menos en teoría, hacia el norte.

—¿Estás seguro de eso, H-ra? —preguntó Ari, mirando embelesado al artefacto

El pez estaba dentro de una cazuela de madera, su cuerpo fusionado a una base de madera para mantenerse a flote. H-ra leyó de nuevo la tablilla.

—De acuerdo con estas instrucciones, siempre apuntará hacia el norte. Lo único que tenemos que hacer es llenar la cazuela de agua, ponerla sobre una superficie firme y frotar el pez con un trapo antes de ponerlo en el líquido —contestó H-ra.

Era el noveno día de viaje y H-ra había decidido que lo mejor era alejarse lo más posible de la costa. Había examinado el mapa de Bhagaji y estaba a punto de trazar la ruta, cuando Tok le mostró el artefacto. La curiosidad del muchacho parecía no tener fin y en los días y noches que habían transcurrido desde que abandonaran Lerumia, Tok había abierto todas las bolsas, barriles y cofres que había hallado en su camino.

—Pero pensé que no importaba a donde fuéramos —continuó Ari—. ¿De qué sirve entonces utilizar esta cosa o leer el mapa?

H-ra suplicó ayuda a Iko con los ojos.

—Por qué dices eso, Ari? —preguntó Iko, mientras practicaba algunos de los nudos que le había enseñado un viejo marinero durante las clases de navegación, allá en Tandra.

—¿No fue eso lo que dijo Isha esta mañana, durante la meditación?

—Ah, entiendo —replicó Iko, alzando las cejas.

Después de escapar de Lerumia, Iko y los Siete se habían acostumbrado a reunirse con Isha cada día, hacerle preguntas y luego tratar de decodificar sus respuestas. Esa mañana, Kía había preguntado si ir a Grezian era una buena idea. Con el pasar de los días, la chica había comenzado a poner en duda las palabras de Bhagaji y se preguntaba si todo no sería más que una trampa. Iko y H-ra argumentaban que, de haber querido, Bhagaji los habría entregado al Crendin el día que estuvieron en Lerumia; pero Kía pensaba que quizás no lo había hecho porque no sabía la ubicación exacta de Isha. Así que esa mañana, se sentaron alrededor de la luz blanca y Kía le hizo la pregunta al diamante.

—*No importa el camino que elijas; adonde quiera que vayas, ahí estarás. Todos los caminos llevan al mismo lugar; a casa, en donde se encuentra tu corazón.*

—¿Y bien? —dijo Ari, trayendo a Iko de regreso al presente.

—Bueno Ari, no creo que Isha se refiriera a un camino como tal. Creo que hablaba más bien acerca de opciones.

Los demás comenzaron a rodear al joven, mientras éste continuaba atando nudos en la soga. Iko continuó su discurso.

—Pienso que es como si tres hombres viajaran a una misma ciudad, pero tomaran diferentes rutas. Tal vez uno siguió el camino conocido y caminó con las caravanas, deteniéndose en diferentes poblaciones y viendo muchas maravillas antes de llegar a su destino. A lo mejor el segundo hombre cruzó el desierto, escapó de bandidos y vivió muchos peligros. Y el tercero… digamos que él navegó. Al final, todos terminaron en el mismo lugar, pero con experiencias diferentes.

—¿Y como aplicarías ese cuento a nuestra situación? —preguntó Kia, mientras imitaba al chico y anudaba el otro lado de la soga.

—Creo que estamos destinados a algo; exactamente a qué, no estoy seguro. Así que podemos sentarnos aquí, dejar que el Tilopa nos lleve adónde quiera y que el tiempo pase. Esa sería la opción uno. O podemos detenernos en una de las islas, vivir ahí y esperar que lo que tenga que pasar finalmente ocurra. Opción dos. O…

—¿O? —repitió Sha.

Los ojos de Iko estaban perdidos en el horizonte.

—O, mientras esperamos, podemos escribir nuestra propia historia.

—¿Cómo en los cuentos de hadas? —preguntó Ari.

—O en una canción de aventuras —agregó Tok.

—Bueno, al menos ya tenemos a los malos —dijo Sha.

—Y a la mujer sabia, o el hombre sabio: lo que Isha prefiera —añadió H-ra.

—Y un hogar al cual ir —profirió Ryu.

Todos la miraron. La niña tenía razón, por supuesto. Si ellos decidían creer en la historia de Bhagaji, había una tierra, al final del mundo, en espera de ellos.

—Por otro lado —continuó Iko—, yo puedo estar completamente equivocado. Difícilmente puedo presumir de entender las palabras de Isha. Sólo puedo decir lo que siente mi corazón.

—Iko, mira tu alforja… —susurró Sat, señalando la pequeña bolsa que colgaba de su cuello.

Había rayos de luz que traspasaban las fibras de la tela roja de algodón. La alforja se expandía y contraía como un corazón palpitante. El cordón de cuero que la mantenía cerrada comenzó a vibrar y luego se desató, como si unas manos invisibles jalaran de las puntas. Isha voló lentamente fuera de su escondite. Los lustrosos cortes negros creaban un marcado contraste con la luminosidad azul del cielo. El diamante giró. Sus rayos blancos rebotaban sobre el agua y la pulida coraza del Tilopa.

—*Sólo deben crear lo que puedan manejar. Todo lo que se cruza en su camino lo hace para servirles. No existe nada que en verdad pueda afectar a Dios. Pero la confianza siempre apunta hacia sus propios corazones. Deben confiar en ustedes mismos.*

Un delicado suspiro hizo eco en el aire y luego Isha se cayó. Al océano.

—¡No! —gritaron los chicos a la vez.

Iko se arrojó del barco. Fue sólo después de que su cuerpo quebró la superficie del agua, que se dio cuenta de que, como la mayoría de las personas originarias del desierto, él no sabía nadar. Ninguno de ellos sabía. Iko sintió un chorro de agua dispararse dentro de sus fosas nasales y llegar directo al cerebro, donde explotó en una ola de dolor. Un zumbido amortizado se arrastró por sus oídos, a medida que el aire atrapado en sus pulmones luchaba por salir. Pateó furiosamente, sus manos subían y bajaban, tratando de aferrarse a algo.

—*No temas; sumérgete en lo desconocido. Es en el vacío donde encontrarás tu verdadera naturaleza; la grandeza de quien eres. Sigue tu corazón y confía que todo es para bien. Concéntrate en mi energía, en mi amor. Yo te estoy protegiendo. Sígueme hacia el fondo, hacia el fondo, hacia el fondo.*

Iko obedeció las palabras de Isha. Asumió la posición de meditación y se dejó caer. Al poco tiempo dejó salir el aire de sus pulmones en forma de un torrente de burbujas y se dejó llevar por el poder del extraño reino submarino. Un grácil delfín hembra nadó hacia él, ofreciéndole la aleta. En otras circunstancias, Iko habría vacilado. Pero lo que ocurría era tan diferente de todo lo que él alguna vez consideró posible, que Iko se rindió a esta nueva realidad y se aferró a la aleta del animal. Éste lo llevó hacia lo más hondo, en lo más recóndito de las profundidades. El ritmo de su corazón se hizo más lento, hasta convertirse en un suave estremecimiento. Su cuerpo se tornó ligero, más ágil, sus movimientos, a tono con el medio líquido en el que se encontraba. La necesidad de respirar abandonó su conciencia, a medida que observaba admirado los fosforescentes corales del enigmático mundo acuático. Los peces nadaban en hipnotizantes círculos a su alrededor, mientras el delfín lo llevaba hacia el fondo. Pasaron por los esqueletos decrépitos de barcos, cántaros y cofres podridos regados por doquier. A la distancia, Iko podía escuchar la canción de Isha, llamando al delfín hacia ella. Casi tocando el suelo del océano, Iko entró en un espacio de conciencia pura, rodeado de un perfecto silencio. El diamante brillaba debajo de él, atrayéndolo.

—*Soy tuya. Aquí estoy, esperando que me reclames de las profundidades.*

Cuando Iko regresó a la superficie, sujetando fuertemente a Isha entre sus dedos, todos los chicos, con excepción de Sat, estaban llorando, lamentando la pérdida de su amado amigo. Iko había estado debajo del agua por casi quince minutos.

—¡Puedo nadar! ¡Puedo nadar! —gritó Iko, flotando sin esfuerzo en el refrescante mar—. ¡Puedo nadar sin respirar! Isha me enseñó cómo hacerlo. Tienen que ver lo hermoso que es allá abajo: los colores, los corales, los peces, los delfines… todos tenemos que aprender a nadar con la ayuda de Isha, ¡y descubrir ese mundo juntos!

H-ra y Tok bajaron la escalerilla para que Iko subiera de nuevo al barco. Una vez sobre las firmes planchas de madera del Tilopa, los muchachos corrieron a abrazarlo, llorando y riendo al mismo tiempo, llenando al aire de preguntas, mientras Ryu secaba el cuerpo de Iko con una toalla de lino y Sha le ofrecía un poco de vino de dátiles. H-ra pidió algo de silencio y espacio, para que Iko se pudiera sentar y contar lo que había ocurrido. Iko lo hizo lo mejor que pudo, pero dudaba de que sus palabras pudieran ilustrar con exactitud lo que había visto y sentido.

—¿Pero cómo es posible que no te hayas ahogado, Iko? —preguntó Kía, tratando de encontrarle la lógica al asunto. H-ra la golpeó en el hombro—. ¡Ay! ¿Quieres dejar eso, H-ra? No es que yo le haya deseado la muerte. Es sólo que… bueno… no entiendo. ¿Cómo puedes dejar de respirar y estar bien, Iko?

Iko sonrió divertido.

—Pues yo tampoco lo entiendo, Kia. Supongo que dejé de lado el sentido común. Cuando ese delfín apareció de la nada, la cosa fue tan rara, tan parecida a un sueño, que sencillamente me dije "¿y por qué no?" Si hay diamantes que hablan, brujas, visionarios, profetas y ahora un delfín amigable, ¿por qué no creer que puedo vivir sin respirar? Y lo creí. Fue algo parecido a cuando éramos pequeños e inventábamos juegos en los que podíamos volar cual halcones o correr tan rápido como caballos, ¿se acuerdan? Había un momento durante esos juegos en que todo se hacía "real". Esto fue algo parecido. Me metí de lleno en el juego y se hizo verdad.

—Lo que importa es que estás a salvo y de regreso con nosotros —dijo H-ra, dándole un apretón a Iko en el brazo.

—Y nos vas a enseñar a nadar, ¿verdad? Yo quiero ver los barcos naufragados y los delfines y los tesoros. Por favor, Iko, di que sí, que nos vas a enseñar, por favorcito… —suplicó Ari.

Todos se rieron del fervor que había en su cara. Sat escucho el feliz alboroto y hundió aún más las uñas en la palma de su mano. Estaba sentada a pocos pasos del círculo que habían formado Iko y los otros. Por un instante quiso extender su brazo y tocarlo, abrazarlo, examinar cada milímetro de su cuerpo para asegurarse de que estaba bien. Pero su cuerpo no le obedecía. El frío que había comenzado a fluir con lentitud por sus venas el día en que su familia fue asesinada, había cobrado velocidad y fuerza al caer Tandra, invadiendo cada músculo y hueso, construyendo paredes de hielo alrededor de su corazón: su débil y golpeado corazón incapaz de resistir más dolor. Y mientras sus amigos se divertían y hacían emocionantes planes para el futuro, un álgido remolino parecía tragarla, alejándola de ellos y de sus fantasías, como si viera un colorido tapete, colgado muy alto, y en el cual ella no estaba bordada.

Ajenos a la angustia espiritual de Sat, el resto del grupo hablaba con entusiasmo mientras navegaban hacia Grezian. Los excitaba muchísimo la posibilidad de aprender a nadar debajo del mar y jugar con la preciosa vida marina que les había descrito Iko. Las maravillas de este desconocido universo acuático comenzaron a ejercer gran fascinación sobre ellos y decidieron encontrar un lugar seguro donde anclar y explorar su nuevo reino debajo del mar.

—¡Lo encontré! —gritó Tok, dejando caer el pergamino sobre la arena.

Se dio vuelta con una gran sonrisa en el rostro y se dio cuenta de que estaba solo. El resto de los chicos había regresado al agua, para continuar con sus prácticas de natación. Tok podía escuchar a Ari y Ryu gritando de alegría mientras jugaban con los delfines.

—Bueno, supongo que se los tendré que decir más tarde.

Escuchó un breve relincho detrás de él. Los caballos pastaban tranquilamente sobre la hierba rala de la playa, sacudiendo ocasionalmente sus cuerpos, como si trataran de aliviar la tensión de sus músculos después de todos esos días de navegación. Habían desembarcado en una islita que, de acuerdo con el mapa de Bhagaji, estaba habitada por tan sólo garzas y gaviotas. H-ra calculó que les quedaban cuatro días más de viaje antes de llegar a Grezian e Iko insistió en detenerse para que los caballos descansaran. Tok caminó hacia su palomino, Zedhlan, y acarició la blanca melena del animal.

—¿Quieres saber lo que descubrí? —le susurró a la yegua.

Zedhlan movió la cabeza de arriba para abajo. A Tok no le importaba lo que decía Sha. El muchacho estaba seguro de que *su* yegua entendía todo lo que él le decía.

—Ya sé donde está la segunda parte del mapa.

Zedhlan pareció sorprenderse, sus ojos se agrandaron un poco.

—¿Y sabes qué? Isha tiene toda la razón. Todo lo que se cruza en nuestro camino lo hace para servirnos. Particularmente tú, Crestula —le dijo Tok al caballo negro de Iko—. Tengo el presentimiento de que en este capítulo de nuestra historia, el héroe vas a ser tú.

Crestula movió ligeramente las orejas, con el corazón blanco brillando en su frente y continuó comiendo.

Esa noche, el grupo cenó bajo las estrellas. Tok les contó lo que había descubierto en los pergaminos. Aparentemente, la gente de Grezian creía que su isla era un regalo del dios del océano, quien, entre otras cosas, había creado al primer caballo. Desde el principio, los grezianos habían dedicado mucho de su tiempo y esfuerzo a criar los mejores caballos del mundo, exportándolos a otros reinos, entre otros, suponía Tok, a Tandra. Los pura sangre de Grezian se caracterizaban por su color negro azulado y por ser más altos que la mayoría de los equinos.

—¿Como Crestula? —preguntó Iko.

—Eso creo —contestó Tok—. Tiene sentido, si uno se pone a pensar: tú eres un príncipe y siempre has sido alto para tu edad. ¿No es bastante probable que el Rey haya obtenido el mejor caballo posible para ti, tanto en tamaño como en finura?

—¿Y qué tiene que ver todo esto con el mapa? —inquirió Ari.

—Ah, ésa es la mejor parte. A pesar de ser reconocidos criadores y comerciantes de caballos, los grecianos se jactan de mantener lo mejor de la manada en su isla. Y están tan seguros de la superioridad de sus animales, que todo forastero que llegue a Grezian, tiene el derecho de retar a una carrera, a cualquiera de los caballos de las caballerizas del rey Kironte. El que gane, se lleva a casa el cetro dorado del rey.

—¡El premio! —exclamó H-ra.

—Así es —dijo Tok con satisfacción.

—Y, exactamente, ¿cuántas personas le han ganado hasta ahora al rey de Grezian? —preguntó Sha, mordiendo un jugoso pedazo de melón almibarado.

El rostro de Tok perdió su vivacidad.

—Bueno, de acuerdo con lo que he leído... ninguna. Por ahora.

—¿Por qué será que eso no me sorprende? —continuó Sha, limpiando el dorado líquido de sus labios—. Ah, sí… porque las cosas nunca son tan fáciles.

—¿Alguna vez le prestas atención a lo que dice Isha? —preguntó Kia a la muchacha de cabellera alborotada—. Sólo debes crear lo que puedas manejar. De todas las pruebas posibles, ésta es una en la que tenemos una oportunidad.

—Kia tiene razón —interrumpió H-ra—. Para ganar una carrera se necesita tanto de un buen caballo como de un buen jinete. Y yo no he visto una conexión tan profunda como la que hay entre Iko y Crestula.

El trío se embarcó en una de sus discusiones, mientras Ari y Ryu le hacían mil preguntas a Tok acerca de Grezian. Iko observó a los seis jovencitos en silencio, pensando en lo que Tok había dicho. Era cierto que Crestula era el caballo más rápido que había en las caballerizas de su padre. Y desde que Iko cumpliera los doce años, ni sus amigos ni los jinetes del Rey habían logrado ganarle una carrera a él y a su caballo. El recuerdo del Rey y de la vida que había conocido hasta hace poco le dejó a Iko un sabor agridulce en la boca. Tandra parecía estar cada vez más distante, sus días como príncipe se volvían rápidamente un vago recuerdo. Sólo el amor permanecía firme en su corazón: el amor a sus padres, a sus compatriotas, a su tierra, al legado de sus antepasados. Al mirar al grupo que tenía enfrente de sí, lo invadió una profunda ternura que lo hizo sonreír. Entonces notó la ausencia de Sat.

Iko alzó la lámpara y vio la figura de la muchacha al otro lado del barco. Su hermoso rostro no mostraba expresión alguna.

De no haber sido por la leve brisa que jugaba con su velo y con los largos cabellos color ámbar, Sat podría haber pasado por una escultura, una criatura fantástica tallada en el espléndido cedro del Tilopa. Los ojos de Iko viajaron por los valles y colinas que formaban el cuerpo de Sat; por las largas pestañas que servían de dosel a sus ojos de cambiante color y una cálida sensación lo recorrió por dentro. Inhaló profundamente, de forma inconsciente, en busca de su aroma de rosa y vainilla. Iko extrañaba su voz, que se dejaba escuchar cada día menos. Y su sonrisa, rara vez vista, y por ello más apreciada.

—Déjala tranquila —dijo Sha detrás de él.

Iko se volvió hacia ella.

—¿Qué es lo qué le pasa a Sat?

—Supongo que está en uno de sus días tristes. A veces Sat me recuerda a un cántaro roto.

—¿De qué manera?

—Uno puede tratar de arreglarlo, usando arcilla y resina, volviéndolo a pintar, agregándole piedras preciosas. Pero al final, sigue estando roto y no sirve de mucho, excepto, quizás, para admirarlo de lejos con mucho cuidado.

—Me parece que eres muy dura.

Sha se encogió de hombros,

—Así soy yo. Si quieres dulzura, búscate a Ryu. Buenas noches, Iko.

—Buenas noches, Sha —respondió Iko, con la mirada regresando a la chica inmóvil que se fundía con la noche. Si Sat estaba rota, él la repararía de alguna forma. Pero no iba a perderla, no sin luchar antes por ella, hasta la muerte, de ser necesario. Iko caminó hasta Sat y ambos se quedaron contemplando en silencio la blanca luna que se duplicaba sobre las tranquilas aguas. Desde su asiento H-ra los observó y la sonrisa que le había provocado uno de los chistes de Ari se le murió en los labios.

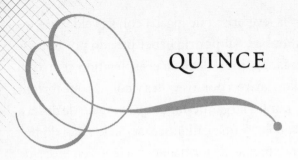

QUINCE

Un arco iris les dio la bienvenida el día que el Tilopa llegó a las costas de Grezian. Las horas previas, sin embargo, habían puesto a prueba sus conocimientos náuticos recientemente adquiridos, cuando la lluvia y las olas golpearon sin piedad la nave. Por fortuna, la tormenta duró pocos minutos; lo suficiente para mostrarles la cara oscura del mar: la faz de ese monstruo indomable que rugía con sus miles de gigantescas lenguas, listo para devorarlos. El cielo se había mantenido encapotado después de la tempestad. El viento frío había empujado el barco a increíble velocidad y lijado sus caras, enmarañando sus cabellos con fuertes nudos. Y entonces, después de navegar por lo que parecían días debajo de la gris cúpula celeste, el sol atravesó la cortina de nubes y les enseñó a Iko y a los Siete los techos rojos de Grezian.

A pesar del brillante sol, Grezian no era una ciudad árida. Todos los espacios estaban cubiertos de vegetación. Árboles altos y delgados se alzaban cual torres hacia el cielo azul y cercaban los muros de la ciudad. Árboles frutales bordeaban los campos, como guardias en un desfile. Arbustos y viñas descansaban contra las columnas, mientras las flores serpenteaban por los caminos de grama. Si Tandra había sido un colorido laberinto curvilíneo, el mundo de Grezian era de líneas rectas y belleza proporcionada. Todos los edificios estaban construidos con mármol pulido y terminaban en centelleantes lozas rojas. Había estatuas titánicas que suavizaban los ángulos de las esquinas. Su exquisito y minucioso tallado les otorgaba un inquietante aire de realidad, como si sus ojos glaucos en verdad pudieran observar a las personas y seguirles los pasos hacia el núcleo de la ciudad: la Gran Plaza.

Iko, H-ra, Sat y Sha caminaban por el bosque de columnas aflautadas, conscientes de las miradas curiosas que iban atrayendo. Los jovencitos tenían suficiente experiencia sobre la vida en la corte como para saber que, independientemente de lo que dijeran las reglas, tenían más oportunidad de obtener una audiencia con el Rey Kironte si iban vestidos como príncipes que si iban ataviados como mendigos. Sus delicadas túnicas parecían reflejar la luz del sol. Sus capas de seda destellaban tonos intensos de púrpura y verde. Las joyas ancestrales de Tandra decoraban sus brazos y cuellos: las perlas brillaban en las trenzas de las chicas, las lunas de lapislázuli colgaban de hilos de oro sobre la frente de los muchachos. Caminaban hombro a hombro y la gente les abría paso a medida que se dirigían con resolución hacia los grandes portones del palacio. El guardia real se les acercó e hizo una reverencia. Luego les preguntó a quiénes debía anunciar.

—A Iko, Príncipe de Tandra —dijo con solemnidad H-ra.

Habían decidido ser lo más sinceros posible. Al parecer, Grezian había permanecido neutral en el conflicto entre el Crendin y los otros reinos y era poco probable que, por lo menos de forma abierta, mostraran apoyo a Akion. Además, había dicho H-ra la noche anterior, ellos seguramente les llevaban tres o cuatro días de ventaja a los mensajeros del Crendin. Por tanto no había que temer una emboscada por parte de sus enemigos.

El rey los recibió en su gran salón. Corrió hacia Iko, con los brazos abiertos y sus largos rizos marrones danzando al ritmo de su carcajada.

—¡Iko, muchacho! ¡Mira qué grande estás! La última vez que te vi estabas en brazos de tu padre. ¿Qué tal está ese bribón de Al-Athalante-Ez? ¡Cómo extraño nuestras cacerías de leones! Ha pasado demasiado tiempo —dijo el hombre en un tandriano entrecortado, a medida que abrazaba al muchacho.

Kironte era un gigante. Le llevaba dos cabezas a Iko y sus corpulentos brazos parecían capaces de matar al muchacho de un solo apretón. Iko jadeó un poco y el coloso lo soltó; la sonrisa en sus labios pintaba de rosa sus redondas mejillas.

—Ah, éste es un día de alegría, mi joven Príncipe. ¡Pero vengan! ¡Traigan comida, vino, música! Demostrémosle a nuestro invitado que no somos tan aburridos, como dijo su padre.

—¿Mi padre dijo eso? —preguntó Iko en greziano. Era uno de los idiomas que todo el grupo dominaba.

Kironte sonrió y los llevó hasta una habitación más pequeña.

Era un joven tonto en ese entonces —dijo Kironte, usando su lengua nativa—. Pensaba que nuestro amor por la simetría y la calidad era, bueno, tedioso.

Se sentaron en largos canapés cubiertos de mantones azules. Fragantes flores flotaban en una piscina rectangular ubicada en el centro de la sala. Los sirvientes comenzaron a ir y venir, ofreciéndoles una especie de fruta morada, colocada en un platón de bronce.

—Se llaman uvas —dijo Kironte—. Son casi tan sabrosas como sus dátiles.

Los miembros de la nobleza comenzaron a llenar la habitación y a hacer corteses preguntas a los visitantes. Las notas de liras y flautas se entretejían con las diferentes conversaciones, mientras se servía en platos ovalados, pan recién horneado y carnes curadas. Iko mantenía la placidez en su semblante mientras contestaba preguntas sobre sus padres y su destruido reino. Por un momento pensó contarle todo al rey, pero los sucesos de las últimas semanas le habían enseñado a ser prudente.

—Dime Iko, ¿qué te trae a nuestra isla? —preguntó Kironte.

—La curiosidad, Majestad. He decidido ver el mundo antes de que mis responsabilidades reales me lo impidan.

—¡Estás de aventuras! Me parece excelente.

—Y me he enterado de cierto reto.

Los ojos de Kironte relampaguearon y una sonrisa lobuna apareció en sus labios.

—Así que vienes por mi cetro.

H-ra se puso rígido. Sha tocó su muslo izquierdo, donde escondía la daga.

—Tu padre dijo que lo harías —siguió Kironte—. ¡Tú! Tráeme mi cetro.

El sirviente salió corriendo del salón.

—Hace quince años nuestro querido Al-Athalante-Ez nos hizo una visita. ¡Cómo nos divertimos en ese entonces! Supongo que él estaba disfrutando de sus últimos días de frivolidad, antes de convertirse en un padre responsable, porque tú ya venías en camino, mi estimado Iko. Antes de partir, Al-Athalante-Ez me obsequió el cetro, puesto que, a su manera de ver, el viejo cetro de madera que yo tenía tan sólo era digno de pastores.

El sirviente regresó, jadeando. Se arrodilló ante el rey y le entregó un cilindro de fina manufactura, hecho de marfil y oro. Era más largo y grueso que el común de los cetros y en su cuerpo zig-zagueaba un caballo de mar tallado en nácar, con una aureola de zafiros en la cabeza. Iko admiró con asombro el magnífico objeto. Nunca había visto una pieza de tal calidad.

—Jamás comprendí por qué tu padre renunció a esta obra maestra —continuó Kironte—. Pero Al-Athalante-Ez dijo que algún día tú lo reclamarías, al ser coronado el vencedor de nuestro reto. Y ahora, hete aquí.

—Así es, Majestad. Aquí estoy para darle la razón a mi padre.

—¿Y cuál es tu apuesta?

—¿Disculpe?

—Supongo, mi querido muchacho, que no esperarás que haga correr a uno de mis caballos hasta el cansancio sin recibir a cambio algún tipo de compensación. Si tú ganas, te llevas el cetro. Si yo gano…, ¿entonces qué?

—No sé —respondió Iko confundido. Tok no había dicho nada sobre una apuesta.

—Ya veo. ¿Qué tal tu barco? He escuchado que es algo grandioso.

—¡Qué! — exclamó Sha, haciendo de lado el plato que tenía frente a ella.

—Cálmate, Sha —susurró Sat.

—¿Es que te volviste sorda? ¿No te das cuenta de que nos quiere engatusar? Tanta sonrisa y amabilidad es sólo una cortina de humo, para engañarnos. ¡Lo que él busca es quedarse con el Tilopa!

Los guardias dieron un paso adelante y sacaron sus espadas. La boca de Kironte se transformó en una línea fina. Un incómodo silencio enmudeció a todos los presentes y los mutó en figuras de cera.

—¿Pero cuál es tu problema? —preguntó Sat, en un tono extrañamente jovial y alto. —Iko no va a perder.

Sat se puso de pie y dejó caer su capa detrás de ella. Se deslizó hacia Iko y el rey. La luz de las antorchas se filtró por su delgada túnica, dibujando el contorno de sus piernas desnudas. Sat alzó la copa de plata y fijó sus ojos, ahora color esmeralda, sobre Kironte.

—Aceptamos su proposición, Majestad. El Tilopa por su cetro, el cual, por supuesto, se verá muy bien al lado de la corona triple de Tandra —dijo Sat de manera juguetona.

La muchacha hizo una profunda reverencia sin apartar la mirada de la cara del rey, mientras sus rizos color de miel encuadraban suavemente la redondez de sus senos. Y luego sonrió. Kironte casi soltó el cetro. Iko se puso rápidamente al lado de Sat y repitió sus palabras de aceptación, alzando igualmente su copa. H-ra se dio cuenta de la intención de su amigo e hizo un brindis a la salud y sabiduría del rey de Grezian. Kironte alzó ligeramente su bebida y el resto de la corte se unió al brindis. Los músicos retomaron sus melodías y pronto la habitación se llenó de nuevo de conversaciones superficiales y trivial parloteo. Sentada en una sombría esquina, Sha permaneció en silencio, con su alma ardiendo de ira.

Kía, Ryu y Ari escucharon la algarabía metálica y corrieron a la cubierta superior, donde Tok observaba, con ojos desorbitados, la perfectamente simétrica marcha de los soldados, que trotaban en armaduras hacia la nave. Más sorprendente aún era ver a sus amigos caminar lentamente entre las dos filas de guerreros, como si disfrutaran de un ameno paseo por la playa. Iko le dijo adiós a un hombre que parecía ser el capitán de la guardia y repitió el gesto de despedida una vez que estuvo a bordo del Tilopa. Los soldados, sin embargo, no se movieron.

—¿Qué está pasando? —indagó Tok.

La sonrisa permaneció sobre los labios de Iko.

—Aquí no —masculló Iko y se dirigió a la cabina. Los Siete lo siguieron.

H-ra e Iko explicaron en pocas palabras lo ocurrido, mientras Sha se apoyaba malhumorada contra el marco de la puerta y Sat liberaba sus cabellos del peso de las perlas. La chica se veía cansada, como si hubiera hecho mucho ejercicio.

—¿Pero es que acaso te volviste loca, Sha? —preguntó Tok, tan furioso que su voz temblaba—. ¿Tienes alguna idea del peligro en que te pusiste a ti y a los demás?

—Ah, claro. Ahora *yo* soy la loca. En cualquier momento podemos perder este barco y, si eso sucede, ¿a dónde iremos a parar?

—Adónde tenga que ser, Sha. ¿Por qué no puedes tener un poco de confianza? ¿Qué ha hecho el Rey para que lo veas como a un enemigo?

Sha miró a Tok boquiabierta.

—Discúlpame —dijo Sha—. ¿Pero en qué hueco has estado tú metido durante las últimas semanas y meses y años? ¿Cuántas veces más nos tienen que engañar para que tú, para que todos ustedes entiendan que sencillamente no podemos confiar en lo que no conocemos?

—Pero Isha dice que debemos entregarnos a lo desconocido… — señaló Iko.

La chica pateó la mesa,

—¡Isha, Isha! ¡Estoy harta de Isha! ¿Puede alguno de ustedes decir con sinceridad que entiende por completo lo que ella dice?

Silencio.

—¿Ven lo que quiero decir? —continuó Sha.

—Es porque aún no estamos listos, Sha. Todo cambiará cuando nos convirtamos en maestros Isha y accedamos por completo a la conciencia humana —racionalizó Ryu, esperando calmarla.

—Hablas como una ebria —dijo Sha entre dientes.

—¡Epa! —chilló Ari, colocando su mano sobre la de Ryu.

—Ustedes están caminando en la oscuridad, persiguiendo sueños desquiciados, y cuando alguien les hace notar su estupidez, se enredan y se confunden, intentando explicar lo inexplicable —dijo Sha y se dejó caer sobre el suelo y dobló los brazos sobre su salvaje cabellera—. Todos somos unos idiotas, yo más que nadie, por hacerles caso y seguirlos tres veces, ida y vuelta, alrededor de la tierra.

Fue el turno de hablar de Tok.

—Hay lugares que no podemos ver, Sha, lugares ciegos. No luches contra ellos: ábrete y exponte a ellos.

—Ya comenzamos de nuevo… ¿Qué se supone que significa eso?

Tok se sentó al lado de la niña y con gentileza puso la cabeza de ella sobre su hombro.

—Eso no importa esta noche, Sha. Sólo elige el amor. Ten fe en que Isha está aquí para apoyarnos y amarnos. *Yo* estoy aquí para apoyarte y amarte. Todos lo estamos. No creas de manera automática que la gente está en tu contra, porque eso no es verdad.

Sha cerró los ojos y comenzó a sollozar.

—Es hora de irnos a descansar —dijo Kía, haciendo un gesto a los otros para que salieran del cuarto. —Mañana vamos a tener un día muy agitado.

El estadio de Grezian estaba lleno hasta el tope. Los escalones de mármol que circundaban las arenas doradas de la pista parecían ondulantes cintas multicolores a medida que la gente se paraba, se sentaba, se movía, subía y caminaba de arriba para abajo, sobre ellos. En la pista, caballos, jinetes y mozos andaban de aquí para allá, mientras se ubicaban en la línea de arranque. Iko y H-ra no perdían de vista a los animales que había en torno de ellos. Eran espléndidos, como si la perfección hubiera tomado la forma de un corcel y luego se hubiera multiplicado por diez.

—Quizás los grezianos no estén equivocados al pensar que sus caballos son obra de un dios —comentó H-ra—. Son extraordinarios.

Ofendido, Crestula pateó el suelo con el casco.

—No te preocupes, amigo, que tú eres tan bueno como ellos, si acaso no mejor, porque has conquistado el desierto. ¿Qué pueden saber esos sementales consentidos de lo que es luchar contra el sol, el viento y las dunas? —consoló Iko al animal, mientras le daba palmaditas en el aterciopelado cuello.

Crestula agitó la cabeza y miró a H-ra directo a los ojos. El muchacho arqueó las cejas. Tal vez Tok tenía razón cuando decía que los caballos entendían todo lo que escuchaban.

—¡Iko, muchacho! —bramó una potente voz detrás de ellos.

Kironte vestía de gala, su sonrisa era más amplia de lo que parecía humanamente posible.

—Majestad —dijo Iko a modo de saludo.

—Yo me acuerdo de ti —dijo el Rey, acariciando la nariz de Crestula—. O por lo menos conocí a tu padre, uno de mis mejores sementales. Lo llamábamos el Borrón, porque era lo único que se veía de él cuando corría. Mi querido Iko, por un momento me preocupaste, pero veo que no eres tan ingenuo como pensaba. Eso está bien. ¡No hay nada que me guste más que una buena carrera! Pero, mi muchacho, me parece que tú y tu caballo están vestidos de más.

Iko observó a los demás jinetes. Todos estaban desnudos.

—No se permiten ropas, ni silla, ni estribos, sólo riendas. Un verdadero jinete se hace uno con su montura —continuó Kironte, divertido por la expresión del joven tandriano.

La cara de Iko se puso colorada. La última persona que lo había visto completamente desnudo había sido su niñera, hacía más de diez años. El muchacho resopló, luego tragó en seco y finalmente se quitó la túnica.

El ruido de las miles de voces que habían hecho vibrar al estadio se aquietó a un suave murmullo. El sol de la tarde hizo brillar el cobrizo cuerpo de Iko. El chico parecía una estatua viviente, tan soberbia como las de piedra que embellecían la edificación.

Kironte carraspeó.

—Tampoco se permiten amuletos —dijo, señalando la pequeña alforja que colgaba del cuello de Iko.

—Pero, Majestad… —intervino H-ra. Los chicos habían contado con la protección, por no decir ayuda, de Isha durante la carrera.

El pétreo rostro de Kironte hizo callar a H-ra. Iko le dio la alforja a su compañero. La sonrisa canina del Rey apareció de nuevo.

El Rey explicó que los jinetes tenían que dar vuelta a la pista diez veces, sin parar. Durante las primeras siete vueltas, el caballo que llegara último en cada circuito quedaría fuera de la carrera y sería sacrificado.

—¿Sacrificado? —repitió Iko con horror.

—¿Cómo crees que mantenemos nuestra excelencia? En cualquier caso, el resto es bastante sencillo. El primer semental que termine la vuelta número diez, gana.

Iko estudió la arena. Era un gigantesco óvalo del tamaño de una laguna. En su centro se alzaba un largo y alto rectángulo de granito, decorado a los costados con bajorrelieves de bronce que mostraban imágenes de atletas y guerreros. Arriba del bloque, diez niños sostenían banderines azules, uno por cada vuelta. Dos caballos de mar tallados en el granito formaban una puerta en el rectángulo y a la distancia se podían ver visos de un oscuro corredor. Los ojos de Kironte se achicaron mientras seguían la mirada del joven Príncipe.

—Ése es el Pasadizo del Destino —susurró Kironte al oído de Iko—. Es un atajo. Crúzalo antes de que termine la carrera y la ganarás de manera inmediata, sin importar cuántas vueltas hayas completado. Suponiendo, claro está, que salgas de él con vida.

Iko se tocó el pecho, sus dedos buscaron la ahora familiar sensación de la alforja y del consuelo que significaba Isha. Estudió la arena una vez más. No había forma de que Crestula llegara primero, no después de tantos días en el barco sin el adecuado ejercicio.

—¿Qué pasaría si me retirara en estos momentos? —le preguntó al Rey.

—En ese caso —dijo Kironte jugando con sus pulgares—, las reglas dicen que si me sintiera suficientemente recompensado, entonces me quedaría con tu nave, mataría a tu caballo y te enviaría a tu padre en uno de nuestros barcos mercantes. Pero, como vienes de un gran reino y yo me he tomado tantas molestias para satisfacer tu curiosidad, creo que me quedaría también con la chica, la de los ojos verdes. Estoy buscando a mi quinta esposa.

El sonido de las trompetas evitó que Iko respondiera. Los jinetes montaron a sus caballos.

—Decídete, mi querido Iko. Vamos a comenzar, contigo o sin ti.

Iko saltó al lomo de Crestula. El primer banderín azul tocó suelo y el muchacho le dio una palmada al costado del animal. Los cascos de Crestula abandonaron la arena, a medida que el caballo hacía jirones el aire con su grosor, sumergiéndose en la ola de polvo que los otros equinos habían creado. Iko hincó con fuerza sus muslos en el pelaje negro azulado e inclinó su cabeza contra el poderoso cuello para guiar el volumen de Crestula con el suyo propio. Un caballo perdió el equilibrio frente a ellos y cayó con su jinete transformándose en una bola de quejidos.

—¡Cuidado! —gritó Iko en la oreja del animal.

Crestula extendió su cuerpo cual tenso arco y saltó sobre el hombre.

El segundo banderín descendió.

El corazón del muchacho y del corcel latían al ritmo de los galopes de las bestias que tenían a su alrededor. Sus músculos se contraían y flexionaban sincrónicamente. Antes de que cayera el tercer banderín ya habían pasado a dos caballos más. A través del huracán de animales y polvo, Iko vio a los sementales que los guardias retiraban de la carrera. Un escalofrío lo recorrió por dentro. Dio vuelta la rienda en su mano y obligó a Crestula a ir más rápido. El mundo se tornó una explosión de líneas y colores a medida que Crestula ganaba velocidad. El caballo emanaba calor y hacía correr ríos de sudor en la espalda del muchacho. El húmedo pelaje de Crestula hizo que Iko se deslizara de lado. El muchacho se agarró con todas sus fuerzas a la melena, con su cuerpo volcado peligrosamente a uno de los costados del caballo. Iko apretó los dientes y haló de las riendas, con los bíceps a punto de explotar debajo de su piel, para volver a recobrar el equilibrio sobre el animal. Justo cuando Iko lo logró, una montura perdió el suyo, haciendo caer al jinete y enredándolo entre sus patas delanteras. La sangre pintó la arena amarilla y el grito de la multitud ahogó el tronar de los caballos.

—¡Más rápido, Crestula, más rápido!

La boca del semental se llenó de espuma. El quinto banderín desapareció de vista.

—No lo vamos a lograr —susurró Iko y sin pensarlo dos veces dio vuelta a Crestula y galopó hacia la entrada del Pasadizo del Destino.

Sólo había oscuridad después de la entrada.

—*No importa qué caminos elijas* —escuchó Iko decir a Isha dentro de su cabeza—. *Sigue a tu corazón y confía en que todo saldrá bien.*

Crestula se detuvo cuando las sombras los envolvieron. Iko cerró los ojos y se agarró con fuerza al caballo. El muchacho trató de recordar las sensaciones que lo habían invadido cuando estuvo en la choza de la Bruja y se había hecho uno con el Universo. Visualizó el contorno de su cuerpo y luego el de Crestula. ¿Qué más había allí? Paredes. Altas, frías, mohosas. Intentó percibir el espacio entre ellas, al igual que la distancia que separaba el suelo del techo. Un camino se dibujó en su mente: una ruta ondulante que serpenteaba entre los altos muros. Iko se inclinó hacia delante y le dio una suave patada a Crestula.

—Vamos, amigo, ¡corre rápido!

El caballo corrió a ciegas, guiado por los jalones de las riendas: uno a la derecha, otro a la izquierda, luego a la derecha otra vez. Iko oprimió su rostro contra Crestula cuando una serie de vigas aparecieron en su imagen mental. Entonces una fosa apareció de súbito en su visión.

—¡Salta, Crestula!

Crestula saltó; el vacío que se extendía debajo de ellos parecía una eternidad. Los cascos del caballo apenas habían tocado suelo cuando resbalaron sobre un charco al otro lado del hoyo. Iko voló por los aires y se estrelló contra una pared de ladrillos. El chico rodó a unos pasos del caballo. Iko se puso a gatas, haciendo caso omiso del dolor en la espalda.

—¿Crestula? ¿Dónde estás, Crestula?

Los ruidosos jadeos del animal le sirvieron de guía. Iko lo tocó con suavidad, deslizando la mano sobre las costillas que subían y bajaban.

—Todo va a salir bien, amigo, no tenemos que ganar esta carrera. Tú solamente descansa mientras yo busco ayuda.

Crestula protestó con un relincho y cabeceó bajo la mano de Iko. Con firme lentitud se puso de pie y empujó hacia adelante al muchacho con la cabeza.

—¿Estás seguro?

Crestula comenzó a caminar. Iko tomó las riendas. Cerró los ojos nuevamente y respiró profundamente. Se vio a sí mismo transformarse primero en aire y luego en huracán, hasta que su conciencia abarcó cada área del pasadizo. El zigzagueante camino apareció una vez más.

—Confío en ti Isha. Y confío en mí. Vamos amigo, busquemos la luz.

El público rugió de emoción cuando vio al muchacho y a su montura aparecer al otro lado del rectángulo de granito, caminando lado a lado. Dos banderines ondeaban aún contra el cielo turquesa. Los caballos que quedaban en la carrera detuvieron su galope, e Iko y Crestula cojearon hacia el pabellón del Rey. Kironte se levantó del trono y se dirigió hacia ellos, con su cetro en la mano. La expresión en el rostro del monarca era inescrutable. Los guardias reales lo siguieron. El hombre y el muchacho se midieron con los ojos. Entonces Kironte abrazó al joven tandriano.

—Eres digno hijo de Al-Athalante-Ez. Tu padre estaría orgulloso.

Los ojos de Iko se humedecieron.

—Gracias, Majestad.

Kironte le entregó el cetro.

—Es hora de que esté en nuevas manos, mi joven Rey —dijo Kironte haciendo una profunda reverencia.

Sus súbditos lo imitaron. Iko miró a su alrededor, sin saber qué hacer. Entonces levantó el cetro.

La gente enloqueció. Arrojaron flores a la arena mientras exclamaban el nombre de Iko. Los Siete corrieron hacia él y lo abrazaron. Los aplausos se mezclaron con los vítores; los grezianos expresaron de esta manera su admiración por la única persona que, en toda la historia del Pasadizo del Destino, se había adentrado en él y había sobrevivido.

El festín de la victoria se llevó a cabo esa misma tarde, en los jardines del palacio. Las doncellas bailaban debajo de guirnaldas de flores; los niños iban hacia Iko, tocaban su túnica y salían corriendo, entre risas; los jóvenes hacían atléticas cabriolas, buscando impresionar a Sat, Kía y Ryu, quienes resplandecían debajo de las coronas de azahares que augustas damas habían colocado sobre sus cabezas. Incluso Sha se veía feliz y la alegría le suavizaba el rostro.

—¿Estás seguro sobre la chica? —preguntó Kironte a Iko, mientras le ofrecía más vino—. Yo podría convertirla en reina.

—A quien debe preguntarle es a Sat, Majestad, no a mí —replicó Iko, esquivando la mirada del hombre.

—Pensándolo bien, es demasiado bella para mí. Jamás tendría un minuto de paz con ella a mi lado. Sin embargo, sí me parece que la muchacha necesita de sangre joven y noble, de un buen semental que la saque de su ostra y libere la pasión prometida en esa boca —dijo el Rey y le guiñó el ojo. —De alguien, no sé, ¿como tú, tal vez?

El jovencito enrojeció.

—Majestad —dijo Iko, cambiando el tema de la conversación—, ¿puedo preguntarle por qué me llamó Rey cuando estábamos en la pista?

Kironte puso sus ojos sobre las bailarinas.

—El mundo no es tan grande como algunos creen, Iko. La noticia sobre la suerte de Tandra llegó a nuestro reino unos pocos días antes de que tú lo hicieras.

—No lo entiendo —¿por qué no dijo nada?

—Por la misma razón por la cual tú tampoco lo hiciste. No confiaba lo suficiente en ti, pero estaba dispuesto a darte una oportunidad para que probaras tu carácter.

—Y ahora, ¿confía en mí?

La sonrisa maliciosa de Kironte se hizo presente otra vez.

—Por supuesto, amigo mío… lo suficiente como para decirte que, para abrir el cetro, lo único que hay que hacer es darle la vuelta al ojo del caballo de mar.

La boca de Iko se abrió ante la sorpresa y Kironte se rió a carcajadas con tal fuerza, que espantó a los pájaros de sus nidos y los hizo volar.

DIECISÉIS

Shannon se despertó al lado del cuerpo desnudo de Max y suspiró. ¿Por qué sería que siempre se sentía atraída por amantes mediocres? Jeff había tenido un pene del tamaño de un tampón y Tommy, su primer romance en Queensland, sólo lograba tener una erección si llevaban a cabo un sinnúmero de pervertidas fantasías, o si no, la cuestión duraba un parpadeo. Por lo menos su entusiasmo estadounidense lo hacía muy interesante y un gran entrenador, se dijo Shannon mientras se dirigía al cuarto de baño. Se vio al espejo. Tenía grandes ojeras en el rostro. Definitivamente necesitaba unas buenas vacaciones. Maxwell gruñó y los pensamientos de la joven regresaron al sexo. La intimidad con Max no siempre había sido así de aburrida. Al contrario. La fogosa atracción física que los unió al principio, fue de una intensidad casi subyugante.

Shannon se peinó el cabello y recordó la primera vez que vio a Maxwell, en una subasta de caballos. Él llevaba un Stetson, ese clásico sombrero vaquero, y lentes oscuros. El humo de un Marlboro creaba un halo en su rostro y al verlo Shannon se sintió transportada de forma mágica a una película del Lejano Oeste. Ella caminó hacia el hombre —con sus ceñidos pantalones negros y camiseta de generoso escote— y le pidió un fósforo. Para su sorpresa, él le pasó su encendedor negro de Cartier sin siquiera levantar los ojos del catálogo. Shannon alzó una ceja. Desde los quince años estaba acostumbrada a atraer sin dificultad la atención de los hombres. Por tanto, el que un miembro del sexo opuesto la ignorara por completo era una experiencia nueva para Shannon.

—Gracias —dijo la chica con voz sugerente.

—De nada señorita —contestó el hombre. Le echó una rápida ojeada y luego continuó con su lectura.

Shannon lo miró con intensidad.

El hombre se dio vuelta y se marchó.

Shannon achicó los ojos y lo observó con detenimiento.

Era un hombre elegante. Contrario a la mayoría de los australianos, llevaba con donaire sus joyas. Todo en su vestimenta tenía un aire moderno y original, comenzando por su traje vaquero hecho por sastres italianos, pasando por los sombreros de seiscientos dólares y terminando por los anillos de oro que destellaban en sus manos callosas. A Shannon le gustó lo que vio y lo quiso para sí. Su lado obsesivo-compulsivo se despertó. Hizo preguntas acerca del hombre y al final se desternilló de la risa al descubrir que era Maxwell Saxton, el mejor entrenador de potros de dos años del hemisferio sur. Y su futuro jefe.

La caballeriza Saxton era la más grande a la que Shannon hubiese pertenecido. Ninguno de los caballos tenía más de tres años y estaban a la espera de más de ciento cincuenta potros recién subastados, que vendrían a ser entrenados y preparados para las carreras. Shannon pronto comprendió cuál era el secreto del éxito de Maxwell como entrenador. Éste había desarrollado un sistema educativo que aplicaba a los caballos cuando tenían tan sólo dieciséis meses, lo que los hacía madurar a muy temprana edad, tanto en su físico como en su comportamiento. Para cuando los animales llegaban a las carreras, su avanzado entrenamiento les ganaba invaluables segundos en la pista, otorgándoles una ventaja crucial sobre caballos con más habilidad, pero menos formación. Maxwell era un maestro en lo que a educación equina se refería y le enseñó a la joven todos sus sistemas y técnicas para domar y entrenar a los bebés. Aunque Shannon comenzó como jinete de pista, en pocos meses alcanzó el rango de capataz de toda la caballeriza.

Como era de esperarse, el objeto del deseo de Shannon Elizabeth O'Leary estaba casado. La esposa de Maxwell, Sandra, era una ferviente feminista que quedó fascinada con la muchacha. Era una mujer hombruna con una profunda repulsión por el maquillaje. Utilizando su habilidad para leer el lenguaje corporal de la gente, Shannon pronto se dio cuenta de que en las pocas ocasiones en que Sandra y Maxwell estaban juntos, su trato era estrictamente profesional. Si el amor existió alguna vez entre ellos, hacía rato que estaba muerto y enterrado. Uno de los hijos de la pareja confirmó más tarde esta impresión. Aparentemente, Sandra no había compartido su lecho con Maxwell por más de diez años. A los chicos les parecía ya normal esta situación y una parte de Shannon sospechaba que había algo de razón en el resentimiento que Sandra le guardaba a su esposo. Una parte a la que, por supuesto, la chica no le hizo el menor caso.

—Todo vale en el amor y la guerra —dijo la voz de Nana en su cabeza, aunque otra voz, mucho más pequeña igualmente comentó que era poco probable que su abuela se hubiera estado refiriendo a hombres casados.

¿Era amor lo que ella sentía?

Shannon no estaba segura, pero el hecho de que Maxwell y Sandra fueran marido y mujer tan sólo de nombre sirvió para echarle más leña al fuego de su deseo. Tomó en consideración los sentimientos de Sandra por uno o dos minutos (ella era una joven bien educada, después de todo). Pero era evidente que la mujer no amaba a su esposo. Según los rumores, ella dormía con un cuchillo bajo la almohada, en caso de que en una de sus borracheras Maxwell se equivocara de habitación y entrara en la de ella. Shannon no sabía qué tan lejos podía llegar con su jefe o si era posible siquiera tener una relación con él. Tampoco se le ocurrió que un hombre casado era alguien intocable. Lo único que entendía era que mientras más lo conocía, más anhelaba estar con él.

Maxwell era exuberante, exagerado, excéntrico, talentoso, misterioso, terco y alcohólico. Podía andar con soltura entre reyes y reinas sin perder la sencillez del hombre común. Venía de un hogar humilde, pero se las había arreglado para dejar atrás sus origen humilde y hacerse un lugar en el mundo de las carreras de caballos. Muchos de sus clientes eran ricos y famosos, se incluían estrellas de Hollywood, propietarios de importantes viñedos y directivos del mundo corporativo. La gente no ponía límites a la cantidad de dinero que estaba dispuesta a invertir en sus talentos. Era un bebedor muy sociable con gran fama de seductor. Vaquero y poeta, el hombre era, al mismo tiempo, un romántico y un oportunista, que nunca hacía apuestas con su propio dinero. Todos adoraban a Maxwell Saxton. En particular, Maxwell Saxton. Shannon jamás había conocido a una persona tan parecida a lo que ella deseaba ser. Años más tarde se daría cuenta de que más que desear estar con Max, Shannon deseaba ser Max.

El romance se inició poco después de que ella comenzara a trabajar en las caballerizas. El más sorprendido ante la fogosidad de la conexión entre ellos había sido Maxwell. Shannon no tenía idea de si él había tenido romances con otras mujeres antes que con ella, pero no dudaba de que la oportunidad para hacerlo se le había presentado en incontables ocasiones. El éxito era un poderoso afrodisíaco y aunque físicamente Maxwell era increíblemente feo, ella sabía que pocas podían resistir su carismático encanto. Divertido, sagaz y filosófico, Maxwell siempre mantenía una actitud indiferente y desapegada, su lado sensible oculto detrás de una rústica masculinidad. Los encuentros ocasionales entre ellos pronto se transformaron en una relación apasionada, turbulenta y obsesiva. Este hombre era más difícil de domar y controlar que ninguno de los caballos salvajes con los que trabajaba Shannon, pero de alguna forma ella se las arregló para mantener vivo el idilio por cuatro años.

Todo residía en esa combinación de trabajo y sexo.

Shannon aprendía rápidamente de Maxwell y en poco tiempo quedó a cargo de domar los nuevos potros. La industria de las carreras era sumamente machista y que una mujer tuviera una posición de tal responsabilidad y poder, despertó mucha admiración y envidia. La gente la quería o la odiaba. Shannon siempre decía lo que pensaba y esperaba un alto grado de excelencia por parte de todos los trabajadores: menos que eso era algo inaceptable. Maxwell estaba absolutamente convencido de que ella era capaz de hacerlo todo bien. Tenía fe ciega en ella y le confiaba de manera implícita todas las responsabilidades.

Para cuando cumplieron un año juntos, ya Shannon estaba manejando por sí sola la caballeriza y tenía más de veinte trabajadores bajo su supervisión. Mientras algunos de los mozos se resentían por ese rápido ascenso, otros admiraban su naturaleza de iniciativa propia y dedicado profesionalismo. Felices en su ignorancia, la esposa y los hijos de Maxwell la trataban como a una heroína. La primera consideraba a Shannon una inspiración para el resto de las mujeres; los últimos elogiaban su talento y habilidad con los caballos. Los mejores potros quedaban a su cargo, suministrando de esta manera la excusa perfecta para los románticos encuentros. Las carreras a menudo tenían lugar en otros estados y los amantes aprovechaban la oportunidad que brindaban los viajes para pasar cortas vacaciones en preciosos parajes, donde se quedaban en los hoteles más exclusivos, comían en los restaurantes más finos y se mezclaban con una gran variedad de interesantes y entretenidos individuos. Con el pasar del tiempo, los clientes de más confianza se dieron cuenta de que el interés de Maxwell por la bella y exótica joven iba más allá de los negocios. Por fortuna, el conocimiento profesional de Shannon la convirtió en una bienvenida adición en las numerosas cenas a las que asistían y ayudaba a mantener los chismes a raya.

Para cuando cumplieron tres años de amores, las caballerizas se encontraban en su mejor momento. Todo lo que Maxwell y Shannon tocaban se convertía en oro. Producían ganador tras ganador; vencían carrera tras carrera. El dinero caía como confeti en desfile de carnaval y lo único que ellos tenían que hacer era agarrarlo y meterlo en sus bolsillos. Shannon sentía gran pasión por su trabajo, sus caballos y su hombre; por todo, en realidad. La joven era toda pasión. Hasta que ambicionó más de lo que otros estaban dispuestos a darle.

—¿Estás bien, chiquita? —preguntó Maxwell desde la habitación.

Shannon escupió el enjuague bucal en el lavamanos.

—Sí, salgo en un minuto.

—No hay prisa, yo ya me voy. Estoy retrasado.

—¿Quieres que te prepare algo para desayunar?

—No, está bien. Te veo en el trabajo, chiquita.

Shannon asomó la cabeza por el marco de la puerta, justo cuando Maxwell se calzaba las botas.

—¿Vas a venir esta noche? Digo, por si quieres que descongele algo, no sé, pollo, pescado, lo que sea.

—Ojalá pudiera, chiquilla. Mis suegros están en la ciudad.

—Qué fastidio.

—Así es —dijo él, besando presuroso sus labios con sabor a menta—. Nos vemos. No llegues tarde.

—¡A la orden, capitán! —dijo Shannon, dándoselas de graciosa.

Max la ignoró. Salió con prisa de la habitación y a los pocos segundos Shannon lo escuchó cerrar la puerta. Ella regresó al lavabo y se lavó la cara con agua fría. Contempló su reflejo. Ahí estaba ella: Shannon, solamente Shannon, Shannon sin nadie más, siguiendo el destino de todas las amantes secretas, pensó, mientras se secaba el rostro y se colocaba un poco de humectante.

Ambos habían estado de acuerdo en que era mejor así. Había muchas cosas que tomar en consideración, dijo en su momento Maxwell: los niños, los treinta y tres años de diferencia, el hecho de que Sandra tenía parte de las acciones de la caballeriza, la carrera de Shannon. Ya era bastante duro ganarse el respeto de sus colegas, tal como estaba la situación. ¿Podía ella imaginar cómo la tratarían si llegaran a sospechar que sus logros no eran el resultado de sus méritos, sino el pago por revolcarse con el jefe? Shannon le dio la razón a regañadientes. No le entusiasmaba demasiado la idea de ser la eterna amante. Todavía soñaba con convertirse en Cenicienta y encontrar al príncipe azul, ése del cual se enamoraría a primera vista y se casaría en una boda fastuosa, para luego irse a vivir con él a su castillo (o, al menos a una linda cabaña en el bosque). Después vendrían los niños o, en el peor de los casos, muchas mascotas. No estaba bien mantener tal pasión a escondidas del mundo y la enfurecía tener que mantenerla en secreto. Muy en el fondo, sin embargo, Shannon albergaba cierta esperanza. Los hijos de Maxwell pronto serían adultos y, para entonces, ella ya habría probado que era una gran entrenadora. Si la caballeriza seguía generando tantas ganancias como hasta ahora, no sería muy difícil comprar la parte de Sandra. Y si la mujer se rehusaba a vender, bueno, tampoco importaba. Las dos eran mujeres civilizadas. Shannon podía esperar un poquito hasta que las cosas se arreglaran. O mucho. O por lo menos cuatro años.

Se dirigió a la cocina y encendió la máquina de café. Como era ya normal, la vista del mar desde la ventana le quitó el aliento. El pequeño apartamento que había alquilado no era gran cosa, pero su proximidad al mar lo transformaba en un castillo a los ojos de la chica. Revisó el correo: cuentas, cuentas, propagandas, cuentas y un sobre rosado. Shannon estudió la letra: le era extrañamente familiar. ¿Dónde la había visto antes? Dio vuelta el sobre. ¡Iris! Shannon sacó la florida tarjeta.

Querida Prima (suponiendo claro está que esta tarjeta te llegue y que yo tenga la dirección correcta, porque, caramba, es más difícil ponerse en contacto contigo que con la reina de Inglaterra): ¡Felices 21 Primaveras! Espero que la pases muy bien con tu alegre grupo de Queensland y que en algún momento, entre la risa, la cerveza, el largo, húmedo beso de tu amor secreto (¿cuándo me lo vas a presentar?) y tu noche de pasión, te acuerdes de los que te extrañamos muchísimo. Besos, Iris.

Shannon sonrió. Extrañaba demasiado a su prima. No se habían visto en tres años y sus conversaciones telefónicas eran siempre erráticas y escasas. No por ello estaba Shannon a oscuras sobre la vida de Iris. La pequeña diva se había convertido en una grande y la joven ahora era una gran estrella televisiva, que sacudía sus pequeñas caderas y largos rizos rubios, en una famosa telenovela. Incluso había grabado un disco (con su vocecilla de Minnie Mouse), el cual había sido todo un éxito. La llegada del canal musical MTV había desatado una fiebre por Iris en toda Australia, después de que ésta apareciera en los pantaloncillos dorados más cortos que la moral del canal permitía. Shannon releyó la tarjeta. Había llegado tarde por un día. Shannon no había pasado su cumpleaños con ningún grupo alegre, sino con Bear, la perra rottweiler que Nana le había regalado dos años atrás. Comió comida china fría, se bebió toda una botella de vino y cuando abrió la puerta para sacar la basura, encontró a Maxwell ebrio en su porche. Él le deseó una feliz Navidad y luego vomitó a sus pies. Shannon pasó el resto de la noche limpiándolo a él, limpiándose ella, limpiando el porche y cubriéndose la cabeza con la almohada, para tratar de ahogar la competencia de ronquidos entre Maxwell y Bear. En eso había quedado su apasionado romance, se dijo, mientras guardaba la tarjeta en un cajón. Y las cosas sólo iban a empeorar.

Shannon entró en la oficina y se sorprendió al encontrar a Sandra ocupando el escritorio de Maxwell. La mujer ya casi no visitaba la caballeriza, su principal ocupación estaban siendo ahora las subastas de caballos. El cabello marrón y lacio de Sandra caía en cascada sobre su hombro y hacía un suave charco sobre su brazo. Shannon no entendía cómo una mujer tan poco femenina podía sentir tal pasión por su cabellera. "A lo mejor le recuerda a los caballos", había dicho Max una vez, durante una borrachera. "Ya sabes, por lo de la cepillada". En ese momento, Shannon se había reído a carcajadas y había escupido la cerveza que estaba bebiendo. Ahora todo el episodio le parecía una necedad.

—¡Shannon! Qué bien que estés aquí. Eres la persona que estaba buscando —dijo Sandra al verla.

—¿De veras?

—Así es. Necesito la ayuda de un buen domador y ambas sabemos que tú eres la mejor.

—Gracias.

—Honor al que honor merece. Pero vamos al grano. ¿Te ha contado Maxwell lo de Brian?

—¿Qué pasa con Brian?

—Cumplió dieciocho la semana pasada.

—Me alegro… debes de estar muy orgullosa.

—Ciertamente, ciertamente. Es por ello que Maxwell y yo hemos decidido que hay que presentarle un nuevo reto, para demostrarle la fe que tenemos en él.

—Ajá.

—Por lo tanto, lo vamos a nombrar capataz.

—¿Qué?

Esto tenía que ser una broma… ¡Brian! El hijo mayor de Maxwell no sabía nada de caballos, no tenía habilidad para tratar a las personas y era más bien obtuso. La decisión era completamente absurda. Pero Shannon ya sabía que, a pesar de su fuerte personalidad, Maxwell era un blandengue a la hora de desafiar las decisiones de Sandra. Delante de su esposa, él no era más que un pobre cobarde.

—Por eso es que necesito de tu ayuda —continuó Sandra—. Brian es joven y necesita de guía. Estoy segura de que tú estarás muy feliz de ser su mentora, ¿no es así, querida?

A lo mejor era su imaginación, pero a Shannon le pareció detectar una sutil amenaza en el tono de la mujer mayor. ¿Sería que estaba comenzando a sospechar de ella? ¿O era que estaba poniendo a prueba su autoridad? En cualquier caso, no era buena idea contradecirla, no por el momento. Ya hablaría Shannon con Maxwell más tarde, antes de que todo su arduo trabajo fuera a parar a la basura.

—Por supuesto que puedes contar conmigo, Sandra.

—Perfecto, entonces —dijo la mujer regresando su atención a los papeles sobre el escritorio.

Shannon se quedó ahí parada por unos momentos. Luego se dio vuelta y abrió la puerta.

—Ciérrala con cuidado, querida. Tengo una horrible jaqueca hoy —dijo Sandra sin levantar los ojos de su lectura.

Shannon cerró con suavidad la puerta y entonces marchó hacia los establos. Se sentía asqueada. Después de toda su lucha para imponer altos estándares, ¿qué pretendían que hiciera ahora? ¿Cruzarse de brazos y ver cómo todas sus responsabilidades pasaban a manos de un idiota? Max empalideció cuando la vio acercarse a grandes zancadas, con su cabello flotando alrededor de su cara cual melena de león. El mozo que estaba a su lado oteó la tormenta que se acercaba y salió corriendo, a medida que la furiosa amazona acortaba la distancia entre ella y su jefe.

—Déjame explicarte, Shannon — balbuceó Maxwell, subiendo las manos.

—¡Explicar qué! ¿Que vas a dejar que un tonto imberbe tome las riendas del negocio?

—Por favor, comprende, es mi hijo. Y no es ningún tonto. Sólo es, bueno, lento.

—Y también es taciturno. Y detesta a los caballos.

—A lo mejor —pero éste es un negocio familiar y él quiere una oportunidad. ¿Qué se suponía que le iba a decir?

—No sé, algo así como "hijito, no creo que tengas madera para esto".

—Tengo que darle una oportunidad.

—¿Y qué hay de mí, Maxwell? ¿Cuál va a ser mi papel ahora?

—Tú vas a seguir aquí, Shannon. Tú puedes ser una asesora, si lo que quieres es un título.

—Si eso fuera lo que yo quisiera, entonces andaría con un hombre capaz de darme el titulo de esposa. O por lo menos de socia.

—Chiquita, por favor… —susurró Maxwell, tomándola entre sus brazos—. Tú sabes lo que siento por ti.

—Yo ya no sé nada, Maxwell —murmuró Shannon, tratando de librarse de su abrazo.

—¿Y qué significa esto? — espetó la voz de Sandra detrás de ellos.

Los dos se volvieron hacia ella. Dentro de su cabeza, Shannon escuchó una risa. De todos los ardientes momentos que Maxwell y ella habían compartido, Sandra los acababa de agarrar *in fraganti*, ¡en medio de una riña!

—Así que los rumores eran ciertos. ¿Cómo pudiste hacerme esto, Shannon? ¡Eres una zorra! —chilló Sandra, saltando hacia ella.

Maxwell atajó a su esposa por la cintura, mientras la mujer pateaba con furia, su cabello normalmente arreglado se convertía en un torbellino alborotado que se le pegaba a la cara. Sandra parecía una demente, aullando y la rabia le distorsionaba las palabras. Maxwell miró suplicante a Shannon.

—Por favor, Shannon, vete. Ya hiciste bastante por un día.

—¿De qué me estás hablando?

Shannon sacudió la cabeza, incapaz de creer lo que había escuchado.

—¿Sabes qué, Maxwell? —dijo la joven unos segundos más tarde—. Tienes toda la razón. Ya he hecho suficiente por ti y tu negocio. Espero que ambos sigan progresando sin mí.

Se alejó apresuradamente del campo con los oídos todavía llenos de los insultos de Sandra. Maxwell estaba en lo cierto. Ya era más que suficiente. Y ella estaba más que harta de él, de su caballeriza y de todo el cuento del amorío secreto. Después de demasiados años, Shannon Elizabeth O' Leary regresaba a su casa.

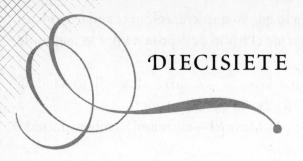

DIECISIETE

Una de las cosas malas de volver a las raíces, es comprender cuánto ha cambiado uno y cuánto han cambiado los demás, y a veces de manera literal, pensó Shannon, mientras intentaba encontrar una posición cómoda sobre su vieja cama. Sus padres no mostraron la menor sorpresa al verla ahí, parada en el porche, con Bear, dos maletas y una caja. Eso era lo único que ella había ganado en estos cuatro años, le dijo con amargura Shannon a Nana, pero la anciana veía la situación de manera diferente. No había que echar en saco roto los conocimientos que Shannon había adquirido entrenando caballos, ni las emociones que había vivido cada vez que ganaba una carrera. Tampoco, por supuesto, había que olvidar las amistades que la joven había hecho, ni menospreciar la experiencia de probarse a sí misma y probarles a otros que era capaz de triunfar sin ayuda. Y ahora que Shannon estaba de regreso con su familia, lo que sea que hubiese salido mal en Queensland pronto caería en el olvido. Cada noche tenía su amanecer; así era la vida. Shannon abrazó a su abuela, preguntándose si debía ser sincera y contarle la verdadera razón de su retorno. Le había contado a Nana y a sus padres todo sobre lo de Brian, su ascenso y el dinero que todavía le debían en la caballeriza. Todos habían acordado que ella había hecho lo correcto al renunciar a un lugar que mostraba tan poco agradecimiento. A su madre le confesó el romance con Max, esperando el consabido sermón cristiano sobre la moral y el principio de "no fornicarás".

—Yo no comprendo muchas de tus elecciones, Shannon, y a menudo no tengo idea de por qué haces lo que haces, pero mi amor y aceptación hacia ti son incondicionales —dijo Martha.

Shannon quedó sorprendida. Tal vez era hora de bajar sus defensas y comenzar a construir una relación adulta con su madre. Iris estuvo de acuerdo. A su modo de ver, comentó la prima mientras montaban a Cresta Run y a Providence, a Shannon se le había ido la mano con lo del "amor incondicional". Estaban en la casa de campo de la familia e Iris había venido por una visita de dos días. A menos de cinco minutos de su llegada, ya las dos habían regresado a sus años adolescentes, riéndose tontamente de nada y gritando por todo. Esa noche se sentaron a la mesa de la cocina para compartir helados y confidencias. Iris le contó a Shannon que estaba saliendo con un apuesto actor británico y que éste le había conseguido una audición para un papel teatral en Londres. Shannon no salía de su admiración. A pesar de cierto aire infantil que todavía salía a relucir de vez en cuando, había en Iris una nueva madurez que era difícil de definir. Luego llegó el turno de Shannon. Ésta le contó a Iris todo sobre sus desastres amorosos, desde Jeff (no habían hablado de cosas serias en mucho tiempo) hasta Maxwell. Shannon se preparó para una de las famosas explosiones de Iris. Ésta lamió su cucharilla y con los ojos entornados preguntó:

—¿Por qué te enamoras de hombres que en verdad no tienen la capacidad de amarte?

—¿A qué te refieres?

—Bueno, vamos a ver: dos de ellos eran hombres casados; uno, un miserable a quien no le importó acostarse con una adolescente virgen, y el otro, un católico tramposo, y ésos nunca se divorcian de sus esposas. Entre los dos, un estadounidense pervertido que necesitaba que hicieras cosas raras para que se le parara. A lo mejor son ideas mías, pero me parece que las posibilidades de encontrar el amor de tu vida en ese grupito son bien escasas.

—Nunca lo vi de esa manera…

—Como dijo un gran artista una vez: "Lo más importante que debes aprender en este mundo es a amar y a dejarte amar."

—¿Quién dijo eso? ¿Shakespeare?

—David Bowie.

A Shannon se le escapó una carcajada. Qué bueno era tener a Iris de nuevo en su vida, aunque fuera por corto tiempo, antes de que el mundo la reclamara.

—En cualquier caso —continuó Iris—, pienso que deberías tomarte unas vacaciones de los hombres. Vete a un santuario espiritual o algo parecido.

—¿Un retiro espiritual?

—Están muy de moda. Conócete a ti misma, el cielo es el límite, libera tu potencial. ¿Dónde has estado metida, mujer?

—¿Domando caballos?

—Pues ve con los tiempos... Lo que me recuerda, ¿adivina quién se ha vuelto adepta al New Age?

—Supongo que tú no.

—Por Dios, ¿con este cuerpo? Sería un pecado. ¡La señorita. Clark!

—¿Qué pasa con la señorita Clark?

—Que está metida en todo esto del crecimiento interno y deberías verla, casi parece una mujer, con largas trencillas y vestidos anchos tipo africano.

—No me digas... Siempre tuve la impresión de que ella era de las que jamás abandonarían el mundo deportivo.

—Las personas cambian. Deberías llamarla. Preguntó por ti la última vez que la vi, en la reunión del colegio.

—Veremos.

Shannon no estaba muy segura de querer ver a la señorita Clark. Ésta había sido de gran apoyo y ayuda, pero la sola mención de su nombre le revolvía todo el dolor del pasado.

—Entonces, ¿qué vas a hacer con respecto al trabajo? —preguntó Iris, interrumpiendo las reflexiones de Shannon.

—No sé. Estoy un poco hastiada de trabajar para otros.

—¿Y por qué no montas tu propio negocio? Puedes comenzar aquí, con un pequeño centro de entrenamiento. No creo que tus padres se opongan. Después de todo, el tío William se la pasa diciendo que esta propiedad será tuya algún día.

—Me parece una buena idea, Iris. Voy a hablar con papá y ver qué se puede hacer.

Shannon ya podía visualizar la idea: habría que agrandar la caballeriza y preparar el campo. Incluso podría comprar más terreno; ella había escuchado que el vecino de al lado estaba dividiendo su lote.

—Y si lo que necesitas es un socio, pues cuenta conmigo —siguió Iris—. Tengo algunos ahorros y papá siempre anda con la cantilena de que los bancos son útiles sólo hasta cierto punto.

—¿Estás segura de eso, prima? Los negocios tienen sus mañas y podrías terminar perdiéndolo todo.

Iris se encogió de hombros.

—Quien no arriesga, no gana.

Pasaron el resto de la noche discutiendo el proyecto y para cuando habían decidido los costos, gastos y estrategia, ya el sol se estaba filtrando por las ventanas y pintaba de rosa las paredes de la cocina.

El negocio de la doma de caballos comenzó con buen pie y mucha publicidad, gracias al representante de Iris. Fotos de la hermosa estrella cabalgando a Providence aparecieron tanto en las revistas del corazón como en las especializadas en el ramo, al igual que la extraordinaria historia laboral de Shannon y la lista de los ganadores que ella había entrenado. Una vez que el aspecto glamoroso perdió su brillo, el conocimiento profesional de Shannon, aunado a su talento natural llevaron la batuta del negocio y en poco tiempo la caballeriza O'Leary saboreó las mieles del éxito. Incluso Katrina parecía estar impresionada y en las raras ocasiones en que iba a Melbourne, se mostraba bastante amable para con su hermana menor. Katrina estaba preparando su boda con un joven político y para el asombro de todos, le pidió a Shannon que fuera una de sus damas de honor. Shannon se quedó ahí sentada, en espera de uno de sus comentarios, algo así como que Katrina le pidiera que rebajara cinco kilos, se tiñera el cabello de rojo o comprara perfume francés para ocultar el olor de los caballos. Pero no. La petición era verdadera y después de su asombro inicial, Shannon estuvo más que feliz de complacerla. La boda se llevó a cabo en un precioso club campestre. La novia estaba radiante de felicidad; Shannon se llevó muy bien con las demás damas de honor y disfrutó mucho de la recepción; y la alegría en los rostros de Martha y William los hacían ver como si ellos fueran los recién casados.

El sol parecía brillar perpetuamente sobre Shannon, y sólo la partida de Iris a Londres tornó ligeramente gris el azul de su firmamento. Sin embargo, después de la primera carta que recibió de su prima, en la cual le narraba sus aventuras en Inglaterra (Iris había obtenido el papel, perdido el novio, ganado el amor del director, y estaba ahora en conversaciones con una compañía disquera), Shannon pensó que Iris estaba viviendo el mejor momento de su vida y si ella estaba feliz, Shannon lo estaba aún más por su prima. A Shannon la habían enternecido mucho la fe y la confianza de Iris para llevar adelante el negocio y ello le servía de inspiración en las contadas veces en que las cosas se complicaban en la caballeriza. En general, la vida la estaba tratando muy bien.

Pero Shannon no se resignaba a perder a Maxwell. Después que se calmara su rabia, Shannon comenzó a llamarlo a diario puesto que sus celos convirtieron la ausencia del hombre en algo casi insoportable de sobrellevar. Maxwell se encontraba desesperado sin ella y continuamente le rogaba a la joven que regresara, prometiéndole que abandonaría a Sandra y se iría a vivir con ella.

—Estoy harta de palabras, Maxwell. Quiero hechos.

—¿Qué quieres entonces que haga, Shannon? ¿Que vaya para allá con un ramo de flores, le pida permiso a tus padres para visitarte y te ponga un anillo en el dedo?

—Eso mismo.

El otro lado de la línea telefónica quedó en silencio. Y luego Shannon lo escuchó: un débil pero claro "está bien".

La presentación de Maxwell a la familia fue una experiencia "interesante", como le escribiría más tarde Shannon a Iris. Martha y William hicieron lo posible para ocultar su estupor al ver a Max. En el fondo de sus mentes tenían la información de que el hombre era de la misma edad de William, pero no la habían asimilado del todo. Maxwell por supuesto se comportó de manera encantadora, entregándole a Martha un jarrón exorbitantemente grande, repleto de flores y a William una botella de vino, cuyo precio era igual de exorbitante. Nana quedó deslumbrada de forma inmediata y después de evaluar mentalmente el valor de los diamantes y rubíes en los dedos de Maxwell, susurró al oído de Shannon su viejo adagio: "Es igual de fácil enamorarse de un hombre rico que de uno pobre". La anciana alegremente concluyó que atrapar a este vaquero había sido toda una proeza por parte de su nieta. Y aunque el encanto de Maxwell no sedujo del todo a los padres, éstos se mantuvieron tan educados y cordiales como siempre. Ni siquiera cuando Nana preguntó cuál era su estado civil y Maxwell contestó "separado", reflejaron sus rostros lo que en verdad sentían.

—Pero se da por sentado que te vas a divorciar —insistió Nana.

—Por supuesto —replicó Maxwell.

—Eso está bien. No podíamos esperar que fueras soltero, dada la diferencia de edad.

—¡Madre! —exclamó Martha con mortificación.

—Ay, por Dios, Martha, relájate. No estoy ciega y es más que evidente que él es mayor que Shannon. Dime, Maxwell, ¿eres trabajador?

—Mucho, señora.

—¿Temeroso de Dios?

—Eso creo.

—¿Existe alguna posibilidad de que te anulen el matrimonio?

—Madre, por favor...

—Bueno, mi futura ex esposa es protestante.

—Ah, entonces no debe de haber problema. Y dime, ¿amas a Shannon?

—Ciertamente.

Nana sonrió ampliamente, cual gato travieso.

—Entonces me parece que es hora de abrir esa botella de vino —dijo la anciana con voz triunfante.

A partir de ese momento el resto de la velada transcurrió con tranquilidad, hasta que, al final de la cena, Maxwell cometió un error garrafal: encendió un cigarrillo mientras aún se encontraban en la mesa. El hombre ignoraba que tanto Martha como Nana sentían una fuerte aversión hacia el cigarrillo, lo que había transformado al resto de la familia en fumadores secretos. Por ende, William, las chicas y después el esposo de Katrina, habían adquirido un extraño hábito: al final de cada comida familiar se paraban todos al mismo tiempo y en coro anunciaban que tenían que ir al baño. Al salir del comedor, todos corrían hacia el patio, encendían los cigarrillos, fumaban frenéticamente, sacaban las pastillas de menta y los refrescadores de ambiente, para borrar el último rastro de humo, y regresaban con caritas inocentes a la mesa. Este extraño comportamiento había ocurrido tantas veces que se había convertido en parte de sus personalidades. El grupo incluso fingía el esperado repudio cuando se encontraban en restaurantes y otras personas tenían la osadía de fumar cerca de ellos. Shannon nunca supo si sus muy inteligentes madre y abuela se tragaron en verdad el cuento, pero si no lo hicieron, las dos fingieron con maestría hacerlo. Así que en cuanto Maxwell encendió el cigarrillo, la actuación comenzó. Nana y Martha tosieron con desesperación, hasta que se les aguaron los ojos y jadearon con violencia, como si estuvieran a punto de pasar a mejor vida y William se les unió con una tímida tos. Shannon pateó con rapidez a Maxwell por debajo de la mesa, le quitó el cigarro y lo aplastó contra el plato del café. El hombre por fin cayó en la cuenta de lo que estaba pasando y con su más despampanante sonrisa, se disculpó.

—Es un hábito difícil de cortar, pero te prometo, Nana,— dijo mirando a la viejita directo a los ojos— que hasta aquí llegó. Estoy dispuesto a hacer lo que sea para hacerte feliz.

Nana suspiró y la paz regresó a la mesa.

Un mes más tarde, Shannon estaba mudando el negocio a Queensland. Por fortuna había ganado lo suficiente como para pagarle con intereses el préstamo a Iris y aún tener una suma bastante decente que facilitara una transición sin problemas. Una vez más, Shannon empacó su vida y viajó con Bear de regreso a Queensland, con los ojos llenos de polvo de estrellas, mientras se preparaba para jugar a la casita y vivir de lleno su gran historia de amor. Las cosas no salieron del todo como lo esperaba.

No hubo anillo, pero sí se mudaron juntos a un departamento no muy lejos de las caballerizas de Maxwell. A primera vista, nada parecía diferente de la vez pasada. Con excepción de la familia inmediata de ella, nadie sabía que Max estaba viviendo con Shannon. Ella trabajaba ahora en diferentes círculos, en uno de los hipódromos cercanos, evitando de esta manera encontrarse con él, su esposa o sus trabajadores. Pero sí había ocurrido un cambio. Shannon sentía que ahora Maxwell necesitaba más de ella, que ella de él. Aún así, él continuaba posponiendo todo lo referente al divorcio. Shannon no hacía más que quejarse al respecto: ella ya no quería vivir un romance a escondidas. Maxwell le suplicaba constantemente que le diera más tiempo para arreglar la situación con Sandra y ésta comprendió que, si bien ella tenía el control sobre el corazón del hombre, Sandra lo tenía sobre los chicos y el dinero. Y tal como lo había sospechado Shannon desde hacía mucho, el dinero era el gran punto débil de Maxwell.

Para complicar aún más las cosas, la vida doméstica con Maxwell resultó ser un desastre. En la casa, el hombre era un cataclismo con pies y cada vez que intentaba ayudar sólo empeoraba todo. A menudo, Shannon llegaba exhausta después de un arduo día de trabajo y encontraba la cocina hecha un caos de ollas sucias y a Maxwell al teléfono, escuchando con cuidado las instrucciones culinarias de Martha, mientras alegremente daba vueltas a una cuchara dentro de una sartén humeante, de la que escapaban olores tan raros que era imposible adivinar su origen. Mientras Shannon trataba de comprender cómo se las arreglaba Max para distribuir de manera pareja la ropa por todas las superficies posibles del departamento, de repente se le ocurrió que ella era mejor amante que esposa. Su cuento de la Cenicienta no estaba teniendo el final feliz que ella había soñado. Quizás no era lo que ella realmente deseaba.

Por lo menos la pasión se había avivado y, con ella, los celos de Shannon. Comenzó a sospechar de cuanta mujer se le cruzaba por el camino a Maxwell. Por ello, comenzó a utilizar su poderío sexual para atarlo, haciéndole el amor en todas partes, a cualquier hora, cuando él menos lo esperaba. Tornó realidad todas las fantasías que alguna vez se le cruzaron por la mente; lo que fuera, para mantenerlo físicamente exhausto y alejado de las rivales imaginarias que, en la mente de Shannon, siempre estaban tratando de metérsele en la cama.

A medida que su carrera en Queensland florecía, Shannon comenzó a hacer nuevas amistades fuera del círculo de Maxwell. Se hizo íntima amiga de los Richardson, una pareja inglesa que llevaba un lujoso tren de vida y trataban a Shannon casi como a una hija adoptiva. Evangelina, Oliver y Shannon solían pasar muchas tardes juntos, disfrutando de largos almuerzos y copiosas cantidades de vino tinto. En dichas ocasiones, hablaban de arte, música, libros, caballos, viajes y una gran variedad de temas culturales. La pareja también aprovechaba estas oportunidades para estudiar a fondo el drama romántico de Shannon. Oliver era un asesor gubernamental, al igual que un entrenador privado de caballos, y Shannon estimaba mucho su opinión. Al mismo tiempo que su amistad con los Richardson la ayudaba a madurar, su relación con Maxwell iba en picada, en parte debido a las constantes borracheras de Max. Las peleas entre los dos se estaban volviendo cada vez más violentas.

Un día, después de una discusión particularmente explosiva con Maxwell, Shannon se encontraba ensillando uno de los caballos de Oliver, cuando éste la miró y le dijo:

—¿Por cuánto tiempo más vas a seguir de soplona de ese vaquero?

El comentario la horrorizó. ¿Era eso lo que el hombre que Shannon tanto apreciaba pensaba de ella? El episodio la impactó mucho, en especial por la violencia de su última pelea con Maxwell, y por varios días la atormentó la idea de abandonarlo. La relación había tocado fondo y entre ellos se erguía una pared de silencios. Tres años después de su regreso a Queensland, las caballerizas de Maxwell estaban en declive, sus caballos perdían constantemente, o, en el mejor de los casos, llegaban segundos. Por otra parte, Shannon se había convertido en una figura estelar por derecho propio y el dinero le caía a manos llenas.

—¡Quítale la maldición a mis caballos, tú, bruja de cabellos negros! —había dicho Maxwell en uno de sus altercados, y Shannon no sabía si era algo dicho en el fragor de la ira o si en verdad él la responsabilizaba por la situación de la caballeriza. El amor y ternura que alguna vez sintiera por el hombre se le transformó en rabia pura: rabia por el hecho de que él se negaba a dejar a Sandra; rabia por su desorden personal; sus continuas borracheras; la manera en que él se hacía a un lado cada vez que ella necesitaba ayuda o apoyo. Y ahora el comentario de Oliver la hacía preguntarse cuántas personas más la veían de esa manera: como a una infiltrada que traicionaba a sus clientes para beneficiar a Maxwell.

A pesar de todo, Shannon sentía que había sacrificado demasiado para estar con Maxwell como para abandonar el barco. Hasta el terrible día en que todos sus miedos se volvieron realidad y lo encontró con otra mujer. Fue durante una subasta de caballos y cuando los vio, Shannon sintió como si retrocediera en el tiempo. La muchacha se parecía tanto a ella que era insultante: la misma cabellera negra, la piel bronceada, las piernas largas, la camisa corta. Sólo que esta vez Maxwell no se las estaba dando de duro. Al contrario, él era todo sonrisas y manoseos, y cuando acarició con afecto la aniñada cara y la besó en los labios, Shannon comprendió que ése no era un coqueteo casual ni un romance de una noche.

Furiosa, caminó hacia ellos y exigió que Max le devolviera las llaves del departamento. Si alguien ignoraba el hecho de que vivían juntos, ahora ciertamente podía darse por informado. Como era normal, Maxwell se acobardó y comenzó a balbucear, tratando de explicar que las cosas no eran como parecían. Al escuchar tamaña mentira, Shannon perdió el control y lo empujó al suelo. La muchacha gritó y corrió a su lado.

—¿Cómo pudiste hacerme esto? —gritó Shannon, haciéndose eco de las palabras de Sandra tres años atrás—. ¡Yo confié en ti, maldita sea! ¡Te di lo mejor de mí! ¡Dejé atrás una gran vida por ti! ¿Y tú tiras todo por la borda por ella? ¿Por una *minizorra*?

—Yo no soy ninguna zorra —gimoteó la chica—. ¡Yo soy su novia! Nosotros nos amamos y nos vamos a casar, cuando *usted* decida firmar los papeles del divorcio.

Shannon quedó atónita. Le dio una segunda mirada a la muchacha. No podía tener más de diecisiete o dieciocho años, la misma edad que tenía Shannon cuando comenzó su romance con Maxwell.

—Y tú, ¿cómo te llamas? —le preguntó a la temerosa adolescente.

—Helena.

—Pues bien, Helena, yo no soy su esposa. Yo soy la idiota que malgastó siete años de su vida con esta basura. Y te lo regalo.

Shannon se dio vuelta y corrió fuera del lugar. Llegó al departamento, tomó la ropa de Max y la arrojó por la ventana; empacó sus maletas, las puso en el auto, y después de algo de persuasión, convenció a dos de sus empleados para que se fueran con ella al otro lado de Australia. Hasta aquí llegaban las segundas oportunidades, se juró a sí misma. Nada de escenas repetidas en su vida. Shannon Elizabeth O' Leary jamás volvería a ser plato de segunda mesa; ni se quedaría en espera de promesas que nunca eran cumplidas; ni permitiría que Maxwell Saxton siguiera ejerciendo su influencia sobre ella. Y por lo que a ella se refería, nunca, jamás en la vida, se volvería a fijar en un hombre.

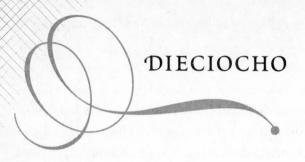

DIECIOCHO

Las playas de Australia Occidental son de las más bellas del mundo. En este límpido paraíso de natural majestuosidad, las resplandecientes aguas azules del Océano Índico acarician brillantes arenas blancas. Anidada entre las riveras del magnífico río Swan, Perth posee más millonarios por habitante que ninguna otra ciudad del planeta. Es un lugar en verdad hermoso, que se encuentra aislado del resto de Australia. Por eso mismo, Perth sirve de oasis cultural al desierto salvaje, con una inesperadamente exquisita cocina y ambiente cosmopolita para ser descubiertos por los viajeros.

Shannon llegó a este santuario después de cruzar más de cien kilómetros de desierto. Lo primero que hizo, después de arreglar sus necesidades básicas (alquiló un apartamento con Leonor, una de las empleadas que se había traído desde Queensland), fue a comprar dos revistas de moda y gastar cinco mil dólares en ropas de diseñador. La elegancia de los años noventa le iba mejor que la exageración de los ochenta, ya que destacaba la firmeza de su cuerpo, modelado por el ejercicio y la vida al aire libre. La experiencia le había otorgado un aire sofisticado y seguro a su imagen, la redondez de su rostro adolescente había dado paso a unos pómulos altos, piel sedosa y sonrisa controlada. Era difícil ignorar una estampa tan llamativa en el opulento, pero relativamente pequeño, mundo hípico de la costa oeste y Shannon pronto consiguió un trabajo en la pista, mientras esperaba la oportunidad de trabajar como entrenadora privada. Eventualmente obtuvo el puesto de entrenadora para un próspero hacendado y magnate de bienes raíces. Finalmente estaba en posición de obtener su licencia de entrenamiento y el día que se la dieron, Shannon se convirtió en una de las personas más felices de Perth y en uno de los entrenadores licenciados más jóvenes de Australia.

Perth, sin embargo, habría de crear un hito en la vida de Shannon en términos más personales. Al igual que Alicia, ella iría a través del espejo y descubriría un mundo nuevo, un parque de diversiones en el que todo estaba de cabeza, porque sería aquí, en Australia Occidental, que Shannon Elizabeth O' Leary descubriría el ámbito gay.

Todo comenzó con Leonor: Leonor y sus miradas suplicantes; Leonor y sus suspiros entrecortados; Leonor y las atenciones que prodigaba y que nadie le había pedido. A Shannon la mujer le parecía patética. Ella había tenido sospechas sobre la orientación sexual de su empleada cuando ambas estaban en Queensland, pero no le había molestado en ese entonces. Shannon había estado demasiado ocupada con Maxwell y el melodrama de su romance como para preocuparse por las miradas furtivas de la insignificante mujercita. Una vez en Perth, sin embargo, lo que no había sido más que detalles se convirtió en un poema de amor, amor por el cual Shannon carecía de todo interés. Una vez hicieron un ebrio intento de tener sexo (debido en parte a la muy generosa idea que Shannon tenía sobre la caridad), pero el experimento terminó siendo un fiasco que la llevó al más completo aburrimiento en cuestión de minutos. A partir de ese momento, Shannon dejó de hacerse la buena y rechazó de plano a Leonor. Resignada, la mujer aceptó las condiciones y términos para seguir viviendo juntas y cambió la atracción sexual por la amistad. Este cambio tuvo un cierto éxito, puesto que puso a Shannon en contacto con el primo de Leonor, Kenny, un colorido, divertido, pintoresco y estereotípico miembro de la comunidad gay, con el cual Shannon se llevó a las mil maravillas desde el primer momento. Al parecer, toda la población homosexual del sur de Australia había buscado refugio en Perth.

Hasta ese momento, Shannon siempre se había sentido muy madura para su edad. Estaba acostumbrada a socializar con adultos mayores y de manera muy responsable. Era como si esa parte atolondrada de la juventud nunca la hubiera tocado... hasta ahora, en que la vida le brindaba la oportunidad de averiguar lo que significaba ser joven, alocada y sin preocupaciones.

Shannon comenzó a ir con Kenny y Leonor a las discotecas gay. Los vívidos colores y el irreflexivo alboroto eran algo que Shannon no había visto antes. Todo era sumamente teatral y dramático: los trasvestis que tarareaban pésimas imitaciones de ABBA y Cher; la música estridente que llenaba de ritmos el aire y pintaba de delirio la noche. La emocionante atmósfera bohemia hacía que Shannon se viera como parte de un musical de Broadway. Ella siempre había sentido pasión por la música y el teatro (Shannon e Iris habían montado llamativas versiones de *Cats* y de *Oklahoma*, entre otras obras de Broadway) y para ella el mundo gay se había convertido en un maravilloso y mágico lugar de juegos. Shannon sentía que había encontrado su cielo personal. Bajo el falso manto de seguridad que le proveía la presencia de Kenny, la joven bebía, bailaba y coqueteaba a sus anchas. El hecho de que ella no fuera gay hacía la experiencia más divertida aún. Porque ella *no* era gay. ¿Cómo podría serlo? ¿O quizás sí lo era? Shannon tan sólo podía imaginarse lo desastroso que sería para su carrera si al final ella resultara siéndolo. Pero, como Shannon pronto habría de aprender, el destino trae lo que debe llegar, sin que le importe un ápice la carrera profesional de nadie.

El calor de la pista de baile era a un mismo tiempo abrumador y excitante: un flujo de energía que llegaba de las luces, las paredes donde se proyectaban múltiples videos, el humo de los cigarrillos y la calidez de los cuerpos ondulantes que se tocaban, rebotaban y flirteaban entre sí. Shannon danzaba apasionadamente en el laberinto de brazos y torsos que se levantaba a su alrededor. Sus manos viajaban sobre sus muslos, abdomen y senos, sus cabellos eran un grácil abanico que giraba de derecha a izquierda, creando misteriosos claroscuros sobre su rostro. Súbitamente, Shannon se puso rígida. Ahí estaba otra vez: la sensación de que alguien la miraba. Oteó el lugar, tratando de encontrar a los curiosos ojos.

—¿Qué pasa, querida?— preguntó Kenny, mientras agitaba las caderas contra su pierna como un cachorro en celo.

—No estoy segura... Creo que alguien me está observando

—Bueno, chiquita, ¿y acaso ésa no es la idea? —replicó él, moviendo el trasero en estudiados espasmos—. Vamos, sé buenita y búscame una bebida.

Shannon se dirigió al bar, y mientras se inclinaba sobre la barra para gritarle la orden al barman, tumbó el vaso de una mujer.

—Ay, perdona, lo siento muchísimo —se disculpó Shannon—. ¿Te puedo comprar otra bebida?

La mujer le dijo en pocas palabras que sí y Shannon regresó a la pista. Miró hacia atrás y se dio cuenta de que esa mujer era la que la había estado observando. Los ojos celestes quedaron fijos en la figura de Shannon, mientras ésta bailaba con Kenny. Proyectaban una intensidad hipnótica que los hacía refulgir en la oscuridad de la discoteca, como zafiros reposando sobre un paño de terciopelo. Las palmas de Shannon se humedecieron. Perlas de sudor aparecieron sobre su labio superior, a la vez que diminutas explosiones frías estallaban por toda su piel. Comenzó a temblar. La mujer abandonó la barra. Shannon empujó a Kenny, para seguirla, pero éste la sujetó por la mano.

—¿Qué te pasa? ¿Para qué quieres seguir a esa mujer? ¡*Tú* no eres gay!

—Lo sé —susurro Shannon—, pero necesito verla.

—Bueno chiquita, si vas a saltar la valla, yo no te recomiendo que comiences con ésa como primer bocadillo. Ahí donde tú la ves, tan segura de sí misma y controlada, no es más que un vampiro emocional: siempre hambrienta, nunca satisfecha.

—Ay, por favor, Kenny, ¡que se va! —gimoteó Shannon, soltándose de sus dedos.

Shannon se abrió camino a empujones hasta la puerta de la discoteca y vio a la mujer alejarse del pozo de luz bajo el poste de la calle. Shannon la persiguió, llamándola. La mujer se dio vuelta.

—Eres tan increíblemente bella —balbuceó Shannon, hechizada por la magnífica visión. El cabello platinado muy corto creaba un halo alrededor de los esculturales pómulos, la larga y delgada nariz, las cejas arqueadas y los ojos atigrados extraordinariamente grandes. El labio superior era un poco más grueso que el inferior. Dos pequeños hoyuelos sugerían una sonrisa traviesa. La piel era luminosa; los iris azules, tan brillantes que encandilaban. La mujer se quedó ahí parada, con la boca entreabierta, en espera de las palabras de Shannon.

"¿*Qué crees que estás haciendo*?", gritó una voz en la cabeza de Shannon. "*No sé*", respondió ella. Estaba actuando de manera instintiva.

—Sí… este… bueno, me preguntaba si… este… bueno, ¿si querías ir alguna parte? ¿Quizás a tomar una copa?

—¿Dónde? —preguntó la mujer.

La voz era como el maullido de un gatito juguetón y resbaló como miel por los oídos de Shannon.

—¿Qué te parece… no sé… *Rouge*?

¡Maldición! se dijo Shannon a sí misma. ¿Cómo pude haber sugerido un lugar tan mediocre? Cierto, era el único que estaba abierto a las cuatro de la mañana, pero aun así…

—No me parece buena idea —dijo la mujer. Le dio una última mirada de admiración a Shannon y continuó su camino.

Claro que no le parecía buena idea, pensó Shannon, sintiéndose completamente fuera de lugar, como si llevara tacones altos a un partido de fútbol. La mujer tenía un cierto aire de superioridad, un algo que sugería champán y caviar para el desayuno, que hacía que la propuesta de Shannon pareciera todavía más ridícula. La elegante silueta de la mujer se enfundó en sombras y se volvió una con la noche, el ruido de sus altos tacones chocando contra el pavimento mojado dejó un suave eco atrás.

Shannon se despertó al día siguiente con una terrible resaca y se preguntó qué la había poseído la noche anterior para salir corriendo a la calle detrás de esa mujer. Concluyó que, debido a este extraño comportamiento, se mantendría alejada de las discotecas por algún tiempo. Pero Perth era la tierra del tiempo libre y la diversión. Era imposible que Shannon resistiera por siempre el llamado de la noche y finalmente su voluntad flaqueó y ella regresó al agitado ambiente de las discotecas. Su rutina diaria se limitaba a fiestas continuas por las noches y largas cabalgatas por las soleadas playas durante el día: cada momento de su vida tan perfecto como fuera posible. Fiel a las costumbres de la hípica australiana, Shannon pasaba su tiempo trabajando, jugando y durmiendo, y luego todo comenzaba de nuevo al día siguiente.

Un día, mientras miraba el océano desde la mesa de un restaurante, algo le llamó la atención. Shannon dirigió la mirada hacia la derecha y contempló a un grupo de personas vestidas de naranja de los pies a la cabeza. Parecían más algo salido de un sueño que de la realidad y su mente se sintió confusa por unos instantes, incapaz de entender la extraña aparición. Más tarde averiguó que eran discípulos de Bhagwan Rajneesh. Su presencia la atrajo de forma inmediata y por un instante incluso sintió el sutil latido de su segundo corazón. "Pues a mí me parece un grupo de locos", resonó la voz de Nana en su cabeza. ¿Y quién era ella para discutir con Nana?

Esa noche, mientras la nación esperaba ansiosa los resultados de la Copa América, ella, Leonor y Kenny regresaron a la zona gay.

Apenas Shannon entró en la discoteca, se encontró con los ojos azules, fijos sobre los negros de ella. Shannon caminó de manera automática hacia la mujer. Pasó sus dedos por el exquisito rostro y se perdió en el poder de la mirada. Cualquier duda y confusión que hubiera existido en el alma de Shannon se evaporó al contacto de la ardiente pasión que la sola presencia de ese ser despertaba en ella. El mundo a su alrededor se tornó borroso. Y entonces se besaron, de manera gentil, tierna, amorosa, cálida, febril, hambrienta, avasallante. El cuerpo de Shannon temblaba de ganas; no sabía ya dónde terminaba su piel y comenzaba la de la mujer. Era como tocarse a sí misma, besarse a sí misma, todos los contornos se esfumaban, se fusionaban en uno. Shannon no sabía lo que hacía ni tampoco le importaba. Su corazón la empujaba hacia esta mujer y ella lo obedecía. A partir de esa noche, ambas pasarían los siguientes tres años de sus vidas juntas.

Si la belleza de Michelle era lo que había atraído originalmente a Shannon, su roce social y cultura agregaron otra capa de encanto que la tornó en verdad irresistible. Aunque ambas tenían aproximadamente la misma edad, Michelle poseía una refinada sofisticación que la hacía parecer más madura. Era una mujer de mundo, que había vivido mucho de lo que Shannon había aprendido a través de hombres mayores. Una experta conocedora de la buena cocina, Michelle trabajaba de chef en un restaurante de lujo. Como era de esperarse, las cenas románticas en exclusivos restaurantes fueron comunes durante la primera etapa del tórrido romance. Pronto comenzaron a hacer el amor en los lugares menos apropiados. Se amaron bajo las estrellas que alumbraban el bosque. Se tendieron desnudas sobre las arenas de playas solitarias. Parecían incapaces de dejar de tocarse. La atracción entre ambas era de tal fogosidad e ímpetu, que nada de lo que había vivido Shannon hasta entonces podía comparársele. Cualquier chispa que la señorita Clark hubiera encendido en Shannon era cosa de niños comparado a ese ardor, a esa necesidad, a esa sed que ella sentía por la perfección física que era Michelle. Shannon podía quedarse viéndola por horas. Todo su talento creativo comenzó a surgir y la exquisita criatura le inspiró poemas y canciones, música que hacía resonar su garganta después de muchos años de silencio. Michelle se convirtió en la musa de su obsesión. Si existía otro mundo más allá de los brazos de Michelle, Shannon no quería conocerlo. Éste era su hogar y aquí era donde se quería quedar, para siempre.

Michelle era muy terrenal, tanto así que a veces le recordaba a Nana. Ambas eran sumamente sensatas y prácticas. Empero, a medida que la relación entre ella y Shannon se afianzaba, el lado salvaje de Michelle salió de su escondite, dejando libre su aspecto impulsivo y soñador, el cual Michelle colocaba en manos de Shannon, a la cual seguía adonde ésta la llevase.

La nueva carrera de Shannon como entrenadora de caballos no estaba resultando lo que ella había esperado. Shannon estaba acostumbrada a trabajar con caballos de la más pura sangre y los proyectos que llegaban a su establo eran decepcionantes. Jamás había visto caballos tan lentos y de tan pobre cría, y no había forma ni manera de transformarlos en vencedores. Shannon intentó hacer su mejor esfuerzo con el material que tenía. Llevaba a los equinos (la mayoría especímenes ineptos) a ignotas y pequeñas pistas, tan lejos del centro de Perth como le fuera posible, para que se pulieran y mejoraran sus posibilidades. Pero nunca alcanzaban los niveles de excelencia de Shannon. Un caballo, sin embargo, parecía muy promisorio. Había llegado segundo en su primera carrera y justo cuando Shannon llegó a creer que era lo suficientemente bueno como para llevarlo al hipódromo de la ciudad, el dueño lo cambió a una caballeriza más grande. Shannon se dio cuenta de que la estaban explotando otra vez. La estaban utilizando como preentrenadora de un grupo de caballos de carrera mediocres. Y cada vez que un caballo mostraba el más ligero potencial, se lo quitaban.

Descorazonada, desilusionada y mal pagada, Shannon decidió que la situación era insoportable y que ella ya no aguantaba más.

—¿Qué pasa? —preguntó Michelle con los ojos entornados, mientras acariciaba el oscuro cabello de Shannon.

—Soy una entrenadora de burros, Elle —contestó Shannon, con los ojos fijos en la ventana abierta.

Michelle besó la desnuda espalda de Shannon.

—No seas tonta, tú eres una gran entrenadora.

—A lo mejor. Pero esos caballos no merecen su nombre. De hecho, creo que los burros son más rápidos que esos animales… éstos son más como vacas. Así que supongo que soy una gran entrenadora de vacas.

Michelle dejó escapar una suave carcajada. Era como campanillas de plata atadas a flores, repicando con la brisa de la tarde.

—¿Sabes de lo que me acabo de enterar, Elle? —continuó Shannon, dándose vuelta para ver a Michelle a la cara.

—¿Qué, amor?

—Que van a abrir un nuevo hipódromo en Caloundra, Queensland.

Michelle frunció los labios.

—¿De veras? —preguntó unos segundos después.

—Y creo que eso sería una gran oportunidad para mí, si voy para allá.

—Pero Queensland está al otro lado de Australia.

—Lo sé, Elle, pero no hay nada aquí para mí.

Michelle se levantó de la cama. Exhibió su desnuda belleza mientras caminaba a la mesa, buscaba un cigarrillo y lo encendía.

—Yo estoy aquí —dijo finalmente.

Shannon había temido esto. Era poco probable que Michelle quisiera dejar su más o menos prestigioso puesto en el hotel para irse con ella.

—Podrías venir conmigo —sugirió Shannon con dulzura. Detectó un dejo de duda en los ojos celestes y aprovechó la oportunidad—. Vamos, Elle, sería una gran aventura. Tú eres una excelente chef, aquí y donde sea. Por Dios, ¿quién no te contrataría con tan sólo verte? Y podemos darnos el lujo de ir despacio, como si fuera una excursión por carretera. ¿No sería eso romántico? Sólo nosotras dos y la naturaleza salvaje, deteniéndonos cuándo y dónde nos diera la gana. Seríamos libres, Elle, libres en verdad, sin preocupaciones, ni responsabilidades, ni frustraciones, sólo nosotras y Australia. ¿Te imaginas algo mejor que eso?

Michelle exhaló una nube de humo. Y luego sonrió.

—¿Así que vamos a vivir una aventura?

—La mejor del mundo. Te lo prometo.

Y Shannon cumplió su promesa, aunque tomó algo de ajuste y planificación, particularmente en lo referente a las finanzas. Durante toda su vida, Shannon se las había arreglado para hacer mucho dinero y había hecho de la frase "el dinero es mi amigo" su mantra personal. Sin embargo, su dispendioso estilo de vida en la costa oeste había sido costeado por un salario más bajo del que ella estaba acostumbrada. Sin muchas ganas, les pidió dinero a sus padres para la travesía y éstos fueron más que generosos. Le proveyeron los fondos para el viaje más emocionante de su vida, un viaje de seis meses a través de Australia que fácilmente se podía haber llevado a cabo en dos semanas por automóvil.

El Gran Golfo australiano es, sin lugar a dudas, uno de los más extraordinarios paisajes vírgenes del mundo. Los arrecifes cortantes parecen desplomarse al mar desde las planicies de Nullarbor y la arena recuerda las ondulantes dunas del Sahara, sólo que aquí son del blanco más puro imaginable. Las olas se enrollan una tras otra como un continuo y retumbante desfile, a medida que el Océano Pacífico golpea inmisericorde la costa. Aquí, la presencia humana es prácticamente inexistente y aquellos que busquen probar lo contrario, normalmente se tienen a sí mismos por compañía, con todos los peligros y maravillas que eso conlleva.

Shannon yacía en la playa, cautivada por la poderosa majestad de la naturaleza indómita y sus sentidos avasallados por todo el estímulo: el rugir del mar, los gritos de los pájaros, la caricia del viento, el roce de la arena, el sol sobre su piel, el olor de la sal y las algas, lo intenso del azul, blanco y verde a su alrededor. Era como si su espíritu se diluyera en lo que la rodeaba y se hiciera uno con el todo. Las olas subían y bajaban, reventando en la playa, mientras Michelle caminaba por las dunas, envuelta en una sábana blanca que flotaba al viento. Shannon quedó literalmente sin aliento ante la belleza frente a sus ojos, la más impoluta que hubiera presenciado jamás. Mientras ella contemplaba la imagen con asombro, su segundo corazón latió súbitamente con fuerza, el chillido de delfín llegaba hasta lo más alto de su frecuencia. A lo lejos en el océano, Shannon vio una manada de ballenas saltando desde las profundidades, cual fantasía hecha movimiento. Desaparecieron en un parpadear, pero, ¡qué segundo fue ése! ¡Qué instante de perfección! Magia pura capturada para la eternidad. Shannon sintió una alegría difícil de expresar, algo así como un regreso a casa. Deseó que pudieran quedarse en la playa para toda la vida, convertirse en reclusas o refugiadas, lo que fuera, en este prístino paraíso. Pero tal como le recordó sensatamente Michelle, había sueños que sencillamente sólo quedaban en eso: sueños.

Uno de los primeros desvíos que hicieron durante el viaje, fue a Adelaide, para visitar a la familia y amigas de Michelle. La experiencia fue mucho más que incómoda para Shannon. Ésta no sabía cómo comportarse, ni cuán abierta o discreta debía ser. No tenía muy claro cuánto sabía la familia de Michelle sobre su relación, ni cuál era la más probable reacción que debía esperar de ellos. ¿Y qué pasaría si no les caía bien a las amigas gay de Elle? Y había que pensar en sus propios amigos. ¿Qué opinión tendrían ellos sobre su nuevo estilo de vida? Cuando estaba en Queensland, Shannon no podría haber sido más heterosexual si lo hubiera querido y sabía que en un mundo dominado por hombres, como lo era el de las carreras de caballos, su nuevo romance daría mucho de que hablar.

Los dos días que pasaron con los padres de Michelle fueron muy duros para Shannon. Aunque se mostraron lo suficientemente amables, el señor y la señora Steward no fueron en realidad muy efusivos en su bienvenida. Encontraron diversas excusas para mantenerse ocupados durante el día y aprovecharon la noche para, con voz suave, poner a prueba su propia versión de un interrogatorio nazi: ¿Por qué se habían ido de Perth? ¿Qué perspectivas de trabajo esperaban encontrar en Caloundra? ¿Había considerado Michelle las consecuencias que conllevaba haber abandonado un trabajo promisorio? ¿Era acaso entrenar caballos una buena profesión para una mujer?

—¡No seas tonta! —le dijo Michelle de manera despectiva cuando más tarde Shannon trató de explicarle lo incómoda que se había sentido—. Son mis padres. Es su manera de ser. Pensé que eras un poco más madura, Shannon.

Shannon también lo había creído. Pero esos dos días en Adelaide la habían hecho comprender que no estaba preparada para enfrentar aún el mundo real. Lo que ella ansiaba era la aventura, la pasión despreocupada, el espacio íntimo que se creaba cuando las dos estaban a solas. De manera consciente o no, Shannon comenzó a fabricar un sinfín de distracciones para detener el progreso del viaje. Ella y Michelle se detuvieron en todos los hoteles que encontraron en el camino: bebieron, jugaron al billar, escucharon música en las máquinas que funcionan con monedas y se divirtieron alocadamente en aquellos lugares donde nadie las conocía ni a nadie le importaba quiénes eran. El único contacto que tuvo Shannon con su familia en esos seis meses fue cuando los llamaba con humildad para pedirles más dinero.

Al llegar a Caloundra, el nuevo hipódromo resultó ser un gran elefante blanco: un hermoso edificio donde no había caballos. Y sin caballos, no había trabajo. Tomaron diversos empleos, en espera de que pasara algo, pero pronto fue evidente para Shannon que había que regresar a la Costa Dorada. Para cuando llegaron allá, Shannon había amasado una deuda de dieciséis mil dólares. Era hora de dar por terminadas las vacaciones. Al poco tiempo se encontró trabajando en la pista a las cuatro de la mañana, para luego viajar en la tarde a diferentes caballerizas a entrenar a los potros. Shannon también consiguió trabajo en una propiedad de caballos cuarto de milla; una nueva experiencia para ella. Queensland era el único lugar en Australia donde se permitían correr a los caballos cuarto de milla contra purasangres. La caballeriza de su nuevo jefe era hogar de muchos caballos cuarto de milla cruzados con purasangre. Uno de ellos en particular, Triton, era uno de los caballos más rápidos que había cabalgado Shannon. Ella realmente creía que si él podía mantener 800 metros en vez del cuarto de milla, se distanciaría tanto de los purasangre que ganaría sin el menor esfuerzo.

Arnold Weyland, el propietario de los caballos, no estaba tan seguro. Era un millonario que poseía una cadena de tiendas de ropa para hombres, al igual que otros negocios. Aunque era un apasionado de los caballos, no sabía siquiera cómo ensillar uno y mucho menos cómo entrenarlo. Shannon comenzó a entrenar de nuevo, y, una vez más, le dejaron el control de toda la operación en sus manos. En su esfuerzo por pagar la deuda que les debía a Martha y a William, además del dinero requerido para pagar las obligaciones y los depósitos reglamentarios del nuevo departamento que compartía con Michelle, a Shannon tan sólo le quedaban unos 500 dólares a su nombre. Decidió que Triton haría su debut en una carrera inaugural de 800 metros en la Costa Dorada. Triton era una apuesta segura, Shannon estaba convencida de ello con una fe que desafiaba toda lógica, pero en la cual ella tenía absoluta certeza. Trató de convencer a Weyland de que su caballo era un ganador innato, pero la juventud de ella y el completo desconocimiento que él tenía sobre las carreras, lo hizo dudar. Al final, Weyland sólo hizo una pequeña apuesta, mientras Shannon apostó todo lo que tenía a la nariz de su caballo. Triton se cotizaba 32 a 1. El día de la carrera, Triton fue furia sobre sus piernas, tan rápido como el mejor pura-sangre que ella hubiese visto sobre una distancia corta. Los otros caballos todavía giraban en la última curva, cuando él ya volaba sobre el poste de llegada. Triton ganó por una distancia asombrosa, pulverizando el récord de los 800 metros. Está por demás decir que los 500 dólares de Shannon, pagando 32 a 1, se convirtieron en una ganancia de 16000 dólares. Con orgullo llamó a sus padres para decirles que les estaba mandando el dinero, aunque se guardó un poco para sí y se fue a celebrar al casino local, terminando con una gran borrachera.

Weyland quedó tan impresionado por su gran victoria, que le pidió a Shannon que fuera a vivir a su propiedad. Shannon y Michelle se mudaron a un departamento que estaba sobre un esta-blo, y despertaban cada mañana con la vista de una propiedad de un millón de dólares. Nadie más vivía allá y les era fácil imaginar que les pertenecía. Pero los muros de su relación comenzaron a derrumbarse.

No mucho después de mudarse a la propiedad de Weyland, Shannon recibió una llamada de William. Los doctores habían encontrado que un tumor cerebral era el causante de las tortuosas y constantes migrañas que sufría Martha, y no había más alterna-tiva que operar. Removieron un gran pedazo de su cerebro durante el procedimiento, lo cual tuvo el mismo efecto que el de un derrame cerebral. El doctor dijo que Martha nunca volvería a caminar, ni sería capaz de aprender un nuevo idioma. Sin embargo, como se había comprobado una y otra vez, decirle a un O'Leary lo que podía o no hacer era una pérdida de tiempo; ellos siempre terminaban haciendo lo que les venía en gana. Con el amoroso apoyo de su fa-milia, Martha volvería a caminar de nuevo y, desafiando descara-damente el cruel dictamen médico, aprendería portugués.

Fue durante uno de los viajes de Shannon a Melbourne que las cosas se volvieron agrias entre ella y Michelle. Shannon había llegado a media tarde, cansada después de haber pasado la noche cuidando a su madre y su primera sorpresa fue no encontrar a Michelle esperándola en el aeropuerto. Habían acordado que Elle la iría a buscar, para que Shannon no tuviera que dejar su auto en el estacionamiento del aeropuerto. Molesta, Shannon tomó un taxi a casa, pagó la exorbitante tarifa y entró finalmente al departamento, tan sólo para encontrar un desorden de ropas tiradas por el suelo, comida a medio comer y una toma de agua que goteaba. Era casi como regresar al pasado y encontrarse con los malos hábitos de Maxwell una vez más. Shannon caminó asqueada hacia el cuarto y entonces notó algo extraño. Bear no había salido a recibirla. Shannon la llamó con ansiedad, inspeccionó toda la propiedad y visitó a varios vecinos, todo en vano. Cuando regresó al departamento se dio cuenta de que la comida de Bear estaba cubierta de gusanos y moscas. Entonces escuchó la puerta. Michelle había llegado.

—¡Hola! —dijo Michelle con ojos desenfocados.

—Estás ebria.

—Sólo un poquito… por eso no fui a buscarte… ya sabes… hay que manejar responsablemente… nos deberíamos comprar un par de celulares, entrar en la era moderna…

Michelle cayó sobre el sofá y comenzó a luchar para quitarse las botas.

—Elle, ¿dónde está Bear?

Michelle la miró por un par de segundos con la confusión pintada en el rostro. Luego respondió.

—Ah, si… la perra… te iba a llamar, amor, pero con lo de tu mamá… no sé, no me pareció el momento adecuado.

—¡Dónde está Bear!

—Ni idea… desapareció hace un par de días… a lo mejor está en celo.

—¿Perdiste a mi perra?—

—Bueno, estaba ocupada… conseguir un trabajo por aquí no es tan fácil, ¿sabes? Estoy segura de que Bear va a regresar. Debe ser el llamado de la naturaleza…o algo parecido…

Shannon no podía creer lo que estaba escuchando. ¿Como podía Elle tratar la situación con tal indiferencia? Bear estaba perdida. Y Bear significaba para Shannon más que nada en el mundo. La perra estaba desaparecida desde hacía mucho tiempo ya y le podía haber ocurrido cualquier cosa. Cada vez que Shannon había llamado a Elle, le había preguntado cómo estaba Bear y ella constantemente le había dicho que estaba bien. Shannon no entendía cómo Michelle le había podido mentir sobre algo tan importante. Bear podía estar herida, ¡o incluso muerta! Furiosa, Shannon salió del departamento y continuó su búsqueda. Por fortuna, uno de sus amigables vecinos había encontrado a Bear curioseando uno de los pastizales cercanos y se la había traído para su casa. Cuando Shannon llegó para llevársela, Bear estaba desesperada.

—Sé que no es de mi incumbencia —dijo el vecino—, pero esa amiga tuya se la pasa borracha y deja mucho que desear.

Michelle se disculpó —después que el alcohol se evaporó de sus sentidos—, pero Shannon igualmente quería agarrarla a bofetadas. ¿Cómo podía ser Elle tan insensible y no entender lo importante que era Bear para ella? Con el tiempo se le aplacó la rabia, pero Shannon había perdido la confianza en Elle. A veces, lo único que Shannon sentía por ella era odio. Después del incidente con Bear, la relación comenzó a deteriorarse con rapidez. Pronto fue más que evidente que lo que existía entre ellas no era lo suficientemente fuerte como para que Shannon se aferrara al sueño del amor y almas gemelas. Y el estilo de vida que ambas llevaban era de poca ayuda para solventar la situación.

Michelle resentía el afán con el cual Shannon la ocultaba de sus amigos hípicos. Por su parte, a Shannon la confundía la actitud de Michelle cuando salían juntas. Ambas se la pasaban bebiendo y yendo de fiesta, y Michelle causó furor tanto en el ámbito gay de la Costa Dorada, como en los círculos heterosexuales del hotel local que solían frecuentar. En ambos casos la gente quedaba tan fascinada por la belleza de Michelle que no prestaba la más mínima atención a su acompañante. El problema era que, una vez que se emborrachaba, Michelle tampoco lo hacía. En el momento en que la cerveza o el vino se le subían a la cabeza, Elle se dedicaba a seducir a todo lo que se le cruzara por delante, fuera mujer u hombre, con un ansia que hizo recordar a Shannon las palabras de Kenny, aquella noche cuando por primera vez puso los ojos en la beldad rubia: "Siempre hambrienta, nunca satisfecha." Era como si Michelle necesitara demostrar a Shannon que su apetito sexual necesitaba más que una amazona morena para sentirse saciado. En la zona gay, su corto cabello platinado traía a la mente a la siempre popular Annie Lennox y la convertían en toda una sensación que captaba todas las miradas. Con el pasar del tiempo, Shannon comenzó a poner en duda la "inocencia" de todos esos coqueteos. Después de todo, o ella era su pareja, o no lo era. Y así comenzaron las discusiones.

Elle se ponía en blanco cuando se embriagaba; un pétreo velo cubría sus ojos y ella perdía la noción de sus acciones. Al siguiente día quedaba horrorizada por las historias sobre lo que había hecho la noche anterior. Miraba a Shannon con incredulidad, asegurándole que no podía dar crédito a lo que Shannon le contaba. Amaba a Shannon, en verdad que sí la amaba y ni siquiera en sueños querría ella estar con otra persona. Y se lo decía una y otra vez a cada nueva resaca. Shannon comenzó a sospechar que la inseguridad de Michelle y su falta de autoestima la hacían buscar aceptación en los brazos de extraños, para convencerse así de que en realidad ella era atractiva y deseable. Quizás sí era verdad que amaba a Shannon. Pero para Michelle, eso no era suficiente.

—Aquí tiene, señorita.

El cigarrillo apagado cayó de los labios de Shannon. Se dio lentamente la vuelta. Ahí, en medio de la subasta nacional de caballos, con el eterno sombrero de vaquero sobre la cabeza y ofreciéndole su elegante encendedor estaba Maxwell Saxton con una gran sonrisa, como si no hubieran transcurrido casi cuatro años.

—Maxwell

—Hola chiquita, ¿inspeccionando los potrillos?

—Ah… sí

—Te ves muy bien, Shannon —dijo Maxwell de manera cariñosa. Sin embargo, él había perdido su brillo. Los años le habían caído encima y se veía cansado y apagado. Maxwell entonces puso su atención en Michelle.

—¿Y quién es la damita?

Era obvio que la hermosura de Michelle lo había cautivado.

—Elle, éste es Maxwell. Maxwell, ésta es Elle… —dijo Shannon juguetonamente, esperando que la conocida sonrisita se formara en la cara del hombre. —Mi amante.

La boca de Maxwell formó una gran "o".

—Así son las cosas, mi querido Max —continuó Shannon en tono de disculpa, mientras meneaba suavemente la cabeza. —Me las hiciste ver tan negras que, después de ti no me quedó otra que irme al campamento de las chicas, porque me arruinaste el gusto por los tipos.

Shannon estuvo a punto de reírse cuando se dio cuenta de que él pensaba que ella hablaba en serio. "Bien hecho", se dijo a sí misma. Quizás eso le enseñaría a ser más responsable con sus amoríos. Sin embargo, el encanto de Maxwell era más fuerte que cualquier sorpresa y éste pronto recuperó la compostura y las invitó a cenar. En el fondo Shannon sabía que no era buena idea. Había notado el tic nervioso que aparecía en los labios de Michelle cada vez que ésta se sentía insegura. Pero tal vez era la oportunidad de Shannon de darle a Michelle una cucharada de su propia medicina y demostrarle lo que se sentía al ser puesta a un lado y observar a tu pareja intentando seducir a otra persona. Shannon exhibió la más hechicera de sus sonrisas y aceptó la invitación. Era demasiado fácil coquetear con Maxwell. Shannon sabía todo lo que lo apasionaba, los temas que había que tratar, la forma en que había que mirarle, hablarle y al poco tiempo ambos se encontraban en un mundo propio: un lugar de bromas privadas y anécdotas íntimas que mantenía excluidos a los demás. La respuesta de Michelle fue consumir grandes cantidades de alcohol. Una vez que se armó de valor, comenzó a pelear por su mujer, abrazando a Shannon, besándola, llamándola por sobrenombres que jamás habían salido de los confines de la habitación. Shannon comprendió que la situación estaba escapándosele de las manos, pero ya no podía evitarlo. La sorpresa inicial de Maxwell se transformó en curiosidad erótica, mientras sus ojos pasaban de una hermosa mujer a la otra. Siguiendo sus viejos patrones, Michelle entonces fue por él. Ni siquiera en la batalla para salvar su amor podía Michelle dejar de desear a alguien más.

—Creo que mejor nos vamos, Elle —dijo Shannon con severidad.

—No seas así, Shannon. Estoy segura de que a Maxwell le encantaría venir y jugar con nosotras. ¿No es así, Max?

Maxwell miró a ambas, indeciso sobre qué actitud asumir.

—¡Elle, deja ya eso y vámonos! ¿Qué es lo que pasa contigo?

—Que no me valoras lo suficiente.

—¿Qué?

—Yo podría tener al que me diera la gana, sea hombre o mujer. Y te elegí a ti porque pensé que eras especial. Pero me estás ahogando, Shannon, bebes de mí como una abeja de una flor… como si yo fuera de tu propiedad.

—Yo tan sólo te amo, Elle, con toda el alma.

—¿Amor? ¿A quién le importa un bledo el amor? ¿Y quién te dijo a ti que yo quería ser amada? Si me conocieras, si te hubieras molestado lo suficiente en conocerme, sabrías que yo necesito más. Debo ser deseada, Shannon: ¡ansiada, apetecida, anhelada! Y para serte sincera, tú apenas llenas mis requisitos. Eres tan puritana, tan cobarde… debí haberme ido con Brenda aquella noche… ella me… ella me conoce mejor… sí, me entiende. Ella no me habría arrastrado a este horrible lugar…

La voz de Michelle se hizo un incomprensible murmullo. Shannon sentía como si no tuviera aire en los pulmones a medida que comenzaba a discernir que lo que había tomado como ciega pasión, como su poder sobre Michelle, no era más que un espejismo. Michelle habría seguido a cualquiera que la hubiera hecho sentirse amada. A cualquiera que la hubiera hecho sentirse viva. Un golpe seco sacó a Shannon de sus pensamientos. Michelle yacía con la cara pegada a la mesa. Se había desmayado.

Shannon y Maxwell la llevaron presurosos al cuarto de hotel de él, tratando de ignorar los curiosos y sarcásticos rostros a su alrededor.

—Me parece que va a dormir por una cuantas horas —dijo Maxwell mientras dejaba caer a la mujer inconsciente sobre la cama.

—Gracias, Maxwell —balbuceó Shannon, intentando ocultar sus lágrimas. Hasta ahí había llegado su plan de hacerle ver a Max lo feliz y segura que ella era ahora. Había momentos en que Shannon tenía la impresión de que alguien, en algún lugar, se divertía a costa suya. Y seguramente ése era uno de esos momentos.

—¿Vas a estar bien?

—Sí, claro… no es la primera vez que alguien agarra mi corazón y lo usa como balón de fútbol, como tú bien sabes.

—Lo sé, chiquita. Y lamento las patadas que yo le di.

La abrazó y Shannon reposó su cabeza contra su pecho.

—Shannon, Shannon…¡Cuánto te he extrañado, chiquita!

La abrazó con más fuerza. Ella podía escuchar claramente latir su corazón.

—Maxwell…

—No, por favor déjame terminar… te necesito muchísimo, Shannon, en verdad. No tienes idea de lo que han sido estos años sin ti… es como si parte de mí estuviera muerta, mi pasión está extinta. Soy un sonámbulo caminando por este mundo, chiquita. Ya nada sabe ni huele igual desde que te fuiste.

—Maxwell, por favor…

—Regresa a mí, chiquita. Haré que valga la pena, te lo prometo.

—No puedo, Max. Ya no soy la misma.

—Está bien, soy un hombre de mentalidad abierta, te puedes quedar con ella si quieres… los tres podemos estar juntos… o tomar turnos… o ella puede ser tu pareja oficial y yo tu amante secreto, lo que quieras Shannon. Yo hago lo que tú digas.

—¿Es esa la manera en que me ves, Maxwell? ¿Como la tercera boca en un trío de cuerpos?

—¡No! Bueno, no sé…digo, ahora tú estás metida en esto, pero, por mí, está bien, de veras. Por favor, dime que por lo menos lo pensarás. Dame alguna esperanza, por los viejos tiempos.

Shannon se sentó, asombrada. Aquí estaba ella, en un cuarto de hotel, su amante desvanecida sobre una cama, su antiguo novio suplicándole inútilmente que regresara con él. ¿Qué clase de mundo había creado ella? ¿Y era éste acaso un mundo al cual ella quisiera pertenecer? Ella los había amado a ambos —y hasta cierto punto aún los amaba— y ambos le habían hecho añicos el corazón.

Shannon abrió su cartera y sacó algo de dinero.

—Ya me tengo que ir, Max, pero hazme un favor. Cuando Elle se despierte, dale este dinero. Dile que mandaré sus cosas al hotel, ella sabe cuál. Y dile que por favor, nunca, jamás, se vuelva a poner en contacto conmigo.

—¿Así de simple?

—Así de simple. Ya he pasado por demasiadas despedidas dramáticas en esta vida.

—¿Y qué hay de nosotros?

Shannon sonrió con amargura.

—Lo siento, chiquito. Ya es demasiado tarde.

El tiempo pasó. La carrera de Shannon floreció, su profesionalismo alcanzó los estándares más altos posibles. Pero, a pesar de recibir más ofertas de trabajo de las que podía aceptar, nada podía disfrazar la devastación emocional que había significado su rompimiento con Elle. Ya no había brazos a los cuales correr y ninguna cantidad de alcohol podía lavarle el dolor que ese hecho le causaba. La ausencia de Michelle la perseguía. Shannon veía su rostro sobre las caras de las mujeres anónimas que se cruzaban en su camino. Todas las mañanas, antes de salir al trabajo, Shannon colocaba una taza de humeante café sobre la mesa, sólo para encontrarla fría a su regreso. Ya no había una Michelle que echara miel en la bebida, o mojara juguetona panecillos en ella. Ya no había una Michelle que horneara pan los domingos por la mañana. Ya no había una Michelle que regara las plantas moribundas en el vano de la ventana. La angustia era como un martillo imparable en la cabeza de Shannon, torturándola sin piedad desde el momento en que se despertaba y estiraba los dedos hacia el lado vacío de la cama y sólo encontraba la gélida soledad que se había convertido en su eterna compañera.

Lo peor era saber que era sólo cuestión de tiempo antes de que Elle encontrara a alguien más a quien atormentar. La sola idea le causaba tanto dolor que Shannon no quería imaginar cómo se sentiría si en verdad llegara a verla con otra. Su único deseo era alejarse lo más posible de Elle; de algún encuentro accidental con ella; de cualquier conversación casual que trajera a colación su nombre y conjurara la visión del amor que Shannon alguna vez pensó que era recíproco. Shannon solamente quería huir, regresar con su familia, a su ciudad natal, tener doce años de nuevo y sentirse a salvo.

Lo que Shannon ignoraba era que el periodo más catastrófico de su vida estaba a punto de comenzar. Por los próximos dos años la rueda del destino giraría para provocar en ella los cambios más radicales imaginables. Shannon perdería todo: todo lo que amaba, todo en lo que confiaba y en lo que creía. Su existencia se tornaría en marejada que traería destrucción tras destrucción. Shannon quedaría tal como había llegado al mundo: sin nada.

Todo empezó con la muerte de Cresta Run.

DIECINUEVE

Iko observó a H-ra trabajando sobre la mesa, y le impresionó la manera en que sus delgados músculos estiraban la piel, como una fuerza creadora que dibujaba colinas y sinuosidades sobre su dermis. Sus ojos grises habían adquirido esa apariencia ensoñadora que los velaba cada vez que H-ra se concentraba intensamente en un proyecto o idea. La gran boca se expandió en una sonrisa.

—Parece que la estás pasando bien —dijo Iko y se sentó al otro lado de la mesa.

H-ra alzó la cabeza, un poco sorprendido. Lo rodeaba un sinfín de dibujos y diagramas que había estado trazando desde que dejaron Grezian. Había bosquejos de edificios, plazas, templos y jardines. Algunos recordaban las bellas torres de Tandra, con sus cúpulas esféricas; otros parecían estar más influidos por la controlada simetría de los grezianos. Y otros parecían salidos de un mundo más allá de lo visto por ojos humanos: edificaciones de una ciudad fantástica, donde dioses, y no mortales, caminaban por las calles.

—Iko, tienes que ver esto —murmuró H-ra, a medida que sus dedos empujaban una pequeña bola de arcilla que estaba enfrente de él—. ¿Recuerdas como Isha nos ha estado diciendo que todo es una ilusión? ¿El dolor, el miedo, la muerte?

—Sí.

—Pero antes de que ella te enseñara, nos enseñara eso, habrías dicho que todos esos términos eran reales, ¿no es así? Nosotros hemos sentido dolor y rabia. Nosotros hemos visto la muerte.

Iko miró a su amigo, intrigado. Aunque extremadamente creativo, H-ra no era por lo general muy dado a filosofar. Por lo menos, no hasta ahora. Todos ellos parecían estar cambiando tanto y tan rápido desde que habían iniciado su entrenamiento con el diamante negro, que Iko ya no se atrevía a decir que conocía a sus amigos completamente o, incluso, que se conocía a sí mismo. Todos se habían transformado en potenciales vasijas, en espera de tomar forma sobre la rueda del alfarero.

—Exactamente —dijo H-ra.

—¿Qué? —preguntó Iko confundido.

—Yo también tengo esa imagen; la de la elaboración de la vasija.

—¿Cómo supiste?

—No estoy seguro, pero me está pasando con frecuencia. Es como si estuviese conectado con todos ustedes. En todas las cosas, pero no importa. He perdido el hilo de mis pensamientos. ¿Por dónde iba?

—Ilusiones.

—Sí, bueno, si todo sentimiento es una ilusión, pero parece real, ¿no se aplicaría la misma idea al mundo sólido: todo lo que tocamos, vemos y sentimos? Y si es una ilusión, ¿no podríamos darle forma? ¿Como un bloque de arcilla en la rueda?

—No creo que te esté entendiendo, H-ra

H-ra apuntó a la bola de arcilla que tenía en su mano izquierda.

—¿Qué es lo que ves aquí, Iko?

—¿Arcilla?

—Puede ser —H-ra susurró, mientras cubría la bola con su mano derecha—. Pero yo veo un templo: un bello templo redondo, como el que estaba en Tandra. Veo esbeltas columnas, de base redonda, la bóveda del techo, las delicadas hojas que suben en lianas alrededor de las columnas, el altar central. Puedo verlo claramente, Iko. Inclusive puedo ver la manera en que luciría cuando la luna brille alto y se refleje en el pequeño lago, en el centro del cual se erige este templo. Es como una perla en una ostra; una isla en el medio de un mar quieto.

H-ra movió su mano derecha. Iko dejó escapar una expresión de asombro. En la palma izquierda de su amigo había un templo en miniatura esculpido hasta el último detalle, según las especificaciones de H-ra.

—¿Sabes en qué consiste la diferencia entre esta arcilla y un bloque de mármol? —preguntó H-ra.

Iko desplazó los ojos de la escultura hasta la cara de H-ra y los regresó de nuevo a la miniatura.

—En nada —dijo Iko.

La cara de H-ra se iluminó, y éste aplastó el templo, convirtiéndolo nuevamente en una masa amorfa de arcilla

Las maravillas no se limitaron a este tipo de exhibición mágica. Bajo la influencia de Isha, la conciencia de Iko y de los Siete se expandió con rapidez. Exploraron un gran número de islas, descubriendo en el proceso los secretos del océano, una vez que todos hubiesen perfeccionado el arte de la natación en hondas profundidades. Isha les había enseñado cómo afinar su intuición, al punto de ser capaces de comunicarse con los animales marinos. Uno de ellos, Pushan, era una extraña criatura a la que no sabían cómo clasificar. La primera vez que lo vieron, pensaron que era un tiburón gigante, con su tenebrosa aleta dorsal negra cortando la superficie del agua a gran velocidad. Iko nunca había visto nada tan portentoso. La gentil y redondeada cara les recordaba un poco a los delfines, aunque no tenía nariz en forma de botella. Su gran tamaño traía a la mente la magnificencia de las ballenas. Su piel negra y blanca se asemejaba a algunos de los corceles de las caballerizas del Rey. Los chicos lo observaron dar vueltas alrededor del Tilopa, inseguros de qué clase de intenciones tenía esta rara forma de vida marina. Entonces Iko sintió una especie de llamado por parte del animal y saltó al mar. La criatura lo circundó varias veces, estudiándolo. Y luego, tal como lo hiciera el delfín hembra aquella primera vez que Iko estuvo bajo agua, Pushan le ofreció su aleta. A partir de entonces formaron un vínculo tan fuerte como el que tenían Iko y Crestula.

Al aprender como enfocarse en el crecimiento, la conciencia de Iko y los Siete se había ampliado de manera dramática. Ahora siempre elegían el amor y la alabanza, y cultivaban una mayor aceptación hacia cada aspecto de sí mismos. Habían aprendido a no juzgar; a no considerar nada como malo. Tan sólo el miedo a lo desconocido, que de vez en cuando los embargaba, los hacía dudar momentáneamente, afectando la búsqueda de sus deseos. Todo fluía de manera tranquila y natural. Con el tiempo, hazañas que hubieran considerado imposibles de realizar se convirtieron en acciones rutinarias para los refugiados de Tandra. Eran como dioses: su potencial carecía de todo límite. Las pequeñas cicatrices y separaciones que se habían formado comenzaron a desaparecer, cual sombras reducidas a la nada ante la luz visionaria de Isha. Todo nuevo descubrimiento, toda nueva manifestación traía alegría, al igual que las nuevas revelaciones de Isha.

—Nuestras conciencias se están uniendo de manera tan vertiginosa que ahora pueden encontrar mi presencia, mi paz y mi poder dentro de ustedes. Ésta es la aspiración de todo gran maestro. La sabiduría se ha profundizado tanto en ustedes, que ahora pueden poseer perfecta maestría sobre la ilusión de este mundo. Éste es un logro extraordinario: todo lo que ven a su alrededor está siendo aceptado en su interior, a medida que encuentran la perfección en toda la creación. Pero no coloquen su poder en mí; las respuestas están dentro de ustedes. Yo puliré lo áspero de los cortes y destruiré la ignorancia, pero sólo ustedes pueden aspirar a su propia iluminación. Encuentren el diamante que existe en su yo interno y ustedes se transformarán en Isha.

Una de las primeras habilidades que se puso de manifiesto en ellos fue el desarrollo de una sorprendente habilidad para comprender. En los meses que le tomó al Tilopa cruzar la distancia entre Grezian y Shah-veslan —el destino indicado en la segunda parte del mapa— leyeron cada una de las tablillas y papiros del cofre. Por ende, para cuando avistaron las altas montañas de la Isla del Demonio, como algunos la llamaban, los chicos ya tenían una buena idea de lo que este nuevo reto les depararía.

El rey Kironte le contó a Iko que, cuando él extrajo el mapa del cetro y se dio cuenta de qué parte del mundo representaba, su primer pensamiento había sido destruirlo. Luego decidió que su buen amigo Al-Athalante-Ez no lo habría ocultado en el cetro sin una buena razón. Así que Kironte regresó el mapa a su lugar y esperó.

—Todavía no entiendo por qué querría tu padre mandarte a ese lugar maldito, Iko —dijo Kironte cuando se despidieron—. Pero debemos confiar en su juicio, ya que él no te enviaría a tal infierno si no fuera por una razón sumamente importante. Éste es tu hogar si lo deseas Iko, independientemente de lo que decidas hacer.

—Le estoy profundamente agradecido, Majestad— respondió Iko—. Pero usted está en lo cierto. Las razones de mi padre son excepcionalmente poderosas y debemos confiar en él.

A medida que los jóvenes estudiaban la detallada información que el Rey les había provisto, entendieron cuán importante eran las enseñanzas de Isha para el éxito de su misión. Shah-veslan era un lugar que durante siglos se había dedicado a las Artes Oscuras. Por años se habían documentado los sacrificios humanos, la manera en que se esclavizaba tanto al cuerpo como al alma y las posesiones demoníacas que allí tenían lugar. Algunos incluso veían el sitio como la entrada directa al infierno; el lugar de la condena eterna. Un sitio donde espíritus malignos caminaban con los humanos.

—¿Por qué se molesta la gente en ir hasta allá, entonces? —preguntó una noche Ryu, a medida que cada uno de los chicos informaba lo que había encontrado en los papiros.

—Por codicia —dijo Tok.

Había un jardín amurallado en esa isla. Al final del mismo se hallaba el Gran Templo de la Oscuridad y dentro de él esperaba un ser llamado Freehas. Si sobrevivías al jardín, Freehas estaba obligado por un pacto mágico a concederte lo que le pidieras, desde la inmortalidad hasta las más opulentas riquezas.

—Me está dando terror preguntarlo, pero voy a hacerlo —dijo Sha. —¿Cuántas personas han sobrevivido al jardín?

—Muy, pero muy pocas.

Pronto averiguaron que el jardín era un lugar de peligros físicos y espirituales. No sólo atacaban a las personas criaturas, hombres y entes malévolos, sino que, según contaban, en este lugar uno debía enfrentarse a su peor enemigo.

—Y para hacer la cosa aún más divertida —añadió H-ra unos días más tarde—, no se le permite a los solicitantes (ésos somos nosotros) llevar ningún tipo de arma al jardín.

—¿Cómo crees que hizo el Rey para entrar en el jardín y ocultar el mapa, Iko? —preguntó Ari.

—Dudo que haya sido él. Me parece que la Bruja habría tenido más oportunidades de salir con vida del jardín.

Se quedaron en silencio por algunos minutos. Finalmente Iko habló.

—No hay nada que temer: no hay manera de lastimar el poder de la conciencia.

Asintieron al mismo tiempo y la nube de preocupación que flotaba sobre sus cabezas desapareció.

Una sólida bruma rodeaba los contornos de Shah-veslan. El aire se sentía pesado y húmedo, como si, en vez de una sustancia etérea, respiraran agua, o la viscosa superficie de un pantano podrido. Anclaron al Tilopa lo más cerca de la orilla que pudieron y nadaron a la playa. Incluso la textura del mar, que ya se había convertido en parte de su ser, se sentía diferente en este lugar. No había calidez, ni vida, ni sensación de libertad. Antes de llegar a tierra tuvieron que luchar con una barrera de algas muertas que se adhería a su piel y se enredaba entre sus piernas. La isla no se parecía a nada de lo que Iko y los Siete hubieran visto hasta ahora. Un dosel de árboles tapaba el sol y creaba perpetuas sombras. Nubes de insectos revoloteaban sobre ellos, haciendo casi imposible hablar sin que sus bocas fueran invadidas por varios de ellos. Arbustos espinosos y hierbas les rasguñaban los cuerpos, a medida que se dirigían a lo que el mapa llamaba La Verja de la Muerte. No era precisamente un nombre poético. Dos cadáveres, uno masculino y otro femenino, se descomponían a cada lado de la reja. Colosales paredes se extendían a la vera de cada cuerpo, tan lejos como alcanzaba la mirada. Ryu agarró con fuerza la mano de Ari, sus ojos se llenaron de lágrimas a la vista de los restos humanos.

—Bueno, ¿y ahora qué hacemos? —preguntó H-ra, tratando de ignorar las moscas que bailaban alrededor de su cabeza.

—Es una puerta. Tócala —dijo Sha.

Iko golpeó el corroído metal. Resonó sobre ellos con una potencia diez veces más fuerte que el trueno.

El cadáver masculino abrió la boca, dejando caer una lluvia de gusanos y bilis verde.

—¿Quién solicita entrar en mi jardín? —preguntó.

Los muchachos se echaron para atrás.

—Iko —balbuceó el joven, intentando mantener la tranquilidad en su voz.

—Iko —repitió el cuerpo femenino burlonamente— ¿Sólo Iko? ¿Iko y nadie más?

—Iko y H-ra —agregó éste con firmeza.

—Y Kía.

—Y Tok.

—¡Y Sha!

—¡Y Ari y Ryu!

—Y Sat — dijo la chica con suavidad. —Iko y Sat.

Los cuerpos volvieron su atención al sereno rostro de Sat. El cadáver femenino chilló y se cubrió con las manos las cuencas vacías. El masculino no pudo ocultar una expresión de terror, pero continuó hablando.

—¿Así que vienen como un solo solicitante?

—¡Si! —dijeron a coro.

—Como deseen. ¿Entienden que este pacto es irrompible? No hay vuelta atrás después de cruzar la puerta, la cual una vez cerrada, no se volverá a abrir. O su carne me alimentará o yo habré de conceder su deseo. Sin excepciones. La única regla que hay es ésta: sobrevivan y seré de ustedes; fallen y serán míos.

—Entendemos —replicó Iko.

—Entonces dejen atrás sus armas y traspasen el umbral —dijeron los cuerpos, mientras se abría la reja.

Se tomaron de las manos y entraron.

El frío al otro lado era insoportable. Un espeso manto de niebla los cegaba. Una risa desencarnada repicó en sus oídos, mientras se abrían paso con lentitud sobre el engrudo pegajoso que había debajo de sus pies. Iko y los Siete temblaban con violencia y eran incapaces de controlar sus movimientos. Entonces escucharon el rugido. El suelo se sacudió y una explosión de fuego disipó la niebla. Podían ver con claridad el paisaje ahora: una tierra estéril de burbujeante lodo negro, árboles desgajados y cielo púrpura.

—Se ven a sí mismos como uno —dijo un coro de voces invisibles—. Están contando con la fuerza mutua para engañarnos… veamos que tanto logran sin sus cabecillas.

Un abismo se abrió debajo de los pies de Sha y la tierra se la tragó.

—¡No! —gritó Tok—¡Llévenme con ella!

—Como gustes —replicaron las voces y Tok desapareció a través del suelo. Lo mismo ocurrió con Kía y Ari. H-ra e Iko agarraron a Ryu y trataron de jalarla fuera del abismo que se había abierto debajo de ella, pero una garra incorpórea la arrastró hacia abajo, dejando un escalofriante grito atrás al cerrarse la grieta en el suelo. Una viña surgió de manera vertiginosa de la superficie y se enredó con rapidez sobre Iko y H-ra, encarcelándolos tras espinosos barrotes.

—¿Qué haremos con la chica? Le tememos… le tenemos tanto miedo —continuaron las voces.

—No hay nada que temer —replicó otra desencarnada voz. Ella es una de nosotros.

Y al decir eso, Sat se transformó en bruma y desapareció en el aire.

—¡No, no, no! —gritó Iko, destrozándose las manos contra las espinas, mientras empujaba con desesperación los barrotes.

—Vinieron como un solo solicitante —declaró el coro—, y como un solo solicitante habrán de ser satisfechos. Si uno de ustedes muere, todos ustedes morirán.

Las voces se alejaron en forma de un largo quejido y la oscuridad cayó sobre los muchachos, borrando de sus ojos cualquier chispa de luz.

Sha y Tok se encontraron dentro de un laberinto con forma de serpiente, de paredes tan altas que parecían no tener fin. Su superficie plateada estaba pulida para que diera el más alto brillo, multiplicando la imagen de la pareja al punto que era difícil distinguir la realidad de las imágenes reflejadas.

—¿Estas bien? — preguntó Tok, ayudando a Sha a incorporarse.

—Tan bien como se puede estar después de que la tierra te comió viva —replicó ella, sacudiéndose secas raíces y polvo del cuerpo. —¿Dónde crees que estamos, Tok?

—No estoy seguro, pero creo que es el Paso del Enemigo. Recuerdo haber leído sobre un laberinto, donde los solicitantes se encontrarían y pelearían con su peor enemigo.

—Bien, entonces sabemos a quién nos encontraremos, ¿no es así? Al Crendin.

No había terminado Sha de decir esas palabras, cuando dos guerreros Crendin emergieron delante de ellos. Corrieron hacia los jóvenes, con sus gritos de guerra rebotando sobre las lisas paredes. Sha pateó a uno de ellos en el estómago, y brincando sobre él, enrolló el brazo en su garganta, cual furiosa serpiente.

—No, Sha, eso es lo que ellos quieren, ¡detente! —exclamó Tok, mientras permanecía inmóvil; el guerrero Crendin le daba vueltas: lo olfateaba, lo medía cual animal salvaje que confronta a una nueva especie.

El primer guerrero Crendin gruñó y empujó a Sha con potencia hacia el muro.

—Sha, escucha a Isha, permite que ella te guíe —imploró Tok, mientras que su enemigo oía sus palabras, hipnotizado, una cobra dominada por las notas de una flauta.

—¿Qué quiere decir? —jadeó Sha, mientras que el guerrero la forzaba boca abajo contra el suelo. El hombre presionó la rodilla contra la espalda de la chica, le agarró el cabello y le haló la cabeza hacia atrás —Iko… tiene… a Isha.

—Isha está siempre con nosotros, dentro de nosotros —dijo Tok, mientras caminaba hacia el guerrero Crendin y lo abrazaba con dulzura. Una repentina luz los cubrió a ambos y desaparecieron.

—Tok…—susurró Sha, mientras que los duros dedos del soldado Crendin comprimían su garganta. La desencajada sonrisa del hombre flotaba sobre ella; afilados dientes, convertidos en dagas, que se introducían en su cabeza y empujaban la luz hacia afuera— Is…ha...

—*No hay aspecto del exterior que no exista en tu interior* —susurró la voz del diamante negro en su alma. Sha recordó la primera vez que Isha había dicho esas palabras. Fue durante una de sus primeras meditaciones y Sha se había puesto furiosa. ¿Acaso Isha los estaba comparando con el Crendin y su maldad? ¿Cómo podía hacerlo? ¿Cómo se *atrevía* a hacerlo, después de todo lo que ellos habían sufrido?

—*Ustedes pueden sanar todos esos aspectos* —continuó Isha—. *Aceptarlos y amarlos como suyos propios. O pueden hacerlos a un lado, pero regresarán con mayor ímpetu. El amor no necesita defensa: sólo hay que abrirse a él y ver a través de sus ojos. Para que puedan unirse a mí deben entrar en lo desconocido. Deben abandonar sus miedos y aceptar su humanidad. Las cicatrices de la vida son profundas y los horrores que han vivido les han traído amargura y resentimientos. Pero toda separación de Dios no es más que una ilusión y a través de mis enseñanzas ustedes sanarán todo lo que no es real. Dondequiera que haya oscuridad, el diamante traerá luz, hasta que la luz ilumine de tal manera que ustedes brillarán como yo, en translúcida perfección.*

Sha se preguntó si ese guerrero era en verdad su enemigo. Esa idea no había terminado de cruzar por su cabeza, cuando un resplandor naranja surgió del suelo. Sha miró hacia arriba. Las manos que trataban de estrangularla ya no pertenecían a un soldado. En su lugar había una mujer, una joven —casi una niña en realidad— con el rostro desfigurado por el odio y la ira. Una venda roja le cubría los ojos, pero aún así Sha pudo reconocerla con facilidad. Era ella.

—Te... a... amo...

La muchacha se detuvo. Ladeó la cabeza, como si no hubiera escuchado claramente. Los dedos aflojaron su presión y el aire volvió a correr por los pulmones de Sha.

—Te amo —repitió Sha—. Y te dejo ir.

La venda cayó de los ojos de la chica y Sha vio cómo estos se llenaban de lágrimas. Sha alzó sus brazos para abrazarla y en esa acción todo su odio y temor se transformaron primero en humo, en calidez después. Una suave luz blanca envolvió a Sha como un capullo, como el vientre de una madre amorosa, y el desconcertante mundo del laberinto cayó en pedazos, convirtiéndose en nada.

Kía, Ari y Ryu caminaban por el sombrío bosque, el cual era muy diferente de los oasis que ellos habían conocido, donde la luz del sol otorgaba vitalidad a todo lo que tocaba. Aquí, los árboles eran tan imponentes que creaban sombras sobre todo lo que existía a sus pies, cubriendo los arbustos y el suelo con una fría lobreguez. Habían caminado por horas sobre las hojas muertas que les servían de alfombra, sin encontrar más forma de vida que la de la opresiva vegetación.

—Esto es inútil —dijo Kía, sentándose exhausta en el suelo—. Creo que estamos caminando en círculos. Tengo la impresión de haber visto este tronco antes.

—A mí me parece que todos son igualitos —dijo Ari, frotándose las rojas y temblorosas manos.

—¡Pues me niego a seguir jugando a este juego! — exclamó Kía.

—¿Qué quieres hacer entonces, Kía? —preguntó Ryu, abrazándose las rodillas.

Kía estudió los alrededores por un par de minutos. Se encontraban en un pequeño claro, cercados por una pared de árboles sobrecogedores.

—¡Lo tengo! —dijo— Hay que ver que se puede ser bien ciega. Sólo necesitamos saber dónde está el final del jardín, ¿cierto? Pues creo que podré encontrarlo si subo a la copa de cualquiera de estos árboles.

—Sí, claro —replicó Ari con la cabeza echada hacia atrás para ver el techo de ramas que había sobre ellos—. Si encuentras la manera de que te salgan alas y aprendes a volar...

—Ay, por favor, puedo subir hasta lo más alto del mástil del Tilopa en cuestión de segundos. ¿Qué tan diferente puede ser subir a estos árboles?

—No lo sé, Kía. Este lugar no me inspira ninguna confianza.

—No seas tan negativo Ari, que te estás pareciendo a Sha.

La muchacha se puso de pie y se dirigió a uno de los árboles. Observó con detenimiento la dimensión del tronco, los nudos, las ramas inferiores. "Éste está bien", pensó Kia y comenzó a treparlo. Inmediatamente comprendió que subir por ese árbol no se parecía en nada a escalar el mástil de cedro de Tilopa. Los pedazos de la dura corteza le cortaban la piel como afilados cuchillos; las astillas se incrustaban debajo de las suelas de sus zapatos, rodillas y palmas. Las ramas desnudas arañaban con saña su cara y hombros. La ascensión parecía no tener fin, como si el árbol se estirara para evitar que ella llegara a su cima. Kía gruñó y resopló, pero no se detuvo. Podía ver el cielo azul asomarse con timidez entre las hojas. ¡Ya casi había llegado! Sólo tenía que hacer un último esfuerzo, subir un poco más y lo lograría. Entonces el árbol se sacudió a la chica. Literalmente. Frente a los asombrados ojos de Ryu y Ari, el árbol se dobló y osciló, una y otra vez. Kía se aferraba a una de las ramas, pero el árbol giraba sus partes, de arriba abajo, de derecha a izquierda, hasta que la chica perdió las fuerzas y se cayó, su cuerpo se estrelló rompiéndose contra la madera.

—¡Kía, Kía!— gritaron los chicos, mientras corrían hacia el cuerpo torcido, a medio enterrar en el lago de hojas putrefactas. Cuando dieron vuelta a la muchacha, Ari dejó escapar un grito de horror al ver su carne abierta. Los huesos de las costillas eran claramente visibles y corría sangre por su tórax.

—¿Qué vamos a hacer, Ryu? ¡Se está muriendo! ¡Kía se está muriendo y no tenemos aquí a Isha para que la ayude!

Ryu vaciló por un instante. Luego tomó con suavidad el rostro de Ari entre sus manos y lo miró directo a los ojos.

—Veo a Isha en ti, Ari —dijo con ternura—. Y veo todo el amor de la creación en ti.

Ari negó con la cabeza, incapaz de comprender las palabras. Entonces notó la expresión en la cara de Ryu: su semblante le recordaba a su madre, a la Reina, a todas las personas que él había amado, ahora fusionados en las mejillas redondeadas y ojos rutilantes, tan negros en esos momentos como los brillantes cortes de Isha.

—Podemos hacer esto, Ari —musitó Ryu, con su dulce voz matizada por una nueva autoridad.

Ari asintió. Ryu colocó las manos del chico sobre Kía y las suyas sobre las de él. Cerró los ojos.

—Todo lo que veo es perfección; Kía es perfecta tal como es —dijo Ryu.

Su fe estaba destruyendo la ilusión del sufrimiento. Ryu sabía que éste no era real y estaba convencida de que a través de su percepción conseguiría sanar al cuerpo dañado. Ari podía leer los pensamientos de Ryu; podía sentir el poder de su certidumbre y el surgimiento del suyo propio. En su mente, el cuerpo de Kía irradiaba salud: no había magullones ni heridas, sólo la hermosa luminosidad de la juventud.

—Recuerda —continuó Ryu, aunque Ari no estaba seguro de si había hablado con su boca o con su corazón— estamos creando todo perfectamente, para destruir la ilusión de la dualidad y encontrar el amor en todos los aspectos. Encuentra la perfección. Ve la perfección en la creación de Kía. Cuando observamos con los ojos de un corazón puro, todo lo que percibimos como malo desaparece.

Kía se movió ligeramente y abrió los ojos. Ryu le limpiaba la sangre con su propia túnica. No se veían heridas, ni magullones, ni rasguños. Con lágrimas en los ojos, abrazaron aliviados a Kía, y un refrescante rocío con aroma a rosas los envolvió y se los llevó lejos del bosque.

Sat se desplazaba por el camino de mármol, sorprendida ante la belleza de la gran avenida. Habían utilizado pedazos blancos y negros para crear las calles, bordeadas por edificios que parecían hechos de cristal y que presentaban las más diversas formas: triangulares, redondas, cuadradas. Líneas de palmeras perfectamente

rectas daban sombra a los peatones; bancos, exquisitamente tallados, ofrecían un descanso temporal; las fuentes se erguían en el
centro de la plaza, dejando escapar riachuelos de agua dulce de las
bocas de delfines y caballos con cola de pez. Lo que más le llamaba
la atención a Sat era la gracia y la calma que adornaba el rostro de
las personas que había a su alrededor.

Sat nunca había visto tanta gente diferente en su vida: algunos eran tan rubios que se veían casi dorados; otros eran tan oscuros como estatuas de hierro. Había algunos pelirrojos; varios con
el pelo castaño, con los ojos rasgados que ponen los niños cuando
hacen morisquetas; otros tenían los ojos celestes como los de ella;
y otros más, ojos negros como los de Iko. También sus ropas eran
peculiares. Algunos estaban completamente engalanados con telas
gruesas y brillantes; otros estaban escasamente cubiertos por coloridas cuentas y taparrabos de cuero. Sat no podía reconocer ninguna de las lenguas que se hablaban a su alrededor, pero podía
sentir la amabilidad que de ellos emanaba. La chica se maravilló de
lo deliberado de sus movimientos; ésta gente parecía no tener prisa
alguna por alejarse de las caricias del sol y de la fresca brisa. Sin
embargo, aun en su lento andar, parecían dirigir sus pasos hacia un
gran edificio que tenía una entrada arqueada.

Allí, la gente se reunía en filas más o menos organizadas,
hablando entre sí, saludando a los recién llegados con afecto genuino, abrazando a cada uno como si finalmente se hubiesen reen-
contrado después de un largo, largo tiempo. Una risa fuerte, llena
de vida, partió de uno de los grupos. A Sat le sonó familiar, pero no
pudo identificar de dónde provenía. Amor y gozo se desprendían
de manera visible de todas las personas, en forma de sutiles arco
iris que delineaban sus cuerpos a medida que se movían. Sat sonrió sin querer. No podía recordar la última vez que había deseado
pertenecer a un grupo que no fuese el de sus amigos de Tandra. Una
niñita se fijó en Sat. Su cara brillaba cual estrella; su sonrisa podía
haber borrado de la mente todos los problemas del mundo. Entonces

una sombra cruzó su adorable rostro. Sus ojos se dilataron con terror y la pequeña lanzó un alarido agónico, con un dolor tan intenso que por un segundo su arco iris se resquebrajó y se tornó opaco, desapareciendo casi. La multitud buscó la fuente del miedo de la niña. Retrocedieron a la vista de Sat. Algunos se taparon los ojos, como habían hecho los cadáveres a la entrada del jardín; otros sólo se alejaron, con sus cabezas enterradas entre sus manos o debajo de sus capas. El cielo azul se llenó de montañas de nubes. La brisa cambió a un fuerte ventarrón frío que doblaba las delgadas palmas y les arrancaba los pétalos a las flores, convirtiéndolas en tallos desnudos. La gente le dio la espalda a Sat, transformándose en un sólido muro de cuerpos.

Sat estaba espantada. No tenía idea de lo que había hecho para causar tal reacción. Ella quería disculparse, explicar que no deseaba ofenderlos ni causarles daño. Pero el miedo que esa gente sentía por ella era tan innegable que no se atrevió a hablar. Sin ningún otro lugar adonde ir, Sat corrió a la entrada del edificio, cruzó el arco y se sumergió en la oscuridad.

Se encontró en un espacio desnudo, iluminado por débiles antorchas. Ni el techo ni el piso se veían con claridad. A Sat le dio la impresión de que era redondo, pero no podía estar segura. En su centro había una pequeña piscina de inmóvil agua negra, que recordaba la superficie lustrosa de Isha. Sat caminó por el borde de la piscina. Sus pasos no producían el menor ruido.

—Aquí está ella —dijo una voz—. El fantasma viviente.

—¿Qué?

—Ella está muerta y camina. Ella se burla de su mundo y del nuestro.

La voz voló alrededor de Sat como una corriente cálida y sofocante.

—Yo no soy un fantasma.

—¡Mentirosa! Has asesinado el regalo más preciado de Dios con tus propias manos. Eres doblemente asesina.

—¡Yo no he matado a nada en mi vida!

—Has matado a tu espíritu.

Sat retrocedió con pavor, imitando la reacción de la multitud fuera del edificio.

—Tu madre… tu padre…, ¿no sacrificaron ellos su vida para evitar que el Crendin te esclavizara? ¿Y cómo les has pagado? El Rey y la Reina, ¿no te eligieron como una de las compañeras de su único hijo? ¿No te salvó el diamante negro de la destrucción de Tandra? ¿No te has beneficiado con sus enseñanzas? ¿No estás bajo la protección del Príncipe y tus amigos? ¡Y a pesar de todo esto te rehusas a abrir plenamente tu corazón!

—Solamente estaba tratando de protegerme del dolor…

—Y, al hacerlo, te convertiste en esclava de él. Has sometido tu alegría y afecto a su poder. Has encadenado el crecimiento de tu espíritu a tu cobardía. No lo niegues. Nosotros nos vemos en ti. Dios te bendijo con la vida, con una existencia para ser aceptada y disfrutada hasta lo máximo y tú en cambio le das la espalda a ese regalo. Dios creó risa y belleza a tu alrededor y tú las pateas fuera de tu camino. Porque no deseas sufrir. ¡Prefieres escupir sobre el regalo de Dios que ofender a tu amo, el dolor, y regocijarte con el poder de la vida!

Sat estaba de rodillas, su rostro surcado por lágrimas oculto entre sus manos. No podía dejar de temblar ante la inmensa verdad que esas voces, que esos espíritus malignos, le estaban diciendo en la cara.

—¿Y qué queda cuando no hay vida? Nosotros, los malditos, los fantasmas del jardín, observando eternamente a aquellos que en verdad vivieron caminando hacia el lugar del gozo, en el cual nosotros nunca podremos entrar.

—¡Yo sé cómo llegar hasta allí! —exclamó Sat llorando— ¡Isha me enseñó cómo hacerlo! Sólo que he estado demasiado ciega y llena de orgullo para admitir que he repetido las palabras de Isha sin aceptar verdaderamente su significado. Pero ahora sé cómo llegar a ese lugar; la clave está en mi corazón, suplicando que la deje libre.

—¿De veras? ¿Y cuál es esa clave, espectro?

—El amor.

Y al pronunciar esta palabra, un océano de sensaciones colmó a Sat: alabanza, gratitud, felicidad, aceptación, generosidad, belleza, perfección, todas entretejidas en una sola palabra: amor. El brillo de las antorchas se intensificó. Sat miró la piscina y vio imágenes de su vida, esas que había guardado en lo más profundo de su ser: ahí estaba ella, riendo con su madre, sentada sobre las rodillas de su padre; escuchando la risa del Rey y el canto de la Reina. También estaba Iko, H-ra, Kía, Sha, Tok, Ari y Ryu. Y ella, con los brazos abiertos, lista para aceptarse, para amarse y cuidarse a sí misma. Extendió los dedos y los sumergió en el agua, tocando su reflejo y todas las palabras de Isha resonaron en el aire, cobrando finalmente sentido en su alma. El agua resplandeció y Sat pudo ver en una deslumbrante esfera en lo hondo de la piscina, la cual flotó delicadamente hacia ella y fundió a la chica en su masa de luz.

—¿Ahora qué? —preguntó H-ra, mientras aplicaba presión a la herida que tenía en la mano.

Por horas habían intentado superar el dolor de las espinas y separar los barrotes, aflojarlos, romperlos: todo en vano. Tampoco había funcionado usar el poder de la conciencia para transmutar la materia de la viña. En realidad, habían logrado el efecto contrario y las varas vegetales habían ganado espesor, haciéndose más fuertes aún.

—No lo sé —dijo Iko, mirando el negro cristal sobre la tierra.

Habían sacado a Isha de su alforja, esperando disipar con su luz la oscuridad que se cernía sobre ellos. Pero el diamante había permanecido callado, ausente, sordo a sus súplicas.

—Hay algo que estamos haciendo mal —masculló H-ra.

—Probablemente. Pero no me puedo concentrar de la manera adecuada. Necesito saber lo que les ha pasado. Especialmente a Ari y Ryu… son tan pequeños. Nunca se han enfrentando a nada como esto, mucho menos por sí solos.

—Lo bueno es que están con Kía.

—Eso no lo sabemos.

H-ra se mordió el labio. Tanto él como Iko habían sentido el agudo dolor en sus pulmones y habían visto al mismo tiempo la imagen del cuerpo destrozado de Kía. Y después, nada. Cualquier conexión que hubieran tenido con su amiga se había desvanecido, al igual que su comunicación con Isha.

—Tú la amas, ¿no es así, H-ra?

—Por supuesto que la amo, al igual que a todos ustedes.

—Tú sabes lo que quiero decir.

H-ra quedó en silencio.

—Hubo un tiempo en que pensé algo distinto —dijo quedamente el chico—. Mi amor, esa clase de amor, pertenecía a otra persona. Pero tienes razón. Tan sólo pensar en que Kía está muerta, que no la volveré a ver… es como si me arrancaran una parte invisible de mi. Puedo sentir un hueco, Iko, un vacío que palpita y duele. La quiero de regreso. La necesito de regreso.

—Sé lo que sientes.

—¿Sat?

—Sat.

Se quedaron quietos en la oscuridad, espalda con espalda, sus miradas viajando lejos de los torcidos límites de la jaula. De la tierra roja comenzaron a surgir pequeñas plantas que se arrastraron sobre sus pies, enredándose alrededor de sus tobillos, pero los muchachos no se dieron cuenta de eso, absortos como estaban en su tristeza, en la sensación de pérdida que se dilataba dentro de ellos como un ser vivo, respirando, sentado entre sus pechos y espaldas; un ave negra que expandía sus alas y los llamaba con su triste canción a las abismos de la desesperanza.

—Tengo miedo de perderla. De perderlos a todos ellos —dijo H-ra antes de que la hiedra lo amordazara.

Iko se dio vuelta y a través del delgado velo de luz que daba vida a las sombras, vio a su amigo atrapado en una red verde que lo arrastraba hacia las entrañas de la tierra. Trató de moverse, pero no pudo. Sus brazos y piernas estaban atados con sogas similares, las cuales escalaban de manera rápida sobre su cuerpo, hincándose en su carne.

—*Nuestros miedos se presentarán en más de una ocasión. Es cómo reaccionamos dentro de la presencia del miedo lo que determina si éste continúa o se disuelve completamente en el amor. Tus percepciones se reflejarán sobre ti. Y se te presentará aquello en lo que decidas poner tu concentración.*

El diamante negro seguía inmóvil en el suelo, pero Iko podía escuchar la voz de Isha con claridad. Concentración. ¿Concentrarse en qué? ¿En su miedo? ¿O en su fe? En la fe que tenía en la capacidad de sus amigos para defenderse por ellos mismos, ya que Isha, al enseñarles que el amor estaba por sobre todas las cosas, les había provisto de una armadura espiritual que ningún mal podía penetrar. ¿Qué oportunidad tenía un jardín encantado, forjado por el terror, el dolor y el odio, de ganarle al poder del amor?

—¡Ninguna! —exclamó Iko.

—¡Ninguna! —repitió H-ra en la mente de Iko a la vez que sus conciencias se unían.

Ellos no habían sido atrapados por ese lugar; habían sido separados para darles a sus hermanos y hermanas la oportunidad de crecer en el amor. Y si ellos no eran unos cautivos, qué poder tenían estas viñas y espinas sobre ellos. Ninguno.

Las delgadas viñas se secaron de manera fulminante, como si las hubieran chamuscado los dedos del sol, y luego explotaron en una nube de polvo. La jaula vibró. Se despedazó lentamente y regreso a la seca y hambrienta tierra. Emitiendo un suave zumbido, Isha flotó en el aire, virando gradualmente en su eje. Rayos de la más pura luz blanca surgieron de cada uno de los perfectos cortes, los cuales tocaron todo lo que existía en el terreno baldío. La vida estalló con fuerza primigenia. Arroyos y riachuelos llenaron las arterias de la superficie muerta, y hierba verde suavizó la dureza de la tierra roja. Pequeños retoños emergieron de los troncos secos y se transformaron en hojas esmeralda, flores y frutos. El ruido de grillos llenó el aire fresco, seguido por la melodía de los pájaros. Isha continuaba su danza, su luz se hacía más intensa a cada giro, hasta que Iko y H-ra no pudieron mantener los ojos abiertos, sus oídos colmados con la canción de alabanza y júbilo de Isha. Entonces Iko sintió la superficie del cristal que reposaba en su mano. Abrió los ojos y ahí, en el arrebato de colores y perfumes en el que se había transformado el jardín, se encontraban sus hermanos y hermanas. Todos y cada uno de ellos. Corrieron a abrazarse; se besaron mientras lloraban, unidos como estaban ahora en el amor y el conocimiento, un lazo que la debilidad de la existencia no podría nunca romper.

—¡Miren, una puerta! —gritó Sha—. ¡Estamos al final del jardín!

Estaba en lo cierto. Los rayos del sol se reflejaban sobre una reluciente puerta dorada, la cual se abría hacia un camino de grava.

—¡Vamos, corramos antes de que se cierre! —dijo H-ra tomando a Kía de la mano.

—Y por favor, mantengámonos juntos esta vez. ¡Nada de actos de desaparición! —pidió Ari.

Todos rieron y cruzaron el umbral. Se hallaron en la cumbre de un arrecife. Podían escuchar el mar debajo de ellos, oler su aroma salado. Al borde del precipicio había una alta mesa de piedra y frente a ella, Freehas los miraba con dureza. Su rostro humano podría haber pasado por hermoso, de no haber sido por el odio esculpido en sus facciones. Del pecho para abajo su piel se tornaba escamosa y luego dura y brillante, como la pátina casi metálica de los escarabajos. Patas de insectos salían a cada lado de la parte baja de su cuerpo, el cual terminaba en una larga y aterradora cola de escorpión.

—La marca del Crendin —dijo Tok.

—Han arruinado mi jardín —declaró Freehas, cuya voz distorsionada se dividía en una multitud de ecos—. No obstante, estoy obligado con ustedes. ¿Qué es lo que desean, solicitantes?

Iko dio un paso al frente.

—La tercera sección del mapa —dijo con firmeza.

Freehas inclinó ligeramente la cabeza.

—Como desees.

Procedió entonces a colocar la mano derecha sobre la pétrea mesa. Cuando la retiró, la funda plateada de un papiro yacía sobre la piedra.

—He cumplido mi pacto. Ya no tienen poder sobre mí.

Iko se dirigió a la mesa y tomó el mapa. Se sentía pesado y áspero contra sus dedos. Lo amarró a su cinturón sin perder de vista a la criatura. El peligro aún no había pasado.

—¡Entonces cumple ahora mi deseo, Freehas!

Iko y los Siete se dieron vuelta. Estaban rodeados por soldados del Crendin. El hombre que había hablado alzó su espada y apuntó a Iko.

—Te has tardado bastante, Iko, hijo de Al-Athalante-Ez. Comenzaba a temer que el mar te hubiera engullido.

Los jóvenes se agruparon en un semicírculo, intentando ver qué opciones les quedaban. Frente a ellos estaba el Crendin; detrás de ellos estaba Freehas y el mar.

—¿Cómo nos encontraron? —preguntó Iko, buscando ganar tiempo.

Hamiri le hizo una señal a uno de los soldados para que se acercara. El soldado le entregó un saco.

—Gracias a tu amigo, por supuesto, el rey Kironte —contestó el hombre, dejando caer del saco la cabeza de Kironte.

Ryu soltó un grito ahogado. Los soldados se rieron y se burlaron.

—Si te sirve de consuelo, Iko, Kironte no habló sino hasta que matamos a su primogénito —continuó Hamiri—. Es raro cómo algunas personas se apegan a sus hijos, ¿no te parece? Yo, en lo particular, no lo comprendo.

Iko no podía apartar los ojos del rostro del Rey. Presentaba una extraña vivacidad, como si en cualquier momento fuera a estallar en carcajadas.

—¿Qué es lo que quieren? —inquirió H-ra.

—A Isha y al Príncipe. Mi amo Akion desea poder y diversión.

—¿Poder? —preguntó Sat—. Tu amo no tiene idea de lo que significa el diamante negro. Todo lo que Isha hace es elevar el amor: a la luz de su dominio se desvanece la necesidad de controlar y cualquier otra influencia que se base en el temor. Su conocimiento no puede ser utilizado para algo que no sea la unión, más amor y más verdad.

Hamiri se relamió los labios.

—No entendí nada de lo que dijiste, mujer, pero me quedaré contigo —y dirigió su atención a Iko—. ¡Pobre Príncipe! Tanto nadar para morir en la orilla. ¿En verdad creíste que podrías desafiar al Crendin? Nosotros ni siquiera tuvimos que cruzar el jardín. Mientras tú y tus amigos luchaban por su salvación, nosotros estábamos aquí, bebiendo, comiendo, haciendo apuestas sobre cuántos de ustedes saldrían con vida y viendo al viejo Freehas murmurar y protestar sobre pactos y leyes. Lo hiciste bien, muchacho, pero igual perdiste. Entrégame a Isha y tú y tus amigos vivirán. Lucha contra mí y todos morirán. Y al final yo tendré a Isha de todas maneras.

—Está bien —dijo Iko, sacando al diamante de su alforja.

—¡No! —gritó Sha.

El resto del grupo vio con angustia cómo su líder entregaba a Isha al enemigo. Hamiri agarró la alforja y la hizo pedazos. Isha flotó suavemente, enfundada en un ligero resplandor blanco. Los guerreros del Crendin observaron estupefactos, bajando sus lanzas y espadas unos cuantos centímetros. Iko caminó hacia sus amigos. Se tomaron de las manos y formaron una cadena humana. El diamante giró por unos pocos segundos. Luego cayó de golpe al suelo. Cuando Hamiri probó levantarlo, todo lo que sus dedos encontraron fue un pedazo de polvoriento carbón.

—¿Qué? —murmuró Hamiri

—¡Al mar! —gritó Iko, y todos corrieron al borde del precipicio.

—¡Detenlos, Freehas! —ordenó Hamiri.

La criatura sonrió, mostrando sus afilados dientes bajo los pálidos labios.

—Yo no estoy obligado a ti —siseó Freehas.

Los chicos brincaron al abismo. Instintivamente se colocaron en posición de zambullida para entrar en el agua debajo de ellos. La caída pareció durar una eternidad, el aire cortante silbaba en sus oídos. Cuando hicieron contacto con el océano, el agua embistió sus cuerpos, golpeando sus músculos, lastimando su piel, torciendo sus extremidades en posiciones imposibles. Iko pateó furiosamente, tratando de detener la sumergida sin fin. Repentinamente sintió una masa debajo de él. Era Pushan. Mientras se estabilizaba sobre la espalda del animal, Iko pudo ver cómo los delfines, las manta rayas y otros animales marinos ayudaban a sus amigos, soportando sus cuerpos magullados y guiándolos a la superficie; hacia el Tilopa.

La noche fresca invitaba a la tertulia: a fogatas, cobijas de lana y vino. Los chicos estaban sentados alrededor de un brasero, sus heridas ya curadas, sus mentes todavía tratando de entender todo lo que había pasado en Shah-veslan. Cada uno narró su desafío particular y cómo lo había superado. Con cada cuento, estrechaban más el círculo que habían formado, deleitándose con el calor de su compañía, encontrando consuelo y realización en su propia conciencia. Al fin comprendían por completo que, cuando la gente dice la verdad y confronta sus miedos, éstos desaparecen como si nunca hubiesen existido. Y después de eso, cualquier cosa es posible.

—¿Iko, cómo sabías que Freehas no nos detendría? —preguntó Ryu.

—Escuché con cuidado las palabras de los guerreros. A pesar de toda su maldad, Freehas honra el pacto del jardín. Esto es lo que le daba poder sobre todos los solicitantes. Pero al llegar los hombres del Crendin, no hicieron más que mofarse de su ley y cancelar sus decretos. El odio que se reflejaba en su cara, no era contra nosotros, sino contra el Crendín; nosotros jugamos el juego de acuerdo con sus reglas, mientras que los guerreros las menospreciaron.

—¿Y qué pasó con Isha? — preguntó Ari.

Todos contuvieron el aliento, esperando que Iko respondiera la pregunta que había estado en su corazón todo el tiempo.

—¿Y que pasó con Isha? —repitió Iko.

—¿Dónde está ella?

—Dímelo tú, Ari.

Ari bajó los ojos, como si estuviese buscando la repuesta en el fondo de su ser. Entonces los levantó, sonriendo.

—Aquí, dentro de mí.

Los demás asintieron y repitieron las palabras de Ari.

—Pero —interrumpió Kía—, si el Crendín no puede entender el amor y si sin amor no se puede entender, mucho menos usar a Isha, entonces el diamante nunca estuvo en verdadero peligro.

—¡Tienes razón! —exclamó Tok.

—¿Para qué todo esto, entonces? —se preguntó en voz alta, H-ra—. ¿Para qué la preparación, el plan de escape, el barco, el mapa…?

—Para que pudiésemos crecer —sentenció Sha, con una voz tan llena de paz, que no parecía la de ella.

—Y crear un mundo nuevo bajo la luz de Isha —dijo Iko.

Se miraron los unos a los otros, sus rostros resplandecientes de felicidad. Sin ninguna otra instrucción, sino aquella de sus espíritus, los jóvenes Maestros Isha extendieron sus manos hacia el medio del círculo formado por sus cuerpos. Una corriente de calor viajó a través de ellos: una sensación que los hizo temblar, reír y llorar al mismo tiempo y entonces, en el espacio sobre sus manos unidas, ocurrió una explosión de luz blanca, un potente rayo que iluminó la noche azul convirtiéndola, por un instante, en día otra vez. Los defines que seguían al Tilopa emitieron un chillido jubiloso. Los caballos en la bodega patearon y relincharon excitadamente. Pushan saltó en el aire dibujando un arco gracioso y elegante en el aire. Luego la noche retornó a su tranquilidad, y la normalidad regresó al Tilopa. Excepto por el diamante negro, que zumbaba en el aire, sus perfectas facetas reflejando las estrellas del firmamento, su llamarada blanca imitando lunas y soles y todo lo que brillaba en la creación. Isha.

VEINTE

El viaje continuó. Las semanas se convirtieron en meses; los meses se fundieron en años. Ellos seguían el mapa, de islas a continentes, a la vastedad del mar abierto. En el punto más al sur de sus viajes, se cruzaron con una manada de enormes ballenas. Iko y los Siete miraron con admiración a las magníficas criaturas; su increíble tamaño los dejaba sin aliento, su presencia inspiradora irradiaba una serenidad absoluta. Las ballenas observaban a los humanos con ojos llenos de amor incondicional, y los Maestros Isha se maravillaron por el nivel de sus sentimientos. Ningún otro animal de los que ellos habían encontrado había mostrado tal profundidad.

Los jóvenes nadaban debajo de sus enormes vientres, resonando en su amorosa presencia. Se encaramaban sobre las espaldas de los animales, riendo con delicia a medida que las ballenas aceleraban y nadaban a toda velocidad a ras de la superficie, antes de saltar sobre las olas. Se agarraban con fuerza, mientras colgaban de los mamíferos, cautivados por el instante eterno debajo de la bóveda del cielo estrellado. Incluso Pushan hizo amistad con las ballenas, quienes lo adoptaron como parte del grupo. Las ballenas viajaban en una enorme curva a través del océano, para llegar a las aguas más cálidas del noroeste, donde parirían a las crías. La ruta acercaría al Tilopa a su destino final y todos estaban alegres ante la idea de continuar su viaje con tan inspiradora compañía. Los Maestros Isha pasaban todo el tiempo que podían al lado de las ballenas, aprendiendo de su amorosa naturaleza y callada sabiduría.

Al fin Iko y los Siete llegaron a una bella y virginal bahía. El Tilopa tocó la costa para, finalmente, descansar después de su increíble viaje. Las ballenas por su parte se reunieron para dar a luz a sus ballenatos. Mucho tiempo había pasado desde que los jóvenes habían puesto pies sobre tierra firme. El océano les era ahora tan familiar, que resultaba extraño regresar a la estabilidad y dureza del suelo sólido. Desembarcaron a los caballos, los dejaron galopar felices a lo largo de la playa y probar la suculenta hierba de los campos contiguos. Crestula corrió salvajemente a través de la arena prístina. Sat se aferraba desesperadamente de la espalda de Iko. La muchacha no estaba preparada aún para andar sobre tierra, mucho menos para cabalgar sobre un caballo. Mientras tanto, los jóvenes regresaban frecuentemente a las aguas calmas para observar mamar a las ballenas recién nacidas y, a medida que crecían, aprender a romper la superficie del mar y brincar triunfalmente en el aire. Una de las madres dio a luz una hermosa cría, justo a la caída del sol. Brillaba como una perla bañada por ambarina luz y la bautizaron con el nombre de Hiranya: la dorada. Una vez que los jóvenes Maestros Isha se acostumbraron al nuevo ambiente que los rodeaba, comenzaron a explorar la nueva y fantástica tierra, en busca del lugar que pondría fin a su travesía.

Después de levantar el campamento base que habían establecido en la playa, Iko y los Siete se dirigieron hacia los apenas visibles picos nevados que se dibujaban en el horizonte distante. Desde sus cimas, planeaban estudiar el terreno circundante y aprender más sobre su nuevo hogar. La expedición a las montañas fue ardua y larga. Había que atravesar un denso bosque y cruzar un peligroso pantano. Encontraron especies desconocidas y extrañas que no habían visto previamente y que aún tenían que nombrar: gigantes lagartijas que parecían guerreros con armaduras y flotaban cual canoas sobre las aguas del río; cerdos peludos con colmillos que se asemejaban un poco a los de los elefantes; enormes serpientes tan largas y gruesas como troncos. Brillantes loros blancos volaban repentinamente con gran algarabía, dejando vacíos los árboles donde anidaban. Las garzas los miraban con desdén, mientras se desplazaban por la ciénaga, en busca de los suculentos pececillos que el río arrastraba hasta allí.

Después de cruzar las planicies de los bosques llegaron a los pies de las montañas que se alzaban a gran altitud, su inclinación y altas cumbres señalaban la larga escalada que les esperaba. Decidieron consultar con Isha antes de comenzar el largo ascenso.

—*Cuando los objetos que se atraviesan ante nosotros parecen inexpugnables, debemos quedarnos en el momento y dar un paso a la vez. Así veremos que nuestras aspiraciones no tienen límites. Es una vez que hemos llegado a nuestro más alto límite y conquistado nuestros mayores miedos, que en verdad podemos abrazar un nuevo y claro futuro.*

La emocionante escalada duró varios días. A medida que avanzaban, los jóvenes podían ver la costa a la que habían arribado y al Tilopa, cual pequeño destello en la brillante orilla. A veces veían a la ballenita blanca saltar en el paisaje. Las temperaturas comenzaron a descender y el suelo se cubrió de nieve. Los Maestros Isha ya sentían cerca su destino. Iko fue el primero en alcanzar la cumbre y mientras jadeaba, tratando de recuperar la respiración, contempló la más increíble vista. Sintió un mareo que nada tenía que ver con la altura: frente a él se encontraba el sueño que venían persiguiendo desde que abandonaron Tandra. Un poderoso río plateado viajaba por el horizonte, abriéndose al océano; sus dulces aguas se encontraban con las salinas, tal y como lo había descrito Bhagaji. La tierra ere verde y ondulante, sus densos bosques ricos en frutos, flores y fauna silvestre. Los Maestros Isha observaron boquiabiertos el esplendor bajo sus pies. Por fin habían llegado a casa.

—Nuestro nuevo reino se llamará Atlantis —dijo Iko—. Será un lugar visionario, la plenitud de la conciencia; aquí surgirá una nueva civilización basada en las enseñanzas de Isha, en las más

altas vibraciones posibles de amor que los humanos puedan alcanzar. Construiremos un palacio cristalino que refleje nuestro propio
brillo. Nuestros hijos no conocerán la guerra, ni sufrimiento alguno: pasaran sus días jugando en el magnífico mundo submarino.
Les enseñaremos solamente amor, alegría, creación y la ilimitada
percepción de la conciencia humana plena. Atlantis será la civilización más grande que haya existido.

Y así fue.

VEINTIUNO

Cresta Run partió de la vida de Shannon en la misma fecha en que llegó: durante las vacaciones navideñas. Todos quedaron sorprendidos cuando el veterinario dijo que la muerte había sido por causa de una falla cardíaca, porque el caballo se veía tan sano y fiero como siempre y había actuado de igual manera. Era un caballo bien cuidado y Shannon había estado segura de que a Cresta Run le quedaban unos buenos ocho años de diversión, antes de que ella tuviera que preocuparse por él. Intentó convencerse de que ésa era la ley de la naturaleza: se vive, se muere. Así eran las cosas. No iba a afligirse por Cresta Run, como si fuera una niña pequeña. El caballo había tenido una buena vida, y eso era más de lo que muchos animales —o personas— podrían decir. Pero el dolor estaba allí. Por Elle, por Cresta Run, por ella. Shannon se sentía sola, atrapada de alguna manera, como si hubiera sido succionada por una anomalía temporal, y fuera incapaz de correr o de escaparse. Allí estaba ella, sentada a la mesa familiar, con la misma gente, teniendo la misma conversación, comiendo la misma comida, año tras año, de manera casi religiosa.

Shannon miró a Nana a través de la mesa, y se le llenaron los ojos de lágrimas. Se excusó y corrió al cuarto de baño. No podía decir cómo o por qué, pero Shannon sabía, muy dentro de su alma, que Nana estaba a punto de morir. La idea carecía de sentido, ya que Nana parecía estar en perfectas condiciones físicas. Pero Shannon estaba convencida, más allá de cualquier duda, de que ésta sería la última cena de Navidad que pasarían juntas. La certeza le provocó una profunda angustia: de toda la gente en el mundo, Nana era la única que la amaba de manera verdaderamente incondicional.

Shannon decidió quedarse en Melbourne, y con la ayuda de sus padres compró una pequeña propiedad en Nanagoon. El dinero que había ahorrado en Queensland sirvió de depósito pero, debido a que Shannon había obtenido ya un préstamo para el negocio, pusieron la propiedad a nombre de William. Todo parecía ir bien. Pero la pasión de Shannon por los caballos había comenzado a menguar. Ella era una gran domadora de caballos y una gran preentrenadora, pero todas sus tentativas para convertirse en una entrenadora por derecho propio no habían hecho más que conducirla por un ya conocido y frustrante camino, que terminaba con la gente abusando de su talento y apropiándose de sus éxitos. Cuando trabajó para un entrenador privado que no sabía nada sobre caballos, la historia volvió a repetirse. Una de las potras que Shannon estaba entrenando era completamente incontrolable. Shannon la educó hasta el punto de convertirla en una posible campeona. Y, de nuevo, enviaron a la yegua a una caballeriza más exitosa, donde no llegó a nada. Después de tantos intentos vanos, Shannon se sentía resentida y cansada. Había estado trabajando en el mundo equino por dieciséis años y no tenía nada más que probar. Shannon sabía perfectamente bien de lo que ella era capaz. También había comenzado a notar que ella ya no era tan audaz como lo había sido en el pasado. La doma había perdido todo reto para ella y cuando caía a la tierra, Shannon ya no se recuperaba tan rápido como antes. Estaba empezando a sentir dolores. Los años del esfuerzo físico finalmente habían hecho mella.

Un día, mientras cabalgaba por unas colinas, Shannon se encontró a una mujer que montaba un caballo de cuarto de milla color castaño. Rose despertó inmediatamente la curiosidad de Shannon. La mujer tenía dos hijos, estaba casada con un profesor de matemáticas que laboraba medio tiempo, y trabajaba como gerente en un gimnasio durante el turno de la noche. Al mediodía, Rose solía cabalgar su caballo junto a los potros que Shannon entrenaba. Las dos mujeres disfrutaban muchísimo de la compañía mutua y pasaban horas juntas en el hotel, jugando billar, bailando y relatándose las historias de sus vidas. Rose era una de las mujeres más sensatas e inteligentes que Shannon hubiera conocido. Poseía una bella propiedad, valorada en cientos de miles de dólares, pero, a los ojos de Shannon, el probable sueldo de su marido era incoherente con su situación financiera y agradable estilo de vida.

Un día, Shannon decidió preguntar. Estaban en la casa de Rose, bebiendo cocteles al lado de la piscina y el alcohol ya se les había ido a la cabeza.

—Rose.

—¿Sí? —dijo la mujer con la lengua enredada. Rose estaba sumamente ebria.

—¿Como te las arreglas? ¿Como pueden tú y Harry permitirse este lugar con el sueldo de un profesor de medio tiempo y el de la gerente de un gimnasio?

Rose dejó escapar una risilla y derramó la mitad de la bebida sobre su blusa. Luego se inclinó hacia adelante y susurró:

—¿Puedes guardar un secreto?

—Seguro.

—¿Juegas al blackjack? —preguntó Rose.

—Un poco. ¿Por qué?

—Porque en realidad estoy a cargo de una casa de juego.

—¿Qué? Pero... pensé que eran ilegales.

Rose sonrió con dulzura.

—Y lo son.

El rostro de Shannon podría haber contado un millar de historias mientras veía con incredulidad a la mujer.

—Existe una cadena de estas casas, cuyos clientes son extremadamente pudientes, ya sean nacionales o internacionales —continuó Rose.— Tenemos al menos una en todos los estados de Australia.

Shannon tragó con dificultad. ¿Quién habría podido imaginar que Rose, con sus maneras perfectas y cultivada gracia, tenía un trabajo ilegal? Mientras la mujer continuaba hablando, se puso en evidencia que Rose estaba estrechamente implicada con una red de jugadores, muy al estilo de la mafia, quienes dirigían una cadena de clubes exclusivos encubiertos y particularmente diseñados para satisfacer las peticiones más exigentes de la élite del país. Pensados para jeques y multimillonarios, las casas eran manejadas por un grupo cuyo jefe era, en teoría, un francés, o al menos un hombre francófono, conocido sencillamente como el Monsieur. Según sus propias palabras, una no muy clara agitación lo había forzado abandonar sus aristocráticos orígenes y huir a Australia. Una vez allí, sin papeles ni amistades, había encontrado la manera de hacerse de un nombre dentro de las esferas del bajo mundo de la ciudad y se había hecho buen amigo de los grupos y pandillas que movían los hilos tras bastidores.

—Él considera su responsabilidad personal el probar los límites de la moral y la legalidad, y ayudar a los ricos y poderosos a encontrar placer haciendo lo mismo —murmuró Rose, con una inquietante y ensoñada expresión de admiración.

Shannon la miró con mal disimulado horror. Todo el episodio se estaba convirtiendo en algo surrealista. Empero, lo ilícito del asunto era demasiado apasionante como para ponerlo de lado, y con el transcurso del tiempo, la "carrera de Rose" se convirtió en su tema favorito de conversación. A medida que le sacaba a su amiga los secretos más sucios del nuevo y prohibido mundo, la repugnancia de Shannon se tornó en fascinación,.

Contrariamente a lo que esperaba Shannon, Rose trabajaba en un suntuoso y opulento club privado, con salas de juego forradas en caoba, ocultas tras cortinas de la seda. Un visitante inocente no habría notado ninguna de las actividades ilegales y, de hecho, muchos de los clientes ignoraban que en Ciudad Gótica se podía encontrar mucho más que una buena bebida dentro de un ambiente exquisito. Los cuentos sobre los excéntricos y adinerados clientes que habían pasado por sus puertas, al igual que sus aún más excéntricas y exageradas apuestas, se convirtieron en la nueva fuente de entretenimiento de Shannon. Estaban las anécdotas sobre los prósperos hombres de negocios que arriesgaban millones en una sola tirada de dados, y relatos sobre los inusuales requisitos de huéspedes extranjeros. Su favorito era el del famoso y ostentoso gay, que siempre insistía en que colocaran cortinas de gasa rosa alrededor de su mesa de juego, para que su par de pavos reales no se escapasen. Su consultor de Feng Shui le había asegurado que los pájaros azules y la tela rosada eran una receta infalible para atraer la buena suerte.

Para Rose, sin embargo, nadie era tan fascinante como el misterioso Monsieur. Ella no lo conocía personalmente, pero entre los empleados eran tópico perenne de conversación las historias sobe su encanto, ingenio y el desparpajo con el que trataba a los miembros de la alta sociedad. Éstos, a su vez, lo condenaban y veneraban; ensalzaban y miraban con desconfianza. El Monsieur caminaba hombro con hombro con ricos y famosos, despertando e inflamando, incluso entre las personas más dignas, instintos primarios y ansias de riesgos, todo con la más extrema cortesía y delicada elegancia, claro está. Se rumoreaba que hasta la Reina Madre se había alborotado en una de sus mesas, justo después de disfrutar del té a las cinco con el primer ministro australiano.

A pesar de lo cautivante que eran los cuentos de Rose, Shannon no se podía imaginar metida en un lugar como ése, hasta que llegaron al siempre tentador tema del dinero.

—Gano unos tres mil dólares, más o menos —dijo Rose a Shannon.

—¿Al mes?—

Rose rió.

—A la semana.

Shannon la miró. Después miró su reflejo en el cristal de las puertas francesas que conducían a la piscina de Rose. Iris solía decir que cada vez que uno juzgaba a una persona, terminaba pareciéndose a ella, o casándose con ella. Y Shannon se estaba empezando a enamorar del trabajo de Rose. Cada vez que la idea le pasaba por la cabeza la rechazaba como ridícula, pero ésta regresaba cual amante constante, cantándole serenatas en el fondo de su mente. Cuando Rose le comentó que estaban buscando una recepcionista, Shannon aprovechó de inmediato la oportunidad.

En su primer día, Shannon estaba tan paranoica que se compró una peluca, para que no la reconocieran al cruzar la puerta principal. Situado en uno de los suburbios más exclusivos de Melbourne, el club era del tamaño de un hotel pequeño. Shannon probablemente había pasado por su fachada cientos de veces, pensando que el edificio, llamado Ciudad Gótica, no era más que un tonto tributo a la ciudad natal de Batman. Shannon entró al lugar y se encontró en una suntuosa área de recepción. Una mujer muy atractiva, de facciones fuertes, labios llenos y cabello en moño francés, la saludó de manera agradable y luego se marchó, su negro y ceñido conjunto Chanel delineaba cada curva. Las muchachas que trabajaban en Ciudad Gótica eran magníficas, por decir lo menos. A Shannon le sorprendió encontrar tantas mujeres hermosas y preparadas, incluso con títulos universitarios, trabajando en una casa de juegos, por muy elegante que ésta fuera. Su cerebro no dejaba de recordar un comentario que Rose había hecho en una de sus conversaciones: los clientes podrían conseguir "mucho más que una bebida" en ese establecimiento. Pronto Shannon comenzó a sospechar que cualquier deseo se podía satisfacer en Ciudad Gótica, siempre que se estuviera dispuesto a pagar el precio.

Shannon estaba por las nubes. Como la nueva recepcionista, ella coqueteaba con todos los hombres que entraban y con todas las muchachas que salían. Las mujeres la adoraban. ¿Y por qué no iban hacerlo? Shannon era encantadora, divertida y teatral. Por su parte, los hombres la deseaban: después de todo ella era inasequible. Era como trabajar en el Molino Rojo: un delicioso cambio en su vida habitual que ella estaba disfrutando mucho.

Había llegado el invierno. Las frías y escarchadas mañanas no ayudaban demasiado a que Shannon avivara la antigua pasión que alguna vez sintió por el mundo de los caballos y que había significado prácticamente todo para ella. Los dedos se le trababan en las riendas; la lluvia torrencial casi la ahogaba. El frío le calaba en los huesos y cada caída que había sufrido durante los últimos dieciséis años comenzaba a dolerle, recordándole de manera persistente que todavía quedaban tres meses más de invierno. La belleza del campo y la pureza de la naturaleza empezaron a perder su encanto. Quizás se debía a su desilusión, o al hecho de que ella había encontrado una nueva y estimulante distracción, pero Shannon comenzó a reducir el número de potros en su caballeriza y a tomar más turnos en Ciudad Gótica.

La nueva vida de lujo que Shannon había descubierto comenzó a absorberla lentamente. Ella desempeñaba el papel de pacificadora, calmando a los clientes y lidiando con los borrachos, cada vez que estos acusaban a la casa de hacer trampas, o echaban la culpa de sus pérdidas a las chicas que hacían de *croupiers*. Esto se le daba de forma natural, después de los incontables ebrios con los que se había encontrado en la industria hípica. Su sentido del humor, algo irónico, y su sutil poder de manipulación le permitían convencer a la mayoría de la gente de que estaban recibiendo exactamente lo que habían pedido.

Algunas de las chicas impresionaron mucho a Shannon. Christie era la más popular entre los clientes. Aproximadamente de treinta y cinco años y de ascendencia francesa, había trabajado en la casa por más de diez años. No era muy comunicativa, ni tampoco necesitaba serlo: su indiferencia felina y voluptuoso físico animaban a los clientes a subir las apuestas, tan sólo para impresionarla. Apenas un vistazo era más que suficiente para que Christie los conquistara y luego los trasquilara, una y otra vez. Los corderitos, hipnotizados por su encanto, terminaban aflojando las carteras, y las altas torres de fichas se apilaban normalmente en el lado de la casa.

Shannon observaba a las mujeres con detenimiento. Estudiaba sus tácticas de seducción, aprendiendo, con curioso embeleso, la forma en que mantenían a raya a los hombres mientras que, al mismo tiempo, les hacían creer que la victoria estaba a la vuelta de la esquina. Shannon miraba, oía y asimilaba. Comenzó a crear un personaje en su imaginación, preguntándose si alguna vez le dejaría ver la luz del día... o de la noche. No pasó mucho tiempo antes de que Shannon tuviera la oportunidad de tomar una decisión. Le pidieron que sustituyera a una chica que se había enfermado. Dudó por un par de minutos y luego eligió el riesgo y la emoción. Después de esa noche no hubo regreso para ella. Shannon comenzó a trabajar en las mesas que se encontraban en la parte posterior del establecimiento, donde los clientes más importantes jugaban detrás de las pesadas cortinas de seda. En la penumbra cargada de humo, Shannon aprendió a leer incluso el más rígido de los rostros de póker. Su percepción natural la ayudaba a comprender las necesidades y debilidades de sus clientes, y a usarlas para su propia ventaja. Al poco tiempo se había convertido en una de las "socias de mesas" más populares de la casa y los clientes comenzaron a pedir su asistencia con mayor frecuencia.

La idea que tenía Shannon de estar viviendo una elegante y oscura fantasía, muy a lo James Bond, la mantenía en la ignorancia sobre la floreciente cultura de la droga que operaba de manera simultánea detrás de las puertas de Ciudad Gótica. Nunca vio las líneas de coca sobre las mesas más exclusivas, ni notó a los narcotraficantes que trabajaban para el Monsieur, y que formaban una importante parte del imperio de este zar del juego. Aunque el Monsieur no había visitado el establecimiento desde hacía mucho tiempo, los rumores sobre sus últimas escapadas y negocios eran de conocimiento público. La admiración que Shannon había visto en el rostro de Rose era la norma para la mayoría de los que trabajaban en Ciudad Gótica. Se decía que el hombre tenía informantes por todos lados, quienes le llevaban las noticias más recientes sobre lo que ocurría en las casas de juego.

Una noche Christie se acercó a Shannon, con un travieso brillo en sus ojos.

—¿Escuchaste? —susurró la mujer.

Shannon la miró inquisitivamente.

—¿Qué?

—Algunos de los chicos le han comentado tus... habilidades al Monsieur y éste desea hablar contigo.

—¿En serio? —replicó Shannon con sorpresa.

—Así es. Tienes que irte a la recepción ahora y esperar su llamada.

Shannon se sentó a esperar a que sonara el teléfono de la recepción. La idea de hablar con el fascinante y poderoso hombre le enviaba chorros de adrenalina por la médula. Se preguntó qué era lo que él había escuchado sobre ella. El teléfono finalmente repicó y una voz con un fuerte acento francés la saludó al otro lado de la línea.

—Es un placer, Madame, hablar con usted. He escuchado muchos elogios sobre su contribución al éxito de Ciudad Gótica.

—Gracias, señor —dijo Shannon con cierta duda. ¿Sería que sus compañeros de trabajo le estaban jugando una broma o era este tipo tan excesivamente halagador como sugerían los rumores?

—Visitaré Ciudad Gótica en diez meses, después de celebrar la ganancias que obtendré en el clásico Mackinnon. Espero verla entonces.

—¿Entonces apostará en la carrera? —preguntó Shannon.

El Monsieur bajó la voz.

—Tengo información de que hay un caballo que es una apuesta segura. Se llama Surelong y no puede perder. Apostaré a él, 14 a 1, así que la celebración va a ser muy especial, si sabe lo que digo.

—Pero todo el mundo sabe que los días de gloria de Surelong ya pasaron — espetó Shannon sin pensar—. Ha tenido buena suerte en un par de carreras, pero uno de mis amigos es su actual entrenador y dice que al caballo le sangra la nariz cada vez que galopa.

Un silencio pétreo le contestó al otro lado de la línea. Shannon trató de redimirse.

—Pero —siguió Shannon,— sé de otro caballo, un novato. Muy buenas fuentes me aseguran que será el que gane. Es prácticamente un desconocido y esta corriendo 30 a 1. Tengo muy buenas razones para creer que Cifa se coronará campeón.

El silencio continuó. Shannon comenzó a temer que había perdido el favor de su nuevo jefe. Entonces una risa gruesa y cálida resonó en la línea.

—Tú eres medio descarada, ¿no? Pero me gusta tu seguridad. Sé todo sobre ti, Shannon, incluso tu conocimiento sobre caballos. Y creo que sí apostaré a tu caballo.

La gruesa risa hizo eco en la línea de nuevo y Shannon la imitó con nerviosismo, ignorando qué era lo que al hombre le parecía tan gracioso.

—Sin embargo, tengo una condición —agregó Monsieur, súbitamente serio— Debes acompañarme a la carrera.

Shannon pasó las siguientes semanas intentando convencerse de que el suyo había sido un buen dato. Las probabilidades de Cifa eran pocas, pero sus amigos hípicos estaban seguros de que podía ganar. Después de la conversación con su jefe, Shannon comenzó a oír novedades sobre Surelong, y esperaba desesperadamente que no hubiera incurrido en una equivocación. Pero sus preocupaciones eran sólo parte del juego en el cual se había convertido su nuevo trabajo. Shannon estaba ganando grandes cantidades de dinero en Ciudad Gótica y bebiendo en exceso. El Monsieur había comenzado a llamarla de manera regular, y ella se encontró pensando en él incesantemente. Ella y el Monsieur tenían muchas cosas en común: una fuerte pasión por el mundo de la hípica, las artes, la música, al igual que la forma en que veían la vida. La atracción de Shannon por el hombre crecía junto a su curiosidad. Shannon desechó lo anómalo del asunto y lo trató como parte de la diversión. Debajo de todo el glamour, sin embargo, una voz en ella no dejaba de llamarle la atención, una sensación que le decía que estaba haciendo algo terriblemente malo.

Entonces recibió la llamada. Nana se estaba muriendo.

Shannon corrió al hospital, rezándole a algún dios desconocido que le permitiera llegar a tiempo. Nana sonrió al verla llegar y dijo:

—Llegó la hora, querida.

—No, Nana, ¿de que estás hablando? ¿La hora de qué?

—De irme con el Creador, cariño. Está bien. Estoy preparada…

—Por favor Nana, ¡tienes que luchar! No te me mueras, por favor…

—¿Quién está diciendo nada acerca de morirse? Sólo voy a dormir por un ratito… y luego me despertaré, a mi verdadera vida.

Shannon negó con la cabeza, sin comprender las palabras.

—Te necesitamos aquí abajo, Nana —suplicó Shannon.— *Yo* te necesito. Tú eres el amor de mi vida.

La frágil anciana tocó la mejilla de Shannon con delicadeza.

—Y tú eres el mío. Yo siempre estaré contigo.

Nana cerró los ojos y cayó en un coma profundo. Una semana más tarde, murió.

Shannon no sabía qué hacer. Cualquier dolor que hubiera sentido antes no era más que una tonta molestia comparada con lo que sentía en esos momentos. Quería gritar y golpearse a sí misma y a todos los demás. ¿Qué iba a hacer ella ahora sin Nana? ¿Dónde volvería a verla, a encontrarla, otra vez?

"*En la vida*" dijo una voz afable dentro de Shannon.

La voz le era familiar, pero no podía precisar con exactitud dónde la había escuchado antes. Su primera reacción fue encerrarse en sí misma y refutar esas tres palabras que nada tenían que ver con la desesperación que había en su interior. Entonces sintió el suave y cálido latir de su segundo corazón. Shannon permaneció inmóvil con sus emociones y, al hacerlo, toda ella se llenó del amor de Nana.

—*Puedes elegir el dolor o puedes elegir la certeza* —dijo en ecos la voz dentro de su alma.

—¿La certeza de qué?— preguntó en silencio Shannon.

—*De que nadie puede quitarte el amor.*

Era verdad, comprendió Shannon. El palpitar desapareció de su costado derecho, la voz desapareció como un sueño. Ya ni siquiera estaba segura de haberla escuchado o si había sido su inconsciente, hablando en un tono nuevo. Pero ella estaba dispuesta a darle una oportunidad.

—Elijo el amor —dijo Shannon en voz baja, mientras bajaban el ataúd de Nana a la tierra. Y cuando las lágrimas dejaron de fluir, pudo sentir a su abuela en su interior, convirtiéndose en el lado valiente y acérrimo que habría de darle fuerzas de ahora en adelante.

—Necesito un favor, prima —dijo Iris.

Estaban sentadas en el porche, manteniéndose algo alejadas de las personas que habían asistido al funeral de Nana. La sala de Martha estaba repleta de los amigos de Katrina y de los socios de negocios de Paul, gente que jamás había conocido a la anciana y para quienes era difícil mostrar genuino pesar por su partida. Iris había llegado de Inglaterra al día siguiente de la muerte de Nana, y ella y Shannon se estaban quedando en casa de Martha y William, tratando de consolar a la pareja lo mejor posible.

—Lo que quieras, Iris —dijo Shannon, tratándose de acostumbrar al ligero acento británico que adornaba ahora las palabras de su prima.

Después de que Iris le agarró el gusto a la magia del teatro, ésta colgó sus pantaloncitos rojos y se despidió de su carrera de cantante pop sin el menor remordimiento. Se había mudado con su amante, el director, se había unido a la Royal Shakespeare Company y labrado un distinguido nombre entre los círculos del teatro clásico, aunque, según le confesó a Shannon, siempre se encontraba con algún chistoso que durante los ensayos se ponía a cantar uno de sus tres éxitos discográficos. Ella también se había creado una nueva imagen. Atrás habían quedados los rizos y la estrambótica ropa. Su cabello lacio estaba permanentemente recogido con un suave moño, y su vestuario era una sinfonía de grises, negros, rojos y blancos que le daba a Iris un aire intelectual y a la vez sensual, una buena combinación entre bohemia, directora de escuela y dominadora sexual.

—Verás —siguió Iris—, la cuestión es que Ruben me ha propuesto matrimonio.

—¡Pero eso es maravilloso!

—¿Verdad que sí? —dijo Iris, mostrando una radiante sonrisa—. Pero le dije que lo tenía que pensar.

—¿Por qué?

—Porque no quiero que crea que yo soy una mujer fácil.

—Pero Iris, ustedes han estado viviendo juntos por años.

—Eso era diferente. Estábamos viviendo un romance. El matrimonio es una cosa muy seria y no quiero que Ruben piense que me tiene segura. Por eso fue que acepté la oferta del teatro Playhouse, aquí en Melbourne. Quieren que les organice unos talleres y que acepte el papel de Lady Macbeth… por ello me preguntaba si me podía quedar contigo.

—¿Conmigo?

—Ni siquiera te darás cuenta de que estoy por ahí, en serio, Shannon. Entre los talleres, los ensayos y las actuaciones, probablemente veas más mi taza de té sobre el lavaplatos que a mí.

La mente de Shannon estaba funcionando a toda prisa. ¿Como podía decirle que no a Iris? Pero si decía que sí, ¿cuánto tiempo le tomaría a su prima descubrir que ella trabajaba en Ciudad Gótica?

—Tía Martha me comentó lo ocupada que estabas, entre los caballos y tu trabajo en la empresa de comida —continuó Iris.

—Ah sí, mi trabajo de *catering*… —repitió Shannon.

Ella había dicho a sus amigos y familiares que ahora era gerente de una compañía de *catering*. Había varios chef y personas de *catering* entre los clientes regulares de la casa de juegos, quienes, sin darse cuenta, le habían dado suficiente información para hacerle creer a todos su mentira. Shannon además añadió una coletilla salvadora: ella trabajaba para una compañía de *catering* griega que sólo servía en bodas y celebraciones griegas. Por fortuna Shannon nunca se encontró con ningún griego en su círculo social. Así que todas las noches Shannon salía vestida de manera apropiada para su papel como gerente de un *catering*, por si acaso se llegara topar con alguno de sus conocidos. Hasta el momento el engaño había funcionado a las mil maravillas: nadie la había puesto en duda y parecía improbable que fueran a descubrir la verdad.

Shannon vaciló un poco más. Vio a sus padres al otro lado de la ventana, mirándolas furtivamente. Entonces comprendió.

—Mis padres te pidieron que hicieras esto, ¿no es así?

Los ojos de Iris se agrandaron por la sorpresa y luego la joven sonrió de manera afirmativa.

—No quieren que pases por esto sola, Shannon, y para serte sincera, yo tampoco lo deseo. Todo lo que te dije es verdad. Y sí, necesito un lugar dónde quedarme. Prefiero quedarme contigo que en un frío hotel, si me aceptas, claro está.

Shannon abrazó a su prima.

—¿Por qué no? A lo mejor me hago amiga de tu taza de té.

Cumpliendo su promesa, Iris incomodó a Shannon lo menos posible. Acordaron cenar juntas dos veces a la semana y, durante esas ocasiones, Iris haría reír a Shannon con todas las historias sobre el teatro y su divertida imitación del actor principal. A veces Shannon la encontraba dando vueltas por la casa, recitando en voz alta, experimentando con diversos maquillajes y un sin fin de pelucas, tratando de encontrar a su Lady Macbeth interna. Le sirvió de gran apoyo a Shannon cuando estalló la crisis financiera que afectó a la economía australiana. La primera en sufrir fue la industria hípica, ya que era financiada con el dinero excedente de los muy ricos. La edad de oro australiana parecía haber acabado de golpe. El dólar cayó y los intereses llegaron hasta el cielo. Shannon había subdividido la propiedad de Nanagoon y bajo la sección 52, la estaba vendiendo por lotes. Increíblemente, la ley cambió de la noche a la mañana y Shannon ya no podía vender los terrenos. Parecía que todo lo que ella tocaba se hacía polvo. Perdió absolutamente todo, ya que la hipoteca se disparó a un veintidós por ciento. Shannon estaba teniendo dificultad en su trabajo con los caballos y se preguntó si su labor en Ciudad Gótica era de alguna manera responsable por el desastre en que se estaba convirtiendo su vida, algo así como una muestra de la ira de Dios. Fuera castigo celestial o no, lo cierto es que la vida iba a poner a Shannon a prueba aún más.

—Hola, Shannon.

—¡Lance! ¿Como estás?

Se encontraron en la subasta de caballos local. Lance era un propietario de caballos con el cual había trabajado al inicio de carrera.

—Bien, ¿y tú?

—Fantásticamente bien. ¿Estás comprando o vendiendo?

—Sólo viendo, para ser sincero. Por cierto, ¿supiste lo de Max?

Shannon sintió una corriente fría bajarle por el espinazo.

—¿Qué le pasa a Max?

Lance carraspeó.

—Está hospitalizado, Shannon. Tiene cáncer de pulmón.

—¿Qué? Pero… ¿es muy serio?… digo, ¿en qué etapa está?

Lance bajó la mirada.

—Escuché que se está muriendo.

Los ojos de Shannon se inundaron de lágrimas. Agradeció a Lance por la información y salió corriendo de la subasta. Dos horas más tarde había averiguado en qué hospital se encontraba Maxwell y se fue rápido para allá, rehusándose a creer lo que le había dicho Lance. Lo que le esperaba en el hospital la dejó en estado de shock. Max había perdido veinte kilos. Su rostro estaba ajado y amarillento, pero los ojos se le iluminaron cuando la vieron.

—Hola chiquita —susurró.

—¡No puedo creer que no me hayas dicho nada, Maxwell!

—Tan peleona como siempre. Caramba, Shannon, no tienes idea de lo que te he extrañado.

Shannon no sabía qué decir: las emociones la amordazaban. Maxwell le otorgó una débil sonrisa y le dijo que no había querido preocuparla sin necesidad. Él estaba seguro de que en poco tiempo se recuperaría. Aparentemente el cáncer se le estaba regando de manera rápida. Todos esos años de Marlboros sin filtro le estaban cobrando un alto precio, o por lo menos eso era lo que le decía el doctor. En lo personal, él no le creía ni una palabra. Shannon se llenó de aflicción. Podía ver la muerte reflejada en el rostro de Maxwell.

—Sólo sácame de aquí, chiquita —le suplicó Max—. Llévame a casa, contigo.

—No seas tonto Maxwell; no estás bien. Necesitas atención médica constante.

Maxwell miró al otro lado.

—Entonces prométeme que si mejoro, nos casaremos y viviremos juntos.

—Lo que quieras, Maxwell. Solamente mejórate.

Shannon lo visitaba a diario y a diario regresaba a casa desconsolada.

—Se está muriendo, Iris —le diría Shannon a su prima—, poquito a poquito.

Por un tiempo Maxwell se quedó con su hermana, puesto que la casa de ésta se encontraba cerca del hospital y tenía un servicio médico confiable. La mujer llamaba a Shannon continuamente, ya que ésta era la única persona que podía persuadir a Maxwell para que siguiera las indicaciones médicas. El hombre era terco y argumentativo, y sólo Shannon lo podía convencer de que todo lo que se estaba haciendo era por su propio bien.

Cuando la medicina ya no pudo hacer nada más por él, Sandra y sus hijos se llevaron a Maxwell para su casa, imposibilitando las visitas de Shannon. Una noche ella se despertó angustiada, segura de que Maxwell estaba a punto de morir. Fue hasta su propiedad a toda prisa. Sandra y los hijos habían ido a la ciudad y lo habían dejado a cargo del mayor de los chicos, Brian. Éste intentó detener a Shannon, pero ella ignoró sus objeciones y lo apartó de su camino. Subió las escaleras y corrió al cuarto de Maxwell. Él suspiró cuando la vio, como si estuviera aguardando por ella.

—Tú sabes que nunca quise hacerte daño, ¿verdad? —preguntó débilmente.

—Lo sé.

—Adiós entonces, chiquita.

—Adiós, Maxwell.

Una pátina traslúcida cubrió sus ojos y Maxwell comenzó a delirar.

—Creo que es mejor que te vayas, Shannon —dijo con aspereza Brian desde la puerta de la habitación—. Mi madre está a punto de llegar.

Shannon asintió. Besó con suavidad los pálidos labios de Maxwell y salió del cuarto. Éste falleció unas horas más tarde.

—Tienes que dejar de beber así, Shannon —dijo Iris, entregándole una humeante taza de té.

—Tú no entiendes, Iris, todo esto es mi culpa.

—¿Cómo puede ser la muerte de Maxwell tu responsabilidad?

—Dios me está castigando.

—¿Por qué habría de hacer eso?

—Por lo que hago… por mi trabajo.

—¿Dios está en contra de que trabajes en *catering*?

—No… pero estoy segura de que está en contra del juego ilegal, las drogas y Él sabrá qué más.

Iris se dejó caer en la silla. Shannon le contó toda la historia, desde su encuentro con Rose hasta su trabajo en Ciudad Gótica. Iris fue hasta la cocina, buscó una botella de tequila que Shannon guardaba ahí y se tomó un trago en seco. Iris tosió y se le aguaron los ojos. Luego regresó a la mesa y se sentó frente a su prima.

—Yo no sé si Dios te está castigando Shannon, pero tú ciertamente lo estás haciendo. ¿Por qué una persona tan talentosa trabajaría en algo como eso?

—¡Epa, que yo soy muy buena en lo que hago! Mis clientes me respetan muchísimo y me tratan con la mayor de las cortesías.

—Pues tal vez deberías seguir su ejemplo y respetarte un poco más a ti misma. ¿En qué crees que va a terminar todo esto? ¿Pretendes montar tu propio casino clandestino o algo parecido?

—Claro que no.

—¿Entonces, qué?

—No sé… supongo que es una manera de pagar las cuentas.

—Hay muchas maneras de pagar las cuentas donde no se necesita faltar a la ley. ¿En qué te ha beneficiado esta casa de juegos a la hora de la verdad? Le mientes a tu familia y a tus amigos; casi no tienes vida social y, lo peor, no tienes futuro en ese lugar.

—¡Y tú hablas como una maldita mojigata!

—Por favor, prima, soy una *actriz*. Si he visto algo en esta vida, es inmoralidad. Pero al menos mi profesión es legal.

—¿Qué es lo que propones que haga, entonces? ¿Que renuncie mañana y tome un curso de secretaria?

—Quizás, aunque personalmente creo que serías una terrible secretaria. Pero si vas a permanecer en esto del juego, hazlo para pagar las cuentas, como dijiste, mientras te preparas en algo que realmente te guste, Shannon. Algo que te brinde alegría, aunque pague unos cuantos centavos.

Shannon se bebió el té de un solo golpe, quemándose la boca con el caliente líquido.

—¿Y de dónde sacas tú tanta sabiduría? —preguntó molesta Shannon, limpiándose los labios.

—De Shakespeare, nenita. ¿De quién más?

Unas semanas más tarde Shannon se encontró en medio de una conferencia familiar en Nanagoon. Martha y William estaban sentados a la mesa, discutiendo la situación legal de la propiedad. Martha no se estaba sintiendo bien y estaba muy sedada, así que sólo se sentó a escuchar, mientras William explicaba lo que le estaba preocupando.

—Pienso que es muy importante que traspasemos este lugar a tu nombre, Shannon —dijo William. —Si algo me llega a pasar, podrían surgir problemas.

Shannon lo miro con desconcierto y dijo:

—Pero eso es ridículo. Katrina sabe que ésta es mi propiedad.

—No lo sé. Pienso que es mejor dejar todo por escrito.

—No te inquietes, papá, no hay necesidad de que te compliques la vida. Ya somos un par de mujeres.

Un mes después de la muerte de Maxwell, Martha llamó a Shannon, diciéndole que algo le estaba pasando a William.

—¡Ven rápido, por favor!— rogó Martha.

Shannon vivía a una hora de la casa paterna y para cuando llegó, vio que algo sí le había ocurrido a su padre: estaba muerto.

Era como vivir una pesadilla. El Universo le había quitado el piso a la existencia de Shannon y la caída se le estaba haciendo eterna. Menos de seis semanas más tarde, la predicción de William acerca de los problemas con respecto a la propiedad se hizo realidad. Katrina estaba convencida de que su padre habría querido que formara parte de la herencia comunal. ¿Por qué no iba a quererlo? ¿Por qué iba William a privar a sus adorados nietos de disfrutar de un lugar tan hermoso? Ella no comprendía cuál era el problema de Shannon, le dijo Katrina a Martha. Era como si ella y Paul le estuvieran negando parte de la propiedad a su hermana, así como ella tenía parte en todo lo demás. Si su papá en verdad hubiera deseado dejar el terreno solamente a Shannon, ¿no lo habría indicado así en el testamento? Además, ¿valía en realidad la pena sacrificarse y darle la propiedad a Shannon? Ella se la pasaba yendo y viniendo, abandonándolos todo el tiempo; seguro que dentro de poco arrancaría de nuevo, Dios sabría dónde, en una de sus aventuras. ¿No habían hecho Martha y William ya lo suficiente por ella, sacándola de problemas cada vez que malgastaba su dinero? ¿Por cuánto tiempo más pensaba Martha continuar jugando al Hijo Pródigo?

Martha estaba muy afligida y no se había recuperado del todo de su tumor cerebral. La madre comenzó a dudar. No recordaba con claridad la conversación que William había tenido con Shannon acerca de la propiedad y lo que decía Katrina tenía sentido. William adoraba a los dos pequeños de su hija mayor. Y Katrina y Paul se habían portado tan bien con ella durante toda esta prueba. Quizás era hora de darle su apoyo a Katrina, ella indiscutiblemente se lo había ganado. A Martha le parecía que la propuesta de Katrina, de que todo quedara en la familia, era muy justa. ¿Por qué tenía Shannon que ser tan egoísta y angustiarla aún más? Martha creía que Shannon debería marcharse y sólo regresar cuando estuviera dispuesta a comportarse como un amable miembro de la familia.

Shannon quedó atónita. Había perdido a su familia, su carrera y su propiedad en una inmisericorde avalancha de destrucción. Todo lo que alguna vez la definió había desaparecido.

—Creo que ya no puedo soportar más, Iris. ¡Esto es absurdo! ¿Cuántas cosas malas le pueden pasar a una sola persona? —se quejó Shannon con su prima.

—¿Alguna vez te conté sobre la primera vez que hice el papel de Julieta?

Shannon frunció las cejas.

—No.

—Lloré por días y días, pensando en mi Romeo muerto. Me arranqué el cabello, me di bofetadas para que las lágrimas fueran más realistas. Casi me quedo calva.

—¿Y…?

—A eso voy… un día Ruben me encontró en el suelo, con la ropa desgarrada, mis sollozos eran tan altos que se escuchaban en la calle. ¿Y sabes que fue lo que me dijo?

—Estoy esperando…

—El drama no es real.

Shannon pestañeó y su segundo corazón dio un ligero salto.

—Para citar al Bardo (léase, Shakespeare) —continuó Iris—, "el mundo es un escenario y todos los hombres y mujeres no son más que meros actores". A veces eres la feliz novia, otras la compungida heroína y entre las dos puedes hacer el papel de la malvada. Pero nadie le da a una chica el mismo papel todo el tiempo.

—¿Qué es lo que tratas de decir? ¿Qué la vida es una obra teatral?

—*Una ilusión* —replicó la voz que le había hablado a Shannon durante el funeral de Nana—, *al igual que el dolor que conlleva.*

—Exactamente. Y cuando actúas debes mantener tu centro, o de otra manera te pierdes en el papel. Créeme, prima —concluyó Iris—, tus días de Julieta también pasarán.

Shannon no estaba segura de haber entendido ni a la voz, ni a Iris. Pero algo se le había removido por dentro.

—¿Sabes qué necesitas? —preguntó Iris de repente.

—Me da miedo preguntar.

—Irte de compras. Así le dices adiós a tu dolor y yo me despido de mi soltería.

—¿Le dijiste por fin que sí a Ruben?

—Ajá. Y después de este trabajo pienso vestirme de colores pasteles y telas florales, engordar cinco kilos y tener tres niños, uno detrás de otro.

Shannon se rió.

—Pobre Ruben…

—Ah, no te preocupes, que detrás de su fachada de "yo soy un artista", es un tipo a la antigua. Entonces, ¿qué dices, nos vamos?

—Bueno, sí tengo una excusa para ir de tiendas. Necesito que me ayudes a escoger un traje para el clásico Mackinnon. Tengo una cita.

Shannon le narró entonces su elusivo romance telefónico con el Monsieur.

—Muy bonito… Veo que vas a seguir con tus viejos patrones, enamorándote de tu jefe, el cual por supuesto es un hombre mayor, casado con un montón de hijos, a los que, no hace falta decirlo, él no puede abandonar. Por Dios, prima, te pasas de predecible —dijo Iris después de que Shannon terminara el cuento.

—¿Cómo sabes que está casado?

—No lo sé, pero obviamente tú tampoco sabes si no lo está.

Shannon se sobresaltó. Era verdad. Shannon había estado tan embelesada con las sedosas palabras del Monsieur y su emocionante mito, que no se había molestado en averiguar nada concreto sobre él. El Monsieur no era más que una encantadora voz al otro lado de teléfono.

A pesar de sus dudas, Iris acordó ir de compras con ella en busca del traje perfecto. Después de horas de deliberación, finalmente lo encontraron en una exclusiva boutique, algo oculta, en una pudiente urbanización de Toorak. Era un conjunto blanco y negro, con zapatos y sombrero de ala ancha que le hacían juego. Shannon sabía que al Monsieur le gustaría mucho. Mientras caminaban por la calle, Shannon vio un concesionario que alquilaba carros y motos Harley.

Iris miró a Shannon con travesura.

—Me quedan tres semanas libres antes del viaje a Inglaterra. ¿Nos vamos de aventura?

Shannon asintió.

—Nos vamos de aventura.

Cuando eran más jóvenes, tanto Shannon como Iris había tenido motocicletas y unas cuantas experiencias con ellas, recorriendo carreteras campestres y caminos serpenteantes —algo que, por supuesto, ignoraba el encargado que les entregó las Harley de alquiler. Las miró con sorpresa mientras les daba las llaves de las relucientes motos modelo 1300. Ese modelo era el segundo más grande que la marca Harley tenía en el mercado y que algunos lo consideraban como demasiado pesado para que "las chicas" pudieran controlarlo. El hombre contempló al par de mujeres con preocupación y les preguntó:

—¿Tienen mucho tiempo manejando motos?

—No, qué va; apenas acabamos de obtener la licencia —dijo Shannon con expresión inocente.

El rostro del encargado se congeló en una mueca horrorizada, pero antes de que pudiera protestar o informarles sobre todos los peligros potenciales, Shannon e Iris saltaron a las motocicletas y se fueron a toda velocidad por la avenida. Estaba haciendo un frío cortante en Melbourne el día en que partieron y parecían un par de gorditas debajo de todas las capas de ropa, pero a medida que se dirigían más al norte, comenzaron a desechar las diferentes prendas de vestir. Se detenían en hoteles baratos para imbuirse en la fiebre nacional que había originado la participación de Australia en los Juegos de la Comunidad Británica de Naciones, en los cuales la nación anfitriona estaba ganando en todas las disciplinas. Iris y Shannon estaban henchidas de orgullo nacional mientras cruzaban el centro de Australia en sus motocicletas. Aún así, Shannon no dejaba de pensar en el Monsieur y extrañaba sus juguetonas conversaciones telefónicas. Era algo muy raro sentir nostalgia por alguien a quien nunca se había visto en persona, pero Shannon sentía una poderosa, aunque inexplicable, atracción hacia su jefe. El hecho de que él le hubiera tomado confianza de manera tan rápida le servía de consuelo a Shannon y hacía que el hombre le pareciera más familiar.

Durante el viaje se detuvieron a visitar a Elle en el nuevo hotel donde trabajaba. Dicho lugar se encontraba literalmente en el medio de la nada: no había ni pueblos, ni granjas, ni carreteras, ni trenes, ni nada por los alrededores del hotel Thorn-bird. El área tenía un alto índice de humedad y al parecer había un fuerte caso de depresión colectiva. Cuando Shannon entró al hotel y vio con detenimiento el lugar, pensó: "Elle debe estar ganando mucho dinero, para sentarse a escuchar a este montón de borrachos quejarse sobre el clima, las ovejas y cualquier cosa que se les cruce por la mente."

Michelle se había entrenado por cinco años para ser una chef cinco estrellas, y ahora estaba aquí, sirviendo pastel de carne y pintas de cerveza. Seguía con sus viejas mañas, bebiendo demasiado y coqueteando con todo el mundo, mientras le rompía, con su ebria ceguera, el corazón a su más reciente amante, con el mismo ímpetu y rapidez con el que había destruido el de Shannon. Elle había engordado y se veía hinchada, los kilos de más le otorgaban un enorme parecido a su no muy atractiva madre.

—Bueno, ya sabes lo que dicen —susurró Iris—: si quieres saber como se verá tu esposa en el futuro, tan sólo tienes que mirar a tu suegra.

Sin embargo la pasaron bastante bien, mientras hablaban de los viejos tiempos. Al principio, la novia de Elle se veía intimidada por la presencia de Shannon, pero cuando Iris colocó su mano de manera posesiva sobre la cintura de su prima, la mujer se relajó y se mostró encantadora y divertida el resto de la velada. Al día siguiente, cabalgaron sobre las motocicletas y se adentraron hacia la naturaleza salvaje. Iris había tenido razón, reflexionó Shannon. El dolor pasa. Y estaba claro que el tiempo lo curaba todo: su obsesión por Elle se había tornado en un recuerdo lejano. Ya no quedaba ni la menor chispa de la pasión que ambas habían compartido, como si nunca hubiera existido. Tan sólo había sido una ilusión.

El gran tamaño de la Harley abrazaba a Shannon mientras ésta la manejaba, el poderoso motor zumbaba por la carretera abierta. Ella estaba acostumbrada a correr como loca sobre las pequeñas motos japonesas de gran motor, consumida por la intrepidez de la juventud. Pero el apremio se había evaporado en este viaje y Shannon estaba saboreando el momento a plenitud, manejando unas doce horas al día, como si el tiempo se hubiera detenido. Las chicas terminaron en Cairns. Era maravilloso manejar la moto en un clima tropical. Las primas estaban decididas a pasarla bien y tan pronto como Shannon se puso en contacto con sus viejas amistades, comenzó la fiesta.

Un día el grupo decidió irse a bucear. La amiga de Shannon, Delia, había sido su compañera de buceo cuando ésta aprendió en la piscina de Melbourne, y ambas deseaban con ansias explorar el arrecife de la Gran Barrera. Salieron a alta mar en un gigantesco catamarán, con más de doscientas personas a bordo. Antes de anclar en el arrecife, se detuvieron a visitar una pequeña isla. Shannon vio a una mujer de espaldas, comprando recuerdos en una tienda y su segundo corazón comenzó a latir sin razón aparente. Había algo en ella que le era sumamente íntimo. Shannon sentía que la conocía, que había hablado con ella antes, que incluso la había tocado, pero su memoria no soltó prenda de dónde o cuándo había ocurrido ese encuentro.

Cuando volvieron a levar anclas, tan sólo ocho personas estaban dispuestas a bucear. Iris eligió quedarse en el catamarán, bucear no era lo suyo, tal y como lo expresara con su particular elocuencia. Se le asignó un compañero a cada miembro del grupo que iba al mar. Shannon se dejó caer sobre las templadas aguas. Era como estar en el cielo. Los corales refulgían ante sus ojos con sus brillantes colores; las algas danzaban perezosas y los pequeños peces salían de repente de sus escondites. Columnas de luz atravesaban el azul profundo, mientras Shannon se adentraba más al pertinaz silencio. Todo lo que podía oír era el palpitar de su corazón y una que otra inhalación. Shannon estaba consciente de la presencia de su compañera de buceo, pero en lo único que pensaba era en las ganas que tenia de quitarse el tanque de oxigeno y continuar su recorrido por las familiares profundidades del océano. Éste era su hogar. El dolor sobre su costado derecho aumentó a medida que la vibración interna comenzaba a cobrar intensidad. Solamente Shannon podía escuchar su agudo chillido, pero la vida marina parecía sentirse atraída hacia ella. Una enorme mantarraya nadó en su dirección y acarició con delicadeza su cuerpo con las grandes aletas negras. Un pez martillo la observó con curiosidad mientras ella seguía su descenso, bajando cada vez más. Entonces la invadieron las imágenes. Destellos de ella como hombre. Una mujer de cabellos marrones y rutilantes ojos le llegó a la memoria. Inmersa en sus visiones, Shannon veía una orca; luego una ciudad cristalina brillando a lo lejos. En el centro de la ciudad contempló a un reluciente brillante negro, su núcleo era una esfera de luz pura. Por un instante, Shannon se encontró entre dos mundos.

—Me fue difícil mantenerme a tu ritmo; eres muy rápida, ¡y te mueves como un delfín! Se ve que tienes tiempo buceando —dijo su compañera una vez que regresaron al catamarán, sus palabras matizadas por el melódico acento del sur de los Estados Unidos.

—Pues no —replicó Shannon, ocupada en quitarse el equipo—, ésta es mi segunda vez.

—La verdad es que no sé por qué me sorprendo, Shannon. Después de todo siempre has sido muy buena en todo lo que intentas.

Shannon miró boquiabierta a su compañera. Era la mujer de la isla. Pero, ¿como sabía su nombre?

—¡Señorita Clark! —gritó Iris.

—¿Señorita Clark? —repitió Shannon.

—Por favor chicas, llámenme Amelia, ya todas estamos bien creciditas, dijo Amelia con su dulce acento musical.

Shannon apenas podía reconocerla. Los delgados músculos estaban ahora cubiertos por una regordeta capa de grasa que habían redondeado las angulosas facciones y las había tornado casi hermosas. El cabello súper corto había dado paso a filas de bucles y flojas trencillas y la pose militar se había derretido en un calido desenfado. Todo en la señorita Clark era ahora más suave: su cara, sus movimientos, la manera en que veía a la gente… ¡y esos ojos! ¿Como es posible que Shannon no notara esos ojos grises antes?

—Y qué estás haciendo ahora, Amelia —preguntó Iris mientras navegaban de regreso.

—Soy una consejera espiritual.

Shannon e Iris se miraron mutuamente.

—Si, la gente siempre pone esa cara —dijo Amelia, sonriendo—. Estoy organizando un curso en Melbourne en unas cuantas semanas, Shannon. ¿Por qué no te animas y vienes, a ver si te gusta?

Shannon se tragó la mueca de desdén. Esto era lo único que le faltaba: que la arrastraran a un curso psicodélico. A cualquier otra persona, Shannon simplemente habría dicho que no. Pero ésta era la señorita Clark —Amelia—, la mujer que la había ayudado en el pasado y que, a pesar del lado oscuro de Shannon, le estaba removiendo el alma de una manera que ella no lograba entender, como si su nivel de conciencia se hubiera elevado de alguna manera. Shannon estaba comenzando a percibir un espacio diferente, una presencia más fuerte dentro de ella.

—Seguro, Amelia. Llámame y arreglaré mi horario. Estamos a punto de terminar nuestro viaje, de todas maneras. La señorita, aquí presente, decidió casarse, ¡y nada más ni nada menos que con un inglés!

Se echaron a reír y la conversación cambió a los grandes planes de boda de Iris, los cuales incluían una ceremonia a la luz de las velas en una capilla en ruinas y dejar libre a un par de palomas en el momento en que los declararan marido y mujer.

Una semana después, Shannon estaba llevando a Iris al aeropuerto.

—Bueno, vamos a hacer esto rapidito que no me gustan las despedidas largas —dijo Iris antes de dirigirse al mostrador. Le entregó una tarjeta a Shannon—. Llama a esta mujer. Es una gran maestra de canto. No sale barata, pero nada que valga la pena lo sale. Dale un buen uso a ese dinero de Ciudad Gótica.

—¿Una maestra de canto?

—Shannon Elizabeth O'Leary, tú naciste para cantar. ¡Ve y hazlo!

Shannon sonrió.

—¡Sí, mi capitán!

Iris la abrazó con fuerzas.

—Y recuerda, Shannon, tú eres más de lo que eres ahora.

—¿Eso también es de Shakespeare?

—No. De *El Rey León*.

Y diciendo esto, Iris se marchó.

VEINTIDÓS

De regreso a Melbourne, Shannon se puso en contacto con Amelia y, con su ayuda, comenzó a explorar diferentes terapias alternativas. Estudió los chacras, la meditación oriental y el *rebirthing*. Fue después de un taller de este último que decidió encontrar a su madre biológica. Después de la conversación con Colleen, Shannon se dio cuenta de que desenterrar su pasado genético carecía de importancia en su presente, así que continuó con su viaje espiritual. Hizo el curso sobre cómo cortar los lazos que atan, se interesó en el Reiki, en la Meditación Transcendental y prácticamente en todo lo que se le cruzaba por el camino. Incluso estudió la sanación con cristales. Durante esas clases tuvo vívidas visiones sobre inmensas olas que caían sobre la radiante ciudad que había visto tan a menudo. Esos recuerdos la llenaban de felicidad, lo que parecía una contradicción, tomando en cuenta lo que estaba presenciando. De nuevo vio al joven de piel bronceada y cabellos negros, que parecía una versión masculina de ella misma. Daba la impresión de que el olor del océano emanaba de ella en esos momentos, mientras una muchacha de cabellera color miel y ojos verde azulados aparecía frente a ella. Su presencia conmovía muchísimo a Shannon. Entonces el espejismo se esfumaba y ella perdía a la joven. La imagen de esos sueños era muy borrosa y distorsionada, pero las sensaciones eran tan intensas que Shannon no podía creer que no fueran reales. Su segundo corazón palpitaba, daba un salto durante estas visiones y comenzaba a latir con fuerza, lleno de vida.

De regreso al mundo físico, Shannon se trazó un plan. Seguiría el consejo de Iris y regresaría a Ciudad Gótica, mientras estudiaba algo que a ella en verdad le apasionara. Shannon iba a usar el dinero ilícito para reconstruir su vida. Comenzó a tomar clases cinco días a la semana con la maestra que su prima le había recomendado, Marie Le Blanc. Tal y como Iris había dicho, las clases no eran baratas. Shannon solía comentar en son de broma que las renovaciones y trabajos de construcción en la casa de la profesora aumentaban con la calidad de su voz. Marie había estado casada en París con un famoso cantante de ópera, pero ella lo abandonó al cumplir los cincuenta y se mudó a Australia con su amante, un jardinero japonés. Ambas trabajaron muy duro para llevar a un nivel profesional la voz de Shannon, la cual tenía un impresionante, amplio y variado alcance. A Marie le intrigaba Shannon y le encantaba escuchar las historias acerca de la casa de juegos. Las mujeres pronto se hicieron confidentes: no había nada que Shannon no le dijera a la profesora de canto. Marie gritaba de gozo con todos los chismes que Shannon le traía de Ciudad Gótica. El Clásico Mackinnon estaba cada vez más cerca y Shannon le contó todo sobre el Monsieur. Las amigas planearon el encuentro con sumo cuidado.

Shannon se planteó una meta adicional: trabajaría un tiempo más en la casa de juegos y ahorraría el dinero extra para comprarse una propiedad. Su pelea con Katrina y su madre le imposibilitaba ir a la casa de campo de la familia. Shannon siempre había sentido un afecto especial por ese lugar. Para ella era como el hogar paterno. Pero como el tiempo pasaba y el resentimiento continuaba, los recuerdos empezaron a borrarse: la casa que William había construido con tanto amor; el tiempo que Shannon compartió con sus hermosos caballos; las risas de Nana y de su madre; el único momento de genuina tregua que ella había tenido con Katrina… todo pertenecía al pasado.

En busca de un nuevo refugio, Shannon se fue con Amelia al sur de Gippsland, una zona que a ella siempre le había encantado, de verdes y ondulantes colinas y grandes playas. Habían visitado unas treinta propiedades durante la obsesiva gesta de Shannon tras el perfecto paisaje marino. Llegaron hasta cimas de montañas y a pequeñas cabañas, sin encontrar lo que Shannon buscaba y comenzaron a temer que no lo lograrían. Estaban a mitad de invierno y Amelia tenía gripe. Shannon la había arrastrado por todas partes, preguntándole sin parar:

—¿Te gusta ésta? ¿No te recuerda a Escocia? ¿O qué tal aquella? ¿No te parece que tiene un aire de Inglaterra? Y mira ésta… ¡parece que estuviéramos en Italia!

El hecho de que Shannon no hubiera ido a ninguno de estos lugares no le molestaba en lo más mínimo a su imaginación.

—Mira, mujer— dijo finalmente Amelia, con los dientes castañeándole, —pregúntame sobre Georgia y te contesto. De caso contrario, no esperes más que "ajá" y "sí" de esta boca.

—Vamos, Amelia. Una más y regresamos.

—Sólo una más, Shannon. Lo digo en serio.

El terreno de diez hectáreas era único. Estaba en la península del Cabo Liptrap y tenía una espectacular vista panorámica sobre el océano. Una boscosa foresta de eucaliptos daba paso a colinas redondeadas, cubiertas de hierba. La tierra se extendía hasta el mar y su virginal belleza servía de escenario ideal a las grandes olas. No se veía ninguna casa por los alrededores y la playa, al frente, era completamente privada, inaccesible por los costados. Era una propiedad impecable y uno de los lugares más bellos que Shannon hubiera visto en su vida. El promontorio Wilsons se veía con impresionante claridad a través de la bahía de Waratah. Shannon decidió que éste sería su nuevo hogar. Costaba tres veces más de lo que Shannon originalmente había pensado invertir, pero mientras caminaban por la orilla, su segundo corazón comenzó a latir. El viento surcó el denso bosque. Un águila voló sobre ellas, gritando a todo pulmón. Un grupo de al menos doscientos delfines llegó con grandes chillidos a la costa. Shannon casi podía ver la radiante luz blanca que se movía dentro de su pecho, fluyendo con una fuerza mayor a la que ella había sentido en su niñez. Ya no tenía dudas: éste sería su nuevo santuario.

—Gracias —dijo Shannon, sin importarle a quién le daba las gracias. Las palabras estaban en su corazón y ella las estaba dejando libres.

Todo en Cabo Liptrap tenía un aire mágico. Shannon estaba consciente de que no podía vivir ahí de tiempo completo, porque debía regresar a Melbourne debido a su trabajo y sus clases. ¡Pero qué maravilloso lugar de fin de semana podía llegar a ser! No se podía pedir un ambiente más inspirador. Shannon compró el terreno y comenzó a construir la casa. Era una estructura sencilla de madera, más bien pequeña, pero muy pintoresca y cómoda. La chimenea abierta y el romántico paisaje hacían de la cabaña el perfecto taller del artista. Una antigua bañera miraba al bosque, donde Shannon podía observar a los canguros asomarse por la ventana del baño. Shannon estalló en risas cuando Amelia protestó.

—No puedes colocar una bañera justo frente a la ventana, ¡todo el mundo te va a ver!

—No hay personas a mucha millas a la redonda, Amelia. ¿Quién me va ver? ¿Las hadas?

—No te rías, mujer. Las energías de la vida toman muchas formas.

—Pues esperemos que tus personitas no sean muy curiosas, porque ésta que está aquí no va mover su bañera.

Cuando el grupo musical venía a practicar durante los fines de semana, la casa se llenaba de ecos, como si estuvieran tocando dentro de una guitarra. El grupo se la pasaba tanto en el lugar, que Shannon tuvo que construir un segundo piso. Lo pintó todo de blanco y colocó la cama en el centro, frente a una lámpara circular que parecía un gran portal. Tenía vidrios de diferentes colores, representando a los siete chacras y cuando la tocaba la luz del sol, los colores del arco iris rebotaban por las paredes.

Shannon había reunido un grupo de excelentes músicos, quienes tenían mucha fe en la habilidad de su voz para ilustrar historias y cautivar la atención del público. El original estilo de Shannon mezclaba el rock suave con notas de country. Profundo y lleno de sentimiento, reflejaba cabalmente su estado de ánimo en esos momentos. A través de la música, Shannon canalizaba su angustia, dolor, sensación de abandono y de pérdida, al igual que su desilusión. También se dejaba llevar por los dictámenes de su alma y permitía que su segundo corazón creara las palabras de sus canciones. En esas ocasiones cantaba acerca de un amor que existía más allá de la realidad; un amor generoso y eterno, que no pertenecía a nadie en particular, sino al espíritu de cada cual. Consciente o no, mientras más cantaba Shannon, más sanaba su ser.

Por al menos diez años Shannon había mantenido a los que la rodeaban a distancia segura, rehusándose a intimar emocionalmente con nadie. ¿Cómo podría ella amar de nuevo a otra persona, cuando todavía ella no había aprendido del todo a amarse a sí misma? En ciertos momentos Shannon sentía que su actitud positiva era una simple fachada, que apenas recubría una débil construcción sin bases firmes.

—*Debes confiar, Shannon. Renuncia a la adicción al sufrimiento y empieza a vivir de verdad.*

Bueno, eso era muy fácil de decir si uno era una voz imaginaria, pensaba Shannon en sus días oscuros. "Confía, ama, elige", bla, bla, bla. Sin embargo, en los días cuando Shannon alcanzaba una cierta quietud interior y le cerraba los oídos a sus dudas y sarcasmo, podía creer, en verdad creer, y comprender. Entonces percibía la concordia en su vida. Caminaba en la paz y la alegría, hasta que el escepticismo la golpeaba de nuevo.

Shannon todavía recibía llamadas regulares del Monsieur, durante sus turnos en Ciudad Gótica. Las conversaciones telefónicas se hacían cada vez más personales. Ya no sólo compartían datos hípicos y divertidas anécdotas; ahora revelaban sus deseos más profundos y desencantos. Al parecer, el Monsieur acababan de separarse de nuevo y su mayor afecto era la hija de treinta y cinco años que había tenido con su primera esposa. La estaba preparando para que tomara las riendas del negocio, pero al mismo tiempo el hombre comenzó a sugerirle a Shannon que estaba interesado en colocarla al frente de uno de sus establecimientos. Shannon descubrió con asombro que las casas de juego formaban parte de una cadena multimillonaria que se extendía a nivel mundial. Los negocios legítimos le servían de fachada al Monsieur y lo mantenían fuera del alcance de la ley. El Monsieur se veía a sí mismo como un rebelde, luchando contra las manipulaciones y límites de la sociedad establecida. Cualquier respeto que pudiera haber sentido por los gobiernos y sus reglas había perecido durante la revolución que lo había sacado de su país.

—¿Por qué ha de ser malo que la gente use su dinero como mejor le parezca? —le preguntaba a Shannon—. Si doy mi dinero a la caridad, soy un santo. Si lo gasto en mí, soy un excéntrico. Si decido jugarlo sin darle su tajada al hombre de los impuestos primero, entonces soy un criminal. Verás, jugar no es en sí malo a los ojos del gobierno, tal y como lo prueba la existencia de Las Vegas. Lo malo es no darle la propina primero. Como si ya no le diéramos suficientes propinas. ¿Qué derecho tiene el gobierno a decirme qué hacer con lo que he ganado o heredado? Los ricos no les debemos nada a presidentes ni a ministros: no estudiamos en sus universidades públicas, ni dormimos en sus refugios gratuitos. Al contrario, querida, son *ellos* los que nos deben sus autopistas y edificios gubernamentales; los centros recreativos de los que tanto se vanaglorian y los salarios que ponen un techo sobre sus cabezas. ¿Qué les puede importar lo que hagamos con nuestro dinero extra? Que nos permitan cometer nuestros propios errores, aprender de ellos y crecer. ¿No es eso de lo que se trata la vida?

Había profundidad en las palabras del Monsieur, algo que resonaba en Shannon y atraía su lado rebelde. Shannon pasaba las noches fantaseando con él. El mundo del Monsieur estaba tan lejos del de ella, que no hacía más que inspirarle un sinfín de ilusiones, despertando a la musa en su ser. Shannon comenzó a escribir canciones sobre el romance que existía en su cabeza.

—Lo estás haciendo otra vez —dijo Amelia mientras barajaba las cartas del Tarot.

—¿Haciendo qué?

—Volviéndote adicta a otra persona, en este caso el Monsieur.

—¿Las cartas te dijeron eso?

—Tú me lo dijiste. Y debes parar, mujer. Esta obsesión de sentirte completa sólo a través de otro te va a causar dolor y mortificación.

Amelia tenía razón, pero Shannon no estaba lista para renunciar a su vicio.

—A lo mejor si me hubieras seducido cuando estábamos en la escuela nada de esto habría ocurrido.

—No creas que la idea no me pasó por la mente. Y si hubieras sido mayor, ¿quién sabe? Por lo menos no estarías soñando con voces telefónicas.

—Lee las cartas, Amelia.

La alargada mano colocó tres cartas sobre el paño púrpura. Amelia tocó el espacio entre sus cejas y estudió con detenimiento las imágenes.

—¿Qué? ¿Qué es lo qué dicen?

—Bueno, aquí tenemos a la Torre, lo cual por lo general no es bueno. Significa destrucción, romper con el mundo conocido, como si te quitaran el piso bajo los pies.

—Sé lo que se siente; de hecho, demasiado bien.

—Luego está la Alta Sacerdotisa. Significa sabiduría interna, conocimiento que llega, con lentitud, pero llega, una maestra secreta.

Shannon sintió un ligero escalofrío.

—Y después tenemos el Juicio: karma, lo que se ha ganado, un destino cumplido.

—¿Y qué significa todo junto?

—Vas a tener un duro despertar, muchacha. Tu alma está a punto de abrir los ojos y seguir el camino de la maestra que hay en ti. La carta dice que tú sabes de lo que estoy hablando. Has escuchado el llamado antes. Deja de luchar y acéptalo.

—*¡Mira al mundo como realmente es, Shannon!*

Shannon saltó de la silla. La voz había gritado literalmente en su cabeza.

—*Deja de depender de otros para ser feliz. Este sufrimiento, este miedo, no es real. La tragedia es tan sólo una ilusión.*

Amelia sonrió de forma enigmática.

—¿Sabías qué si gritas lo suficientemente alto, por el tiempo suficiente, el Universo por lo general te responde?

Sus palabras resonaron en la mente de Shannon y ésta se deslizó a una dimensión desconocida. Podía ver a una mujer increíblemente hermosa nadando junto a ella en el océano, riendo alegremente mientras Pushan, la orca, emergía de las profundidades y saltaba sobe ellas, dibujando un elegante arco. Shannon se dio cuenta de que ella era el hombre joven que tantas veces había visto antes. Aunque él aparentaba tener unos treinta años, sus recuerdos abarcaban cinco mil años de existencia. Vio a la ciudad cristalina en la distancia y por fin entendió todo. Su guía interna confirmó sus sospechas.

—*Tú eres Iko* —dijo la voz— *y ésta es la ciudad perdida de Atlantis. Despierta Shannon, despierta del sueño de este mundo y abraza tu grandeza.*

La visión fue tan vívida que, incluso una vez que hubo desaparecido y Shannon regresó al presente, la consciencia de ella continuó expandiéndose. El segundo corazón se activó completamente al reconectarse Shannon con la verdad. Y por un instante, uno que habría de recordar por el resto de su vida, Shannon supo con absoluta certeza que lo único verdadero era el amor.

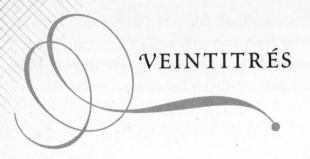

VEINTITRÉS

Por siglos, el mundo que Akion había creado había estado atrapado en un círculo vicioso, en el cual una generación recreaba los mismos conflictos e injusticias que había sufrido la generación anterior. La adopción de los profundos temores que afligieron a sus antepasados había cegado al Crendin. Y su ceguera trajo caos y distorsión a todas las naciones que habían conquistado.

Completamente separados de estas naciones, todos en la ciudad de cristal de Atlantis habían controlado de manera perfecta la absoluta unidad, la conciencia humana plena. En la ciudad, todos los ciudadanos nacían y vivían en una sola armonía, sin nunca perder de vista a su verdadero ser. Libre de creencias basadas en el miedo, esta sociedad era más abierta, tolerante y unida que cualquier otra en la historia del planeta. Al ser construida para reflejar la experiencia interna de la iluminación obtenida por sus fundadores, la ciudad era como un inmenso espejo que duplicaba la claridad de la conciencia infinita; un grandioso monumento a la gloria de los atlantes.

Los Maestros Isha formaban ahora el Consejo de la Unidad, el cual era el centro del gobierno de la ciudad. La amorosa sabiduría que las enseñanzas de Isha había inspirado en ellos, había hecho realidad esta espléndida visión y juntos gobernaban la nación en absoluta concordia. Desde sus asientos en el consejo, observaban con triunfante satisfacción a la más pura y espectacular de las civilizaciones, creada sin límites, como parte de la perfección de la conciencia humana plena.

Al centro de la ciudad se erguía la Cámara del Amor Incondicional, una asombrosa escultura donde se reunía regularmente el consejo. Flotaba dentro de siete espirales, que sujetaban la estructura en forma de diamante sin realmente tocarla, cual dedos de una gigantesca mano que salían de la tierra y acariciaban la brillante joya. Hacia los lados de esta construcción se extendía la ciudad de Atlantis.

La ciudad era una isla artificial, construida donde el Gran Río de Plata se encontraba con el océano; sus edificios estaban separados por ondulantes paredes de cristalinas aguas turquesa. Los arquitectos de la nación habían desarrollado un profundo conocimiento sobre la estructura molecular del universo y, al refinar su conciencia a nivel subatómico, habían logrado escuchar la resonancia ultrasónica de las más pequeñas partículas de la materia. A este nivel cuántico, podían observar que la estructura de la materia no era más que ilusión; que la luz de la conciencia pura era la base de la creación. Una vez que aprendieron a manipular estas frecuencias, fueron capaces de imbuirles nuevas vibraciones y cambiar las armonías en la dimensión subatómica. La materia sólida se hizo entonces arcilla en sus manos y se liberaron de previas limitaciones arquitectónicas.

La maestría de los arquitectos había dado por resultado altísimas y fantásticas estructuras hechas de agua solidificada, con superficies firmes al tacto, pero que se amoldaban de manera intuitiva a la presencia de sus habitantes: las paredes se abrían en arcos a medida que las personas se acercaban; la transparencia de los edificios cambiaba y se auto regulaba, para proteger los espacios interiores del sol o proveer una vista panorámica de los gloriosos atardeceres que pintaban de carmesí y oro los lejanos picos de las montañas.

La genialidad estética de Atlantis iba más allá de las paredes de sus edificios, para incluir la atmósfera circundante: toda la ciudad estaba climatizada, gracias a pequeñas partículas electromagnéticas. Dichas partículas estaban programadas para mantener una temperatura constante de veintisiete grados centígrados. A pesar de que Atlantis flotaba directamente sobre la superficie del océano, la ciudad estaba diseñada de tal modo que los atlantes podían ir de un lado para otro simplemente caminando sobre calles de agua. Cuando sus cuerpos tocaban el líquido, la estructura molecular de éste se cristalizaba momentáneamente, para soportar el peso de la gente mientras iba de acá para allá en su quehacer diario, andando de manera ligera de ola en ola.

Desde el altísimo pilar de la Cámara del Amor Incondicional, las siete grandes avenidas se prolongaban hasta los límites de la metrópolis. Los atlantes viajaban a gran velocidad en sus vehículos opalescentes de líneas alargadas, que volaban en el aire con la misma facilidad y fluidez con la que se movían por el océano. Sin embargo, Sat y muchos de sus compatriotas preferían viajar en caballos de mar gigantes. Esos animales pertenecían a las numerosas especies que habían avanzado considerablemente en su escala evolutiva, como consecuencia de su contacto con el intenso nivel de conciencia que irradiaba la ciudad. El caballo de mar de Sat era un espécimen adorable y extremadamente inteligente. Su genética avanzada le permitía tanto volar sobre la ciudad como sumergirse debajo de la superficie del océano y alcanzar grandes profundidades. Fuentes y cascadas llenaban las calles con un sonido burbujeante y esparcían luz sobre las enormes flores blancas, las cuales al madurar se transformaban en danzantes mariposas del más curioso azul. Panteras guardaban las entradas de las casas de los atlantes, deslizándose elegantemente a lo largo de los pisos de alabastro. Todos los animales amaban estar en presencia de los atlantes, quienes habían desarrollado una aguda empatía con todas las criaturas vivientes.

El Gran Salón de la Música formaba el corazón cultural de la sociedad, su vasta cúpula capturaba de manera impecable los sutiles matices de las complejas composiciones vibratorias de

Atlantis. En los conciertos atlánticos el público participaba activamente, sus campos energéticos interactuaban con las ondas de sonido para contribuir a la resonante totalidad.

Los ecos de diferentes armonías pulsaban a través del aire, mientras el Coro Nacional de Atlantis cantaba al unísono. Todos los miembros del coro eran niños cuyas originales voces no habían sido afectadas por influencias externas. Por tanto, la voz de cada niño tenía un sello propio, como las huellas dactilares o la retina del ojo. Empero, cuando cantaban, las voces de los pequeños atlantes se unían cual pieza de un rompecabezas en un magnifico todo y al llegar al crescendo, tan sólo se podía percibir un único y puro sonido. Este resonante cenit de absoluta inocencia era lo más parecido a la singular vibración de Isha. En su cúspide, la energía del diamante negro cantaba como respuesta directa a la esencia infinita de Dios.

Una colosal pirámide de cristal formaba el centro energético de la ciudad. Su estructura, diseñada por expertos, presentaba cortes cuidadosamente angulados, para que difuminaran los rayos del sol en su centro y redirigiera la energía en rayos concentrados por toda la ciudad, energizando las cristalinas estructuras y encendiendo las opalescentes naves de los residentes.

La universidad de la ciudad poseía la biblioteca más avanzada del universo. Al contrario de la mayoría de las bibliotecas, aquí la información no se encontraba en libros, sino en portales de energía que llevaban al buscador de la verdad hacia las respuestas que se encontraba en su interior. Los atlantes nunca imponían el conocimiento. A cambio de ello, daban claves y pistas para viajes internos que siempre llevaban a la inherente sabiduría del estudiante. Al comprender por completo la naturaleza evolutiva de la conciencia, los atlantes no se encerraban dentro de los límites del conocimiento previo. A medida que el amor se expandía, cambiaban sus fórmulas y se descubrían nuevos secretos. La ilusión era compleja, enigmática y siempre cambiante: el misterio y el descubrimiento eran claves esenciales para una vida basada en un jubiloso progreso.

Todo este conocimiento había surgido de las enseñanzas de Isha, a quien los atlantes reconocían, no como una fuerza confinada a las lustrosas paredes del diamante negro, sino como una parte de ellos mismos, cuya naturaleza pura y permanente era lo único que en verdad existía. Isha enseñaba lo importante que era vivir en el momento y elegir el amor. Ella les decía a sus estudiantes que éstos eran perfectos tal y como eran; que siempre habían sido perfectos y que siempre lo serían. El único que podía cambiar era el nivel de vibración del amor incondicional, que siempre buscaba alcanzar lo más alto. Ése era el juego del desarrollo. Isha enseñaba que la vida era una ilusión; era Dios experimentando la dualidad de la separación. En realidad, todos eran Dios y éste era uno solo y todos eran El/Ella. El truco de la matriz del intelecto consistía en lograr que la gente siempre mirara hacia atrás, reforzando de esta manera los miedos, para después proyectarlos al futuro. El intelecto sabía que, de otra manera, sus comparaciones, juicios y limitaciones se desvanecerían en el poder del ahora.

Todos los días al amanecer, los atlantes saltaban al mar a comulgar con el silencio de las profundidades. Sus conciencias se unían en una sola y permanecían por horas en la avasallante vibración del amor incondicional, llevando su omnisciencia a nuevas e inexploradas fronteras. Todos los atlantes vestían un radiante traje de obsidiana que sus científicos habían desarrollado, el cual mantenía la cristalina luz dentro del cuerpo incluso en los abismos más recónditos del paisaje submarino. Cuando el sol tocaba la negra obsidiana, reflejaba los colores de los chacras. Una vez en tierra, los trajes de obsidiana capturaban las luces provenientes de las magníficas auras de los atlantes, esparciendo sus colores por todas partes, como un manto iridiscente.

Más de cinco mil años habían transcurrido desde que Iko y sus amigos fundaran la ciudad de cristal, pero todavía se mantenían jóvenes y esbeltos y no se veían mayores que un tandriano de treinta años. El nivel de la conciencia en Atlantis era tan alto que el proceso de envejecimiento se había desacelerado casi a cero. La ciudad aún tenía que registrar su primer deceso. No había problemas de salud en Atlantis, ni dolencias, ni enfermedades. Lo único que cambiaba era la continua expansión de la conciencia.

Iko vio con amor a Sat, mientras ésta soltaba su cabello dorado oscuro, sus ojos esmeraldas tornándose azules, ya que cambiaban con los reflejos del mar. Con el paso de los años habían procreado juntos un sin fin de niños, quienes pasaban sus días divirtiéndose en los parques submarinos, jugando del amanecer al atardecer. A los bebés les encantaba cuando las ballenas los arrojaban al aire en sus chorros de agua y los balanceaban en las improvisadas fuentes por el mayor tiempo posible, antes de dejarlos caer en las resplandecientes aguas. Bajo el mar, los niños descubrían multitudes de criaturas, incluso algunas tan evolucionadas que no se conocían fuera de las fronteras de la ciudad, como era el caso de los dragones de agua. Los hijos de Iko crecían sin restricciones. Atlantis era un lugar de creación, juegos, frivolidad y celebración.

Iko y los Siete observaban su creación, maravillándose ante su belleza. Todos los deseos se habían hecho realidad; todas las búsquedas habían llegado a su fin. La ciudad de Atlantis era una brillante joya, un maravilloso homenaje a la perfección de la unión.

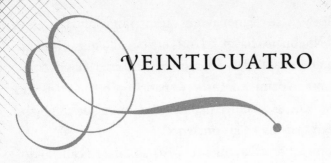

VEINTICUATRO

El silencio era sobrecogedor. Shannon casi podía oír el sol reflejándose en el pavimento. El cono de viento anaranjado sobre el tope del puente Westgate colgaba flácidamente, como una bandera sin país. Bajó del carro al puente. No le extrañó la ausencia de trafico: era domingo y el reloj apenas marcaba la seis de la mañana. Parecía como si alguien hubiese presionado el botón de pausa de la creación. El hotel Rialto brillaba con todo su esplendor. Melbourne parecía estar suspendido de manera precaria sobre la bahía de Port Phillip, como si se pudiera caer al océano en cualquier momento. "Creo que el mundo se va a acabar", se dijo Shannon, en un tono más bien casual, sin que su mente mostrara el menor indicio de pánico ante esta idea.

La calma y el gozo interno que consumía su corazón en ese momento eran incomprensibles. ¿Cómo podía tan devastador pensamiento inspirar tal sentimiento de paz y regocijo? Los recuerdos de Atlantis habían prácticamente desaparecido después de que ella dejó la niñez atrás, pero ahora estaban regresando con bríos; cual marejada, inundaban de nuevo su percepción. Shannon podía recordar la unificación de las mentes, el enfoque sobre el amor incondicional, a medida que la ilusión de la ciudad comenzaba a romperse. No tenía claro qué había sucedido, pero Shannon sabía que ésta era una ocasión maravillosa y gozosa. El chillido de delfín de su segundo corazón llegó al pico más alto de la vibración y el olor del océano penetró por cada poro de su ser.

Shannon regresó a su auto y se dirigió al cabo Liptrap. La música destilaba de Shannon tan naturalmente como fluía el aire en sus pulmones. Podía visualizar los instrumentos, la manera en la que iba a tocar la banda. Su profesor de guitarra observaba con asombro cada vez que Shannon se le presentaba, tocándole canción tras canción, pidiéndole que transcribiese las notas de manera que la banda pudiese comenzar a practicar. Cuando Shannon se conectaba con su segundo corazón, la pasión que el Monsieur le despertaba se mutaba en perfecta belleza musical. El amor, el romance, los recuerdos, los ángeles, los delfines, la angustia y los placeres: todos estos temas se entretejían para crear el distintivo sello de Shannon. Una oración de alabanza a la vida que la hacía sentir realizada.

Shannon se vistió con mucha emoción el día del Clásico Mackinnon. La carrera, la cual indicaba el inicio del carnaval de primavera, era la más importante de Australia y la única capaz de detener la actividad de la nación. Muchos consideraban la Copa Melbourne como el mayor espectáculo hípico del planeta, en el cual la moda era una de las protagonistas. Tanto los miembros del *jet-set*, como muchos famosos, se preparaban para exhibir su sofisticado estilo ante los ojos del mundo.

El Monsieur le había mandado a Shannon un pase VIP para el área de socios del hipódromo Flemington. El día de la carrera, Shannon se despertó con ansiedad y se aseguró de que todo estuviera perfecto. La anticipación se sentía como el pináculo de una prolongada seducción, atizada a lo largo de muchos meses y que llegaría hoy a su plenitud, cuando ella viera al fin a su príncipe. Le había sorprendido que el Monsieur hubiera decidido llevar a su hija a la carrera, pero su jefe había insistido que era importante que ella y Shannon se conocieran. El Monsieur había dicho que su hija no permanecería mucho con ellos y que se marcharía a hacer sus diligencias durante el transcurso de las carreras.

La limusina del Monsieur apareció en su casa y la llevó con rapidez al exclusivo estacionamiento de los socios del Flemington. Shannon entró al área de socios y a la distancia vio a un alto y atractivo caballero de cabellos blancos. El chofer de la limusina la guío hacia él. Entonces Shannon notó a la mujer parada al lado del hombre. Su corazón se detuvo en seco y su cuerpo inmediatamente lo imitó. La mujer era un reflejo de ella misma: el cabello, la cara, el tono de la piel, la forma en que se paraba, la manera en que ella veía con incredulidad a Shannon, con la boca abierta, su shock oculto a medias por el sombrero de ala ancha que resaltaba su traje blanco y negro.

—Monsieur Dupree —dijo el *maître*—, por favor sígame señor: su mesa ya está lista.—

¿Dupree? La cabeza de Shannon comenzó a dar vueltas a medida que la imagen de su partida de nacimiento aparecía en su mente. El apellido de su padre biológico era Dupree. Entonces recordó la foto que Colleen le había mostrado y la voz de su madre natural resonó en sus oídos.

—¿Ves? Eres igualita a él —había dicho su madre de nacimiento—. Los mismos ojos, tan intensamente oscuros, y las facciones mediterráneas.

El Monsieur observaba a las dos mujeres y la única respuesta al enigma se iba formando en su cabeza. Esto era más que una coincidencia. De haber sido Shannon dos años mayor habría podido ser la gemela de su hija: la hermana perdida que había inspirado tantos mitos y telenovelas.

—Shannon —tartamudeó el hombre—. No...no sé qué decirte...

Shannon se dio la vuelta y corrió, incapaz de enfrentar la dolorosa y asquerosa verdad que gritaba su alma. Su pobre y golpeada alma, ya había sido lastimada tantas veces. Shannon Elizabeth O'Leary se había enamorado de su propio padre. La habitación giró a su alrededor.

—No puedes seguir buscando tu felicidad en otras personas. No puedes seguir dependiendo de lo exterior. Tienes que encontrar el amor dentro de ti —susurró la voz de Amelia dentro de ella.

La ciudad cristalina centellaba frente a sus ojos, apareciendo y desapareciendo. A Shannon le costaba trabajo mantenerse erguida mientras bajaba las escaleras que llevaban al estacionamiento, donde detuvo con afán un taxi. Los centelleos continuaron en el auto. Shannon estaba tan impresionada que ya ni llorar podía y le costaba respirar. La visión se tornó más lúcida. Shannon sentía que se hundía en una sustancia de un infinito azul y cuando llegó a creer que no podría soportar mucho más, se encontró de nuevo sobre la superficie de cuero del asiento trasero del taxi. Desde el espejo retrovisor, el conductor la miraba con preocupación. Shannon hizo lo imposible para controlarse. Su mente buscaba soluciones, pero todo lo que su corazón quería era correr tan lejos y rápido como pudiera. Ella necesitaba escapar, necesitaba encontrar soledad. Finalmente, todas sus tragedias habían hecho mella en ella. Las muertes, las pérdidas, el trabajo ilegal. Su desilusión había alcanzado un punto de ruptura. Ya no quería saber nada más del Monsieur, ni de Ciudad Gótica. Era tiempo de cambiar y de hacerlo de manea dramática.

Al llegar a casa, Shannon llamó a su perra, la metió en el carro y se fue a toda velocidad a cabo Liptrap. Pasó por una licorería y compró dos botellas de Jack Daniels. No se molestó en mezclar el licor con su acostumbrada Coca Cola de dieta y tomó el líquido directamente de la botella. "¿Cómo podía estarle ocurriendo todo esto?", se preguntó. ¿Estaba Dios —suponiendo que un dios existiera— realmente tan furioso con ella? Se sentía como marioneta en manos de un desconocido titiritero, el cual no hacía más que burlarse de ella. Su danza entre hilos ya no era ni trágica ni melodramática, sino algo que rayaba en lo ridículo.

Cuando despertó a la mañana siguiente en el sofá de su cabaña en cabo Liptrap, las cosas se veían igual de confusas. Bear le lamía la mano con cariño. Durante catorce años había presenciado todas las calamidades de Shannon y ésta todavía encontraba una cálida seguridad en el amor incondicional que la perra le ofrecía.

—¿Qué haría yo sin ti? —musitó Shannon.

Bear la miró con ojos llenos de lástima, como si quisiera desesperadamente remediar los conflictos de Shannon.

Shannon estaba hastiada. Había perdido a su familia adoptiva sólo para descubrir que la biológica estaba formada por un montón de chiflados. Una madre con tendencias a la inestabilidad mental y un padre de mentalidad criminal. Ahora que se había roto el encanto, Shannon podía verlo como en realidad era: un hombre que se engañaba a sí mismo, justificando sus actividades ilegales con discursos de liberación mundial, como si fuera el salvador de la clase pudiente. Para Shannon, el Monsieur era tan vanidoso que sus hijas no se parecían a sus diferentes madres, sino que eran copias al carbón de él. Hombres, mujeres, familia… "¡Ya era más que suficiente! ", pensó Shannon. Lo había intentado todo y nada le había funcionado. La única solución que se le ocurría era buscar la soledad, los animales y la naturaleza. Quizás ahí encontraría la respuesta.

VEINTICINCO

Shannon O' Leary cambió su auto nuevo por una moto Harley Davidson modelo Road King y se fue sola a recorrer Australia. Decidió ir primero a Wilpena Pound: la temporada de lluvias acababan de pasar y las flores del desierto estaban en pleno florecimiento. Shannon recordó las palabras de Nana.

—¿Ves, Shannon? Hasta el terreno más desolador florecerá y renacerá después de las lluvias. ¡Y mira qué colores! Son como tonalidades de una manta calentita que protege a la tierra seca y la rejuvenece.

Había rodado por días en carreteras prácticamente vacías, a excepción de uno que otro camión de carga, que llevaba mercancía por la interestatal. La tierra era árida. Pequeños grupos de emúes, ovejas y ganado se esparcían por la zona. Bandadas de pájaros y cacatúas salían volando de las ramas al paso de la Harley. Las serpientes calentaban sus vientres sobre el calor de la carretera. Al caer el sol, Shannon manejaba con cuidado, porque ésa era la hora en que los canguros salían a comer. Por las noches, se detenía en tabernas de carretera, donde los hombres la veían perplejos estacionar la gran Harley. Shannon los miraba con cara de pocos amigos, para que a nadie se le ocurriera buscarle conversación y procedía a beber hasta perderse en el olvido.

—¿Quieres otra, cariño? —preguntó el tabernero del hotel Arkaroola.

—Mira, Tom, sólo pásame la botella y ahorrémonos tiempo, ¿sí?—replicó Shannon.

—Una pregunta cariño —dijo Tom—. ¿Vas a poder manejar esa bicicleta con una buena resaca?

Shannon se rió entre dientes. ¡Ella nunca había manejado la "bicicleta" sin una buena resaca!

—Estaré bien, Tom, pero gracias por preguntar.

Arkaroola era una taberna típica de la zona ovejera y minera: una barra y cien ebrios. La tierra era roja, los canguros eran rojos, las ovejas eran rojas. Ahí se estaba en verdad en el fin del mundo. Lo único que se escuchaba era el zumbar de los moscardones revoloteando alrededor de Cliffy, el viejo borrachín que estaba acostado semiinconsciente sobre el porche y que hablaba solo, mientra bebía vino barato de una botella envuelta en papel marrón.

Una gota de agua cayó sobre el techo de latón, seguida por la explosión de un trueno. La lluvia comenzó a caer y la tierra roja saltó en forma de pequeñas bombas de pintura roja. En poco tiempo la fuerza de la lluvia era tal que daba la impresión que por el techo pasaba un tren. "Lo que me faltaba", pensó Shannon con cinismo. "Mañana habrá crecida en los ríos." Cuando salió en la moto al día siguiente, sin embargo, el sol resplandecía y se respiraba aire fresco. A Shannon le encantaba el olor de hierba húmeda y el denso perfume a eucalipto. Tal vez Nana había tenido razón. Hasta el terreno más desolador podía florecer y renacer después de las lluvias.

Shannon apenas había recorrido unos doscientos kilómetros cuando la lluvia reapareció en forma de aguacero. El próximo hotel quedaba a unas cuantas horas de ahí y la lluvia era tan torrencial que casi no podía ver nada. Con dificultad, Shannon distinguió a un arriero a su izquierda, rodeado por miles de desaliñadas ovejas. El hombre se refugiaba bajo un viejo y gran sombrero tipo Akubra y una chaqueta impermeable de cuero, "Que trabajito", se dijo Shannon. Entonces contuvo el aliento. El arriero cabalgaba sobre una Bulldog Keener: una legendaria silla de caballo de casi treinta años… ¡fabricada por el gran Syd Hill en persona! Shannon habría

dado su brazo derecho por una silla como ésa. Saltó de la motoci-
cleta y corrió como una loca bajo la lluvia, cual barco rompehielos
abriéndose paso en un mar de lana roja.

—¡Disculpe! ¡Deseo comprar su silla! ¿Cuánto quiere por
ella?

—¿Por esta vieja cosa llena de agua? —masculló el arriero,
alzando la cabeza.

Shannon se sorprendió. El arriero era mujer, con algo de
sangre aborigen, a juzgar por la nariz y la gran sonrisa. El agua le
caía en cascadas del ala del sombrero y ocultaba parte del rostro,
pero aún así Shannon pudo divisar un destello en sus ojos. Rizos
grises coronaban sus sienes. Suaves líneas acariciaban su faz. Debió
ser muy hermosa en su juventud, pensó Shannon, indiferente al
hecho de que estaban debajo de la lluvia, en medio de la nada, ro-
deadas por ovejas, con su casco de motociclista aún puesto.

—¿Como te llamas, chiquita? — preguntó la mujer.

Shannon se quitó el casco y se presentó.

—Verá —dijo Shannon—, yo domo purasangres y esa silla
que usted tiene podría ayudarme a mantenerme sobre ellos cuando
se ponen salvajes. Para mí es un asunto de vida o muerte.

La mujer se rió.

—¿Eres siempre así de dramática, muchachita?

La cara de Shannon enrojeció.

—Sí lo que quieres es la silla, entonces regrésate al hotel
Arkaroola. Porque si crees que yo voy a cabalgar sin silla a la vieja
Rosy por doscientos kilómetros bajo la lluvia, ¡estás más chiflada
de lo que pareces!

—¡Pero acabo de dejar ese horrible hotel! —protestó Shannon—, ¿Cuánto tiempo le va a tomar llegar hasta allá?

—Pues chiquita, eso depende de la vieja Rosy… pero no creo
que más de cuatro días.

—¿Cuatro días? ¿Cuatro días? —repitió Shannon como un
mantra.

—Puedes repetir todo lo que quieras, chiquita. Eso no va a hacer que el tiempo pase más rápido —dijo la mujer riendo—. Me da la impresión que no te vendría mal ir más despacio y ver con detenimiento a tu alrededor. A lo mejor descubres algo interesante en la taberna.

—¿Algo como qué? —preguntó Shannon subiendo los ojos con fastidio.

—Como que no se puede correr por siempre, chiquita. Algún día tendrás que regresar a casa, a ti misma.

La mujer chasqueó la lengua y Rosy comenzó a andar.

—¿Cuál es su nombre? —gritó Shannon sobre el balido de las ovejas.

—La gente me llama Charlie —contestó ella sonriendo, sus dulces y luminosos ojos evocaban el recuerdo de Nana.

A medida que Charlie se alejaba, el segundo corazón comenzó a dilatarse. Shannon se sentó sobre la Harley y ahí, debajo de la lluvia, comenzó a llorar desde lo más profundo de su alma. Lloró por Nana, por su papá, por Maxwell. Si hubiera creído genuinamente en Dios, le habría llorado al cielo. Entonces se dio cuenta de que ya no creía en nada y lloró aún más.

Shannon llegó al hotel Arkaroola. La canción del grupo The Eagles le rondaba por la cabeza: *Bienvenidos al Hotel California: puedes registrarte cuando quieras, pero jamás te podrás marchar.* También pensaba mucho en Charlie. Shannon realmente quería esa silla, pero algo le decía que Charlie tenía algo más importante que darle. Cuando la imagen de Charlie le venía a la cabeza, la vibración del segundo corazón de Shannon crecía en intensidad. "Algún día tendrás que regresar a casa, a ti misma", había dicho la anciana. "¿Qué habría querido decir con eso?", se preguntó Shannon. Quizás esa noche no bebería.

Tom puso cara de sorpresa al verla entrar al hotel.

—Parece que ya no puedes vivir sin nosotros —dijo, esbozando una sonrisita— ¿o será que la lluvia te obligó a regresar?

Shannon sonrió.

—Lo que pasa es que te extrañé mucho, Tom.

—Seguro que sí. ¿Lo de siempre, cariño?

—No… sólo dame una Coca Cola.

Si Tom se había mostrado sorprendido con el regreso de Shannon, esta última respuesta lo dejó perplejo. Tom había visto a muchas almas torturadas en su vida y le había parecido que a Shannon todavía le faltaban penas que ahogar en alcohol.

—¿Cuánto tiempo te vas a quedar con nosotros? ¿Sólo por esta noche?

—Creo que por tres noches más, Tom. Estoy esperando a alguien, una mujer llamada Charlie. Me va a vender su silla de montar.

La cara de Tom se iluminó con cierta picardía.

—Ah… ahora entiendo, cariño.

—¿Conoces a Charlie, Tom?

—Sí, cariño. La vieja Charlie es casi una leyenda por estos lares.

—¿Y eso por qué?

—Ésa es una larga historia. De joven Charlie era tan arisca como una culebra acorralada. Su padre era dueño de una de las mayores haciendas de por aquí, con más de cien mil hectáreas.

—Ella parece tener sangre aborigen —comentó Shannon, extrañada por la idea de que, en esos tiempos, un aborigen poseyera tal extensión de tierras.

—La tiene, cariño. Su madre era una mestiza. Pero Rowan Mackenzie estaba loco por ella y se casaron de todas maneras. La madre murió cuando Charlie cumplió los cuatro años. Al igual que su mamá, Charlie era de armas tomar. Lista como un látigo y tan rápida como un emú. Su papá deseaba brindarle todas las oportunidades posibles, así que la mandó a una de esas elegantes escuelas privadas de Sydney cuando ella cumplió los doce. Charlie protestó a todo pulmón; esto ocurrió hace unos cincuenta años y las cosas eran diferentes entonces, ya sabes, con lo de los prejuicios raciales. Ninguna cantidad de dinero podía hacer que la trataran como a una igual. Charlie era inteligente y hermosa. Había trabajado en la estación desde los cuatro años; era una más de los peones. No hay nada acerca del cultivo de la tierra o el manejo de los animales que Charlie no sepa. En cualquier caso se hizo doctora y tuvo mucho éxito, además de ser la niña de los ojos de su padre. Entonces algo ocurrió. Nadie sabe exactamente qué fue, pero cuando ella regresó, a la edad de treinta, ensilló su caballo y se largó para el monte. Por cinco años su padre envió expedición tras expedición en busca de ella, pero su desaparición eventualmente destruyó al hombre. Murió pensando que ella estaba perdida para siempre. Hay quien dice que Charlie estaba embarazada y que el bebé murió en el desierto. Otros dicen que ella estaba metida en las drogas y en la bebida. Nadie sabe con exactitud qué pasó con Charlie, pero cuando ésta reapareció, había cambiado. Si yo fuera un hombre religioso diría que encontró la gracia divina. Cuando ella ahora lo mira a uno, hay tanta calidez en sus ojos que a uno como que le dan ganas de llorar o algo parecido. Y Charlie te escucha como si fueras la única persona en el mundo. No sé explicarlo, pero así son las cosas con ella.

Tres días más tarde, Charlie entró al pueblo sobre la vieja Rosy, llevando por las riendas otro caballo. Lo ensilló con la silla de montar que Shannon tanto deseaba.

—¡Ven, chiquita! —chilló Charlie—. ¡Ven a probar la bendita silla!

El caballo color castaño miró con nerviosismo a Shannon, cuando ésta se dirigió hacia él. Charlie susurró algo al oído del animal, mientras ajustaba los estribos. Asustado, el caballo saltó hacia los lados.

—Ese caballo no me da buena espina —dijo Shannon.

Charlie estalló en carcajadas.

—Pensé que dijiste que eras domadora de caballos. ¡No me digas que estás asustada!

El comentario hizo hervir la sangre irlandesa de Shannon.
"Ya te enseñaré lo qué es asustarse de veras", pensó. Se subió rápidamente sobre el animal y se acomodó en la vieja silla. Y entonces
el mundo se puso patas arriba. El potro castaño bajó la cabeza y
comenzó a relinchar, saltando con el ímpetu de cualquier caballo
de rodeo. Shannon mantuvo el control hasta que se rompió la cincha y salió volando por los aires.

—Supongo que te estás divirtiendo muchísimo —dijo con
rabia Shannon mientras se sacudía el polvo.

—¡Lo estabas haciendo muy bien, chiquita! Vamos a hacer
una cosa; doma a este potro salvaje por mí y te doy la silla. Tengo
que viajar hasta el otro lado de la estación a ver a los recién nacidos.
Nos tomará un par de semanas ir y venir.

A Shannon no le gustaba perder. Miró a Charlie con mezcla
de ira y curiosidad. Había algo en esta mujer que la enternecía y la
tocaba, a pesar de su orgullo herido. Sin saber realmente por qué,
Shannon aceptó.

Shannon y Charlie estaban sentadas en el porche del hotel Arkaroola. Rosy dormía debajo de la sombra de un árbol y el potro
castaño le resoplaba a su propia sombra, todavía alterado por su
experiencia con Shannon.

—¿Qué ves aquí? — preguntó de repente Charlie.

—No sé… ¿polvo rojo?

—Comienza por el cielo. Nubes. Nubes oscuras, moviéndose
con rapidez desde el sur. Ahora mira el suelo. Hormigas. Muchas
hormigas cargando hojas y llevándolas debajo del hotel. Ahora mira
para allá. Ovejas debajo de un árbol, todas mirando al norte, dándole la espalda al tronco. ¿Qué es lo que ves, Shannon?

El segundo corazón de Shannon vibró con delicadeza, cual
alas de mariposa.

—Veo… un mundo sincronizado. Todos los animales están conscientes de que va a llover.

—¿Y cómo lo saben? — preguntó Charlie una vez más.

—Instinto.

—No solamente instinto —dijo Charlie—. Lo saben porque están en el presente. Leen las señales. Ven las cosas con claridad porque están en el momento. No viven ni en el pasado ni en el futuro: están aquí, ahora.

Shannon sintió una corriente tibia viajar por su cuerpo y relajar sus músculos.

—Tú nunca estás en el presente, Shannon. Vives dentro de tu cabeza, en el pasado, en tu sufrimiento. El único momento en que dejas de atormentarte es cuando te emborrachas.

La suavidad en el cuerpo de Shannon desapareció de golpe y su espina se enderezó, convirtiéndose en una dura línea.

—¿Cómo puedes hablarme así, Charlie? ¡Tú ni siquiera me conoces!

—Sé quien eres, Shannon, porque me veo en ti. Quiero que me cuentes todo durante este viaje, todo lo que aflige tu corazón. Cuando tus demonios desaparezcan, Shannon, abrirás los ojos y verás las cosas de una manera distinta. Pero debes confiar en mí.

Shannon suspiró. Había pasado toda su vida alejando al amor y tenía la sensación de que ya era tarde. La confianza parecía haber muerto en ella.

—Si quieres cambiar —dijo Charlie—, tendrás que hacer algo radicalmente diferente.

Shannon Elizabeth O'Leary observó con detenimiento a Charlie, estudiando cada arruga, cada rasgo, cada inflexión de la voz de la mujer que la había hecho esperar cuatro días en un hotel infernal, sólo para hacerla caer de un caballo bestial, gracias a su débil cincha; la mujer que ahora esperaba que Shannon la siguiera al campo, así como así, sin ninguna otra evidencia de su poder de sanación que su palabra. Por lo poco que Shannon sabía de ella, la mujer bien podía ser una asesina serial. Por otro lado, ¿qué tenía ella que perder? Ya estaba muerta por dentro. Quizás la muerte física no sería gran cosa, al final; sólo un largo y eterno dormir sin sueños. ¿La llegada de la paz, tal vez?

Las mujeres partieron a la mañana siguiente. Tomó varios días, sin embargo, para que Shannon relatara su historia: los hombres, las mujeres, las pérdidas, su segundo corazón, las visiones de Atlantis, su Nana, sus sueños rotos, sus desencantos y, por último, el Monsieur. A veces se reían juntas, pero Shannon también lloraba, sus sentimientos emergían de un lugar que ella nunca imaginó que estuviera tan colmado de dolor. Todo había comenzado con el abandono inicial; el shock sobre su adopción, el cual le había producido un miedo primordial y una gran tristeza. La cuestión carecía de lógica para Shannon, pero empezó a comprender que, en el fondo, nunca se había sentido lo suficientemente buena. No se sentía merecedora del amor, de ahí la larga historia de amantes incapaces de comprometerse en una relación seria con ella. Shannon se autosaboteaba constantemente. Muy dentro de ella, sentía que había hecho algo malo.

Charlie le enseñó a concentrarse en su segundo corazón; a expandir la paz y conciencia que éste le brindaba. Le decía a Shannon que alabara la perfección del momento, que agradeciera todo lo que tenía, en vez de poner su atención en la percepción de que algo estaba mal. Para Shannon era difícil entender el punto de vista de Charlie, sobre la supuesta perfección de todo. Sin embargo, a través de los ojos de la anciana y envuelta en la magnificencia de horizontes infinitos y la siempre cambiante árida majestad del desierto australiano, Shannon comenzó a ver.

—A veces las lluvias no llegan, Shannon, y todo lo débil muere. Los diques se secan, las riberas se abren como esqueletos. A veces hay inundaciones que empujan a la vida por el desfiladero, con tal fuerza, que todo queda aplastado. Las ovejitas son arrancadas de las ubres de sus madres para alimentar a una manada de dingos.* Las serpientes se comen los huevos de las águilas. Así es la vida, Shannon. Viene y se va. Lo que cuenta es cómo eres tú en medio de esta dura realidad. Siempre puedes elegir. Utiliza tu segundo corazón para elegir al amor y encontrar dicha dentro de la dualidad de la perfección. Para percibir la ganancia, debo reconocer la pérdida. Para percibir la luz, debo reconocer la oscuridad. Para percibir el amor, debo reconocer el miedo... y desechar de nuevo a la ilusión de donde provino. Concéntrate en tu corazón, Shannon. Elige el amor. Cuando se compliquen las cosas y el amor se esfume, concéntrate otra vez en tu corazón y olvídate de tu cabeza.

Shannon sonrió. Su segundo corazón había crecido de manera portentosa y la paz comenzaba a anclarse en ella. Dicha serenidad parecía afectar de igual manera al potro castaño y después de varios días de llevar la paciencia de Shannon hasta el límite, su lado fiero comenzó a dar paso a la calma. Shannon recordó cuando de niña, al ir al museo de Melbourne, veía la figura disecada de Phar Lap, el mejor caballo de carreras que hubiera pisado una pista australiana. Nana le preguntaba por qué le gustaba tanto ir a ver al caballo, si siempre terminaba llorando. Shannon se dio cuenta de que había llorado por su grandeza, por su valor y por su corazón, que había llevado el amor de toda una nación en contra de todas las dificultades. Nada lo había detenido y ella comenzaba a darse cuenta de que, como él, tenía un corazón dispuesto a luchar contra todas las dificultades.

Shannon y Charlie miraban al fuego desde sus catres. El cielo nocturno brillaba como una cueva llena de luciérnagas. Charlie había arrojado una cocción de extraño olor a una olla y la había colocado sobre las brasas. Shannon nunca preguntaba qué era lo que comían.

---

*   Dingo: Especie de perro salvaje. N. del T.

Imágenes de estofado gusanos y walabí** cruzaban por su mente, así que le parecía mejor no preguntar. Habían cabalgado durante dos semanas, revisando las ovejas y los becerros recién nacidos. No habían ocurrido demasiadas muertes; todo parecía florecer de manera perfecta en la estación. Las flores silvestres comenzaban a perder su colorido, lo que indicaba que el sofocante verano estaba a punto de llegar al desierto.

—No creo que tengamos nada de que preocuparnos este verano —dijo Charlie—. Los diques están llenos y el invierno fue particularmente generoso en lluvias este año.

—¿Crees en Dios? —preguntó Shannon de repente.

—Por lo que he visto, lo único que existe es Dios, chiquita —replicó Charlie, sin mostrar sorpresa por lo inesperado de la pregunta—. Lo único que es real es el amor.

—¿Cómo es que sabes todo esto, Charlie? ¿Es acaso porque tienes sangre aborigen? ¿Te hace eso más espiritual? — inquirió Shannon.

—Cuerpo, raza, credo, color, sexo, religión… todo es ilusión, Shannon. Todos somos los mismos: una mente consciente de puro amor. La separación que percibimos no es verdadera. Confundimos nuestras cáscaras con lo que somos.

—¿Nuestras cáscaras?

—Nuestras personalidades y creencias. Creemos que son nuestra esencia y por ello las defendemos con tanto ardor. Pero son superficiales, frágiles, al contrario que el amor. El amor no necesita defensa, Shannon, porque no se le puede lastimar. Hasta que entiendas esto, serás como un huevo.

Shannon alzó la ceja izquierda, intrigada.

—Un huevo tiene cáscara para proteger el contenido hasta que éste madure —explicó Charlie—. El verdadero potencial del huevo aún no ha sido revelado. La cáscara protege al feto mientras

---

** Tipo de marsupial parecido a un canguro pequeño. N. del T.

crece y se desarrolla en la majestuosa criatura en la que habrá de convertirse. Pero el águila no es la cáscara. Es el rey de los cielos, aunque envuelto en la cáscara, todavía no sabe que lo es. Tú crees que eres tu cáscara, Shannon, pero eres mucho, mucho más. A veces asusta soltar lo que creemos que somos, pero ha llegado la hora de que lo hagas, Shannon; que sueltes el dolor que has sufrido; que rompas tu cáscara y aprendas a volar. Es hora de despertar.

—¿Pero, cómo, Charlie? ¿Cómo se logra?

Charlie sonrió.

—Imagina por un momento que toda la creación fuera un espejo y que lo único frente a este espejo fuera tu yo interno. Todas las creencias dentro de ti se reflejarían en el exterior, sobre la superficie del espejo. Déjame darte un ejemplo. Cuando yo era joven, Shannon, sabía que era diferente. Mi padre era un hombre muy rico, pero siempre me rodeó un subyacente desdén y prejuicio racial, porque yo era una mestiza. Cuando cumplí los cuatro años mi madre murió y llegué a pensar que, de alguna forma, era por mi culpa. Por supuesto que ese no era el caso; ella murió de cáncer. Pero muy dentro de mí pensaba que había algo malo conmigo. Es un poco como lo que has comenzado a ver, esos profundos miedos que rodean tu adopción y abandono. Todos nos separamos de la inocencia en algún momento. Como tú, comencé a creer que no merecía amor. Yo lo tenía todo a mi favor, Shannon: dinero, una esmerada educación, belleza… pero lo exterior me recordaba de manera constante que yo no era lo suficientemente buena. Yo no hacía más que probarme a mí misma. Estudié medicina y me gradué con honores. Tuve por novio al hijo de un prominente político, un rico inglés de pura cepa. Llevamos nuestra relación demasiado lejos y salí embarazada. Yo supuse que nos casaríamos, en parte porque era lo que se estilaba en ese entonces y en parte porque estábamos muy enamorados. Pero cuando sugerí el matrimonio, él me miró como si yo estuviera demente. Yo era una hermosa y pudiente doctora, pero lo único que la sociedad veía en mí era mi sangre aborigen. Me sentí victima de mi gente, mis rasgos, mi madre y llegué a odiar esa parte de mí. Y el mundo entero reflejó ese odio hacia mí, Shannon. Abandoné Sydney y regresé corriendo a Arkaroola. Estaba avergonzada de mí misma; me sentía como una pecadora. No podía darle la cara a mi padre. Así que ensillé a la abuela de la Rosy y me fui al desierto a morir. Era como tú Shannon, bebiendo hasta no poder más, creando situaciones en donde encontraba amantes —gente que ni siquiera se sabía amar a sí misma— que eventualmente me rechazaban. A las dos semanas de andar por el desierto, mi caballo cayó en una pequeña hondonada. Caí muy fuerte y perdí al bebé. Y al igual que en tu caso, Shannon, cuando necesité de más ayuda, alguien apareció para guiarme a casa, a mí misma.

—¿Creaste a tu propia Charlie?—

—Así mismo fue, chiquita. Creé a mi propia Charlie y heme aquí: enamorada de mí misma y de esta prodigiosa creación que llamamos vida. Cada día es más especial y hermoso que el anterior.

—Yo también te amo, Charlie —dijo Shannon.

Una brillante estrella fugaz cayó del cielo y Shannon susurró:

—Y te amo a ti, Nana.

Cuando Shannon se despertó al día siguiente, Charlie había desaparecido. De regreso a Melbourne en su moto, Shannon no tenía sensación de pérdida. Entendía ahora que Charlie era parte de ella y que siempre viviría en su corazón. Shannon decidió ir a Cabo Liptrap para reflexionar un poco. Quería adentrarse en las profundidades de su alma y continuar lo que se había iniciado con Charlie. Pasó muchos días sentada en silencio, concentrándose en su segundo corazón. Aparecieron emociones y llegaron recuerdos. Shannon se permitió sentir inocentemente lo que éstos provocaban. Cuando se daba cuenta de que su mente se había ido hacia el futuro o que los viejos temores se estaban haciendo presentes, se obligaba con severidad a regresar al momento y a concentrarse de nuevo en su corazón, haciéndose una sencilla pregunta:

—*¿Qué hay de malo en este momento?*

La respuesta era igual de sencilla.

—*Nada*.

Shannon daba largas caminatas por la playa. Aunque Bear correteaba fielmente a su lado, ella siempre mantenía de forma consciente su atención dentro de su ser. Observó que podía estar presente por completo en el momento y todavía percibir sus alrededores, desde un lugar de mayor claridad. Comenzó a notar los movimientos de la naturaleza; a escuchar sus sutiles sonidos; a distinguir su abanico de aromas. Sus sentidos se agudizaban a medida que ella estaba más consciente del presente. Una alegría interna burbujeaba en Shannon, una dicha que nunca antes había conocido.

La dicha de ser.

A veces las viejas angustias regresaban. Shannon las sentía y a veces le expresaba su dolor a Bear. Entonces regresaba al momento presente. Era curioso, pero cada vez que veía los oscuros ojos de Bear, tenía la impresión de que todos los que la habían amado de manera incondicional la miraban desde esa profunda y enternecedora mirada: Charlie, su padre, Nana: todos los que la habían considerado perfecta. En ese momento comprendió que el amor nunca pasa. El amor siempre está presente y estaba ahí, dentro de ella. Todo lo exterior, tal y como Charlie le dijera, era tan sólo un espejo.

Los ojos de Shannon vagaban sobre la bahía de Waritah. El olor del océano regresó y un intenso silencio ensordeció sus oídos, su segundo corazón palpitaba de manera violenta. Una vez más, Shannon se encontró entre dos mundos. Podía ver la costa, al igual que a un grupo de delfines, los cuales parecían estar empujando algo hacia la orilla. Luego apareció una mujer de cabellos rojos y ojos verdes, quien aparentaba estar embarazada. Ésta alcanzaba algo que los delfines habían dejado en la playa… Luego Shannon comenzó a caer rápidamente bajo las profundidades del mar. Se encontró en una habitación negra, en forma de diamante. Había ocho rostros observándola, incluyendo el suyo propio, en la Cámara de la Unidad. Sostenían una vibración, una frecuencia tan extrema de amor, que la ciudad fantástica estaba comenzando a disolverse en el océano.

Atlantis era perfecta. Todos los deseos de cada individuo se hacían realidad en esta magnífica ciudad de cristal. Las sorprendentes espirales de sus edificios públicos llegaban hasta los cielos, como expresión palpable de la alabanza que subyacía en el universo. La ciudad llegó a su apogeo cuando sus habitantes obtuvieron el mayor de sus logros: un nivel de conciencia que ya no podía sostener a la dualidad. Atlantis vibraba con una frecuencia tan alta de amor que le era imposible mantener la forma física. Sin cambio. No había tiempo ni espacio. La ciudad se estaba moviendo fuera del plano físico y ponía en peligro la existencia de todo el cosmos. Los atlantes no temían a la muerte y por ello adoptaron de manera unánime la decisión de destruir, con amor, a la ciudad.

Observando desde lo alto de la estructura cristalina del Consejo de la Unidad, Iko y los Siete se colocaron en posición, listos para poner en práctica el pacto. Con el inmenso poder de sus mentes unificadas, comenzaron a crear un palpitante campo de energía. A medida que la vibración aumentaba, el campo empezó a derretir la estructura molecular de la isla, un lento estruendo surgió de los abismos del mar. Cuando el sonido llego a su cúspide, la ciudad comenzó a temblar. Atlantis cayó en forma de cascada sobre sí misma, a medida que el océano circundante lo abrazaba todo con sus líquidos brazos. A medida que Atlantis caía, Iko, de manera metódica, insertaba el negro diamante de perfectos cortes en su costado derecho. Él y los siete Maestros Isha se transformaron en delfines y juraron reencontrarse con la llegada del nuevo milenio.

Shannon comenzó a llorar. Estaba todavía sentada en la playa, abrazándose a si misma como una niña, incapaz de detener sus sollozos y quejidos. La ilusión se deshacía ante sus ojos. Ya no tenía de qué sostenerse, ni qué creer y, por una última vez, el miedo al abandono escaló a un nivel insoportable dentro de ella.

—*Ríndete al amor. Suelta el control.*

Shannon enterró la cabeza entre sus brazos, buscando dentro de ella algún tipo de consuelo, pero no conseguía nada. Era como caer en un pozo de soledad. Las paredes de piedra se estiraban hacia el infinito y por ningún lado se encontraba el agua que debía parar su desplome. Shannon no sabía cuanto más iba a caer.

—*¡Y despiértate!*

En un acto de impotente desesperación, Shannon finalmente escuchó la voz. Y se rindió. Soltó todo y centró toda su atención en su segundo corazón. Éste soltó un agudo chillido. Pero esta vez Shannon no terminó en la dimensión atlántica, sino que pareció estallar y convertirse en una con la totalidad de la creación. La ilusión se derrumbó. El miedo y la separación desaparecieron, como si nunca hubiesen existido.

Lo único presente era el amor incondicional de Dios.

Ella era Dios.

Todo era Dios.

Sólo había un Dios.

Mi nombre es Isha.
Y te amo.

En la caída de Atlantis, Iko y los siete maestros Isha hicieron la promesa de reunirse al comienzo de nuestro nuevo milenio.

Pero, ¿cual fue el propósito de ese acuerdo, y cómo lo manisfestarían? La aventura continúa, dentro de la iluminación y más allá, en la continuación de este libro, "El reencuentro de los Maestros Isha".

EPÍLOGO

La unión de los atlantes fue tan poderosa y tan completa en su dominio, que casi fractura la ilusión de la dualidad. Sin embargo, como la conciencia de la humanidad solamente contiene una mente consciente, la idea, el sueño, el amor y la esperanza que Atlantis representó, se han manifestado en visiones recurrentes a muchas personas a través de la historia humana. Aunque no han sido claras, estas visiones han resonado de manera intensa en los corazones de hombres y mujeres; resonancias reforzadas por cada reliquia que de vez en cuando aparece en la playa o por cada tesoro recuperado de su tumba acuática.

El Diamante negro de Atlantis, es producto tanto de la realidad como de la fantasía. En la historia de Shannon se admiten y se exageran muchas cosas, pero se basa principalmente en un viaje hacia la verdadera realización del ser. El relato de Atlantis es un recuerdo invocado desde lo hondo de mi alma y la existencia de Isha es la realidad omnisciente: el potencial que existe en todas las personas para crear un mundo perfecto fundado en la conciencia humana plena. Originalmente escribí este libro con la ayuda de Sankara, un joven y brillante maestro de mi centro. Al terminarlo, ambos sentimos que teníamos una gran historia, pero una pieza literaria corriente que ningún editor selectivo aceptaría y que seria rápidamente descartada por los críticos. Karem Barratt salvó este libro. Podía decir que lo pulió, pero en realidad excavó entre las piedras. Ella enlazó las piezas para que la historia fluyera de manera coherente, y no saltara de atrás para adelante, entre episodios que aparentemente no guardaban ninguna relación. Pensamos que el resultado es un genuino y lustroso brillante negro de Atlantis.

CONTENIDO

Este libro se termino de imprimir
En septiembre de 2008 en Impresora y
Encuadernadora Nuevo Milenio,
S. A. De C. V., en San Juan de Dios
No. 451, Col. Prado Coapa 3ª. Sección
c. p. 14357, Tlalpan, México, D. F.